2030世界變局

華頓商學院趨勢剖析

2030

How Today's Biggest Trends Will Collide and Reshape the Future of Everything

Mauro F. Guillén

馬洛·吉蘭 著　游懿萱、簡萱靚 譯

CONTENTS 目錄

作者序

新冠肺炎肆虐後的世界

◇◆◇

二〇一九年十一月十七日，中國武漢省傳出全球首例新型冠狀病毒（COVID-19），這是一種由全新冠狀病毒株引發的傳染病。到了三月中，病毒已擴散到一百多個國家，世界衛生組織（World Health Organization, WHO）宣布其已造成全球緊急大流行。截至本文撰寫時（二〇二〇年三月），疫情規模尚未完全明朗，但是肯定將影響全球各地數十萬人，甚至數百萬人的生活。疫情對消費與金融市場的顯著衝擊，早已迫使各國政府祭出大規模的財務和貨幣政策，以求將衝擊降到最低。等本書上市時，市場持續蕭條、失業率攀升可能已是全球日常。我們無從得知未來究竟會如何，但是這場肺炎危機提供獨特的研究案例，讓你我了解，當意外現象發生且造成全球性影響時，本書中的主張將受到什麼衝擊。

多數人相信重大危機會破壞當代趨勢，彷彿時間能被清楚劃分為「事前」與「事後」兩階段。此次的肺炎大流行就屬於這類危機，但與傳統思維不同的是，疫情極可能讓本文分析的趨勢更加激烈與加速，而不是偏離原本發展方向。想想第一章談到的出生率下降問題。疫情將會加速這個趨勢，原因有三：第一，人在情勢不確定時，通常會延後重大決定（如生小孩）；第二，育兒也是一項財務決定，既然經濟可能陷入蕭條，許多人將被迫重新思考現在時機是否適合。我們在一九三〇年代的經濟大蕭條與二〇〇八年金融危機後，都看過這些現象；第三，戰爭、自然災害及大規模流行病等改變生命的事件，將破壞你我的日常生活與優先考量事項，自然也包含家庭計畫。

如同第二章談到的，世代間的經驗差異則是另一個將會加速的趨勢。截至本文撰寫時，各界普遍認為免疫力較差者可能因病毒喪命，包括六十歲以上長者，以及本來就有其他病症者。而病毒對不同年齡層的影響也似乎不同，這在跨世代互動頻繁的當代，讓事情變得更複雜。病毒還可能加劇社會不均的問題：貧苦的勞動階級與無家可歸者特別難以獲得良好的醫療照顧，他們的免疫系統也可能因為飲食不良或生活條件有害健康而早已受損。雖說病毒攻擊不分貧富，也不管你有無健保，但是處於社會經濟金字塔底層的人萬一感染，承受的後果將比其他族群慘痛許多。

這場危機還會帶來嚴峻的經濟衝擊，我們不得不慎重其事。例如對歐洲國家來說，疫情來得正不是時候，因為各國仍處於二〇〇八年金融危機的餘波中。義大利與西班牙的衝擊特別嚴重，兩國的公部門資金嚴重不足，面對疫情的可行對策自然非常有限。歐洲的中產階級早已落後新興市場的中產階級，這在第三章提及，而該趨勢在疫情期間只會惡化。對政局或經濟本來就不穩定的國家，如伊朗，這場危機是領導階層的重大考驗，社會人心惶惶，壓力將從各方面排山倒海而來。

就整體社會而言，大多已準備好應付地震或颶風等熟悉的天災，人民與公司都有指引可遵循，如商業大樓與民宅等基礎建設，在建造時也將災害衝擊納入考量。面對大型流行病，我們是否也一樣準備萬全？根據世界衛生組織記錄，二〇一一年至二〇一七年間，全球共發生一千三百零七場區域型流行疾病。整體來說，每四十年至七十年就會發生一次全球大流行疾病：一八五五年的第三波鼠疫大流行、一九一八年的流感大流行、一九八〇年代初期開始的愛滋病流行，最後則是二〇二〇年的新冠肺炎。大地震的發生頻率也差不多，如舊金山灣區最近兩次大地震分別出現在一九〇六年與一九八九年。正如我們針對地震已有應變計畫，公私部門也該準備好應對規範，才能在區域型流行疾病擴大為全球大流行時，有效管理情況，如此應能降低大眾的恐慌焦慮。當然，其中包含建立人力與物資充足的醫療體系，足以處理公衛危機，並可根據疫情規模，擴大防疫能量。

除了公共政策外，該遵守的個人責任如社交疏遠（social distancing）[1]與「就地避疫」（sheltering in place）等減少社區傳染的解決方法，在都市等人口密集的地方（第五章談到，二〇三〇年後，多數人口都將往都市移動）更重要。這將加劇許多當前趨勢：線上購物（亞馬遜（Amazon）發現需求

1　譯注：目前慣稱社交距離，大多用來指稱「人與人間應保持一．五公尺」這類實體距離，但其實該詞彙在英文原意中除了保持人與人之間的實體距離外，還有減少社交頻率、少到公眾場合的意思，亦可譯為社交疏離。

激增後，大量招募員工，並將倉儲人員的加班費提高為兩倍）；虛擬溝通（從遠距工作到保持社交連結，幾乎人人都開始使用如Zoom或Whatsapp等遠距溝通軟體，保持人際聯絡）；以及數位娛樂（如電影製片、出版界、音樂界等，將被迫改從網路上尋找客群，不再仰賴實體店面零售模式）。至於本來就是破壞力量的共享經濟趨勢，在當前危機時刻會進一步加速，屆時哪些產業受害最深（如運輸業）、哪些將蓬勃發展（如數位平台），將在可見未來中，長久影響我們的生活、工作、與人互動方式，以及整體經濟。

上述趨勢如何因為疫情而加劇發展或適應現況，正在我們的眼前展開，多數趨勢——從生育率降低、跨世代互動到科技運用，都將因疫情而加速發展。但此時應該自問的關鍵問題是，新冠肺炎（或下一個目前尚未預知的危機）究竟是讓你我在面對目前的改變浪潮時準備得更充足，還是更盲目？如我主張的，這些改變浪潮將在十年內達到引爆點。

你該知道的真相與數字

◇◆◇

下一次工業革命的發源地：撒哈拉沙漠以南非洲

原因：具有五億英畝肥沃卻未開發的耕地

墨西哥面積：五億英畝

二〇〇〇年時女性擁有財富比例：一五%

二〇三〇年時女性擁有財富比例：五五%

如果雷曼兄弟（Lehman Brothers）是「雷曼姊妹」：就能避免全球經濟危機

二〇一七年時全球飢餓人口：八億兩千一百萬

二〇三〇年時全球飢餓人口：兩億

二〇一七年時全球肥胖人口：六億五千萬

二〇三〇年時全球肥胖人口：十一億

二〇三〇年時美國肥胖人口預估比例：五〇%

全世界城市涵蓋的土地面積比例：一．一%
二〇三〇年時全球都市人口比例：六〇%
二〇三〇年時全球城市碳排放比例：八七%
二〇三〇年時全球都市人口面臨海平面上升比例：八〇%

今日最大的中產階級消費市場：美國與西歐
二〇三〇年最大的中產階級消費市場：中國
二〇三〇年新興市場裡進入中產階級的人數：十億
美國目前的中產階級人數：兩億兩千三百萬
二〇三〇年美國中產階級人數：兩億零九百萬

前言

迫在眉睫的二〇三〇

◇◆◇

大家通常只會看見自己想看的，聽見自己想聽的。
——哈波．李（Harper Lee）著作《梅岡城故事》（*To Kill a Mockingbird*）中的法官泰勒

現在是二〇三〇年。

從巴黎到柏林，整個西歐異常溫暖，夏日破紀錄的高溫看似無窮無盡，國際媒體報導此事時，擔憂之情與日俱增。莉赫瑪剛搭飛機從倫敦回到家鄉奈洛比，她將在這裡和幾位遠親共度幾週。看到路上的店家比先前來訪時少了許多，令她有些失望，或許是因為疫情大流行期間，有太多人改採網購所致。透過移民的角度看英國，讓她能清楚觀察到周遭世界的多樣性。

走在奈洛比機場時，她思索著自己家鄉與英國的不同之處。她發現英國在遠距醫療與行動支付領域落後於肯亞。她搭計程車回家的路上，開玩笑地

跟表親說英國人聽到她六歲就在網路學校「上學」，而且大部分的鄰居朋友也是如此時，都露出怪異的表情。

幾千英里外，安琪正在紐約的甘迺迪國際機場等待通關。兩週後，她即將在紐約大學（New York University）攻讀為期兩年的碩士課程。她一邊等著，一邊觀看當天的《紐約時報》（*New York Times*），頭版寫著有史以來第一次，祖父母人數超過孫子女，這種情形與她的家鄉菲律賓正好形成鮮明對比。結果她發現上萬名美國老年人都是由機器人照顧，滿足他們的基本需求，並將家中的空房出租，才能維持收支平衡，因為老人津貼已經無法提供過去以為能擁有的財務安全網。安琪翻到一篇保守的讀者投書，譴責現代的美國女性財富已超越男性，作者或多或少認為這股趨勢會擾亂美國未來經濟。安琪有充裕時間讀完報紙大部分的內容，因為外國人等待通關的隊伍很長，蜿蜒的人龍移動速度相當緩慢；但同時美國公民與永久居留者隊伍則移動得相當快。她也在無意間聽到別人的對話，詳細說明美國人現在可以使用高科技的區塊鏈技術通關，這種突破能帶來許多好處：可以估算國外購物的營業稅，在你領完行李不久後，也能安排自駕車前來。

◆我們熟悉的世界正在逐漸消失

「中國將在各方面獨占鰲頭。」

這是大家現在經常聽到的話；另一句話則是美國和中國將在可見的未來爭奪全球霸權。這些說法不乏幾分真實性，卻很難展現全貌。二〇一四年時，印度成功在火星軌道附近放置太空探測器，是第一個初次嘗試就成功的國家。自太空時代來臨以降，美國、俄羅斯、歐洲各國成功發射的機率不到一半，相形之下，印度的成就更顯不凡。此外，印度太空研究機構寫下這項歷史的花費，只有不高的七千四百萬美元。

現在要在紅色行星的軌道上放置衛星，需要花多少錢？光是單次的太空任務可能就要燒掉四億五千萬美元，拍攝《星際效應》（*Interstellar*）的費用是一億六千五百萬美元，讓《絕地救援》（*The Martian*）呈現在你眼前的金額則是一億零八百萬美元。

誠如湯姆．沃爾夫（Tom Wolfe）曾說的，印度人證明他們也有「必備的特質」。他們展現自己是世界級的技術強國，能用有效率的方式即時完成一切，火星任務並非僥倖的成功，實際上已是印度第二次在已知的世界強權中出頭了。二〇〇九年，印度的第一次月球任務就取得月球上有水的證據，「顯然集中在兩極，並且可能是由太陽風造成的。」《衛報》（*The Guardian*）寫道。美國太空總署（National Aeronautics and Space Administration, NASA）花費十年才單獨證實印度的發現。

大多數人的成長背景，都認為探索宇宙是相當昂貴的，而且是由火箭科學家提出構想，加上擁有大量資源的強權國家挹注資金，最後由英雄般的太空人與有能力的任務專家完成工作。太空任務的複雜度和花費（以及哪些國家有能力完成任務）都被視為理所當然，但那樣的認知到現在已經變成過去式。

很久以前，全世界不僅明確地分為繁榮與落後的經濟體，當時的嬰兒數量也相當多，工作人口也超過退休人口，人們都渴望擁有房屋和車輛。公司不需要考慮歐美以外的地區，生意就能做得很好。印刷的鈔票是所有公私部門債務的法定貨幣。學校教我們該如何「玩遊戲」，我們在成長的過程中也認為這些規則不會改變，從獲得第一份工作開始、成家立業、看小孩離家，最後退休時也一樣。

我們遇到令人感到困惑的現實，由一套新規則主宰，發現熟悉的世界正在迅速消失。不知不覺中，大多數國家的祖父母人數超過兒孫輩；亞洲的整體中產階級市場比美國與歐洲加起來還多；女性擁有的財富超越男性；也會發現自己所處的世界裡，工業機器人多過製造業工人，電腦多過人腦，偵測器多過人眼，貨幣種類也多過國家數量。

二〇三〇年的世界將會如此。

過去幾年來，我都在進行未來十年可能的樣貌研究。身為賓州大學（University of Pennsylvania）華頓商學院的教授，我不僅擔心未來的商業狀態，也擔心工作者與消費者可能會受到接下來雪崩式改變的影響。我已經針對書中內容對大眾進行無數次演講，對象相當廣泛，包含高階主管、立法者、中階經理人、大學與中學的學生，也透過社群媒體和線上課程觸及數十萬人。但不變的是，聽眾總是對我描述的未來感到困惑與存疑。本書可以充當一張地圖，引導你在前方的亂流中前進。

沒有人知道未來會如何，如果你知道，請告訴我，讓我們一起來賺好幾卡車的錢吧！雖然預測不可能百分之百精準，但是我們卻能對未來十年可能發生的事，進行一系列相對安全的猜測。例如，大部分會受到本書預言影響的人都已經出生了，我們或許能大概描述他們身為消費者的樣貌，這些可從他們所受教育或當下社群媒體活動的模式判斷；也能計算有多少人能活到八十或九十歲，並具有相當的精準度，甚至能提出有相當信度的預測，指出有多少比例的老年人需要別人照顧，無論照顧者是人類或機器人。說到後者，請想像一下這些機器人說著不同口音的不同語言，不帶偏見，不會休假，也不會濫用患者的金錢或虐待患者等。

時鐘正在滴答走著，二〇三〇年並非遠到無法預見的未來，而是即將來臨，因此必須先讓自己做好準備，迎接即將到來的機會與挑戰。簡單來說，今日熟悉的世界到了二〇三〇年將不復存在。

對許多人來說，這股趨勢不僅讓人感到困惑，也令人深感不安。這預示我們的覆滅嗎？或是實際上帶來的繁榮遠勝蕭條？本書提供的指引能幫助讀者掌握許多改變部分的暗示，並在處理當下焦慮感的同時，提供關於未來的樂觀訊息。本書提供的工具能在未來重大轉變中指出明路，建議讀者在這種嶄新又不熟悉的情況下該做什麼、不該做什麼。

基本的論點如下：每個結束都象徵充滿機會的全新開始，只要你敢挖掘表面下的事物，預測潮流，願意參與而非疏離，並了解如何為自己、子女、伴侶或配偶、未來的家人、朋友等做出有效的決定。每個人都必定會受到衝擊。

◆用水平思考剖析未來八大趨勢

你可以把重大轉變視為緩慢的過程，其中每個微小改變都讓我們更接近典範的轉移，到了某個時間點，一切就變得不同。我們往往會忘記這些小改變累加的結果，請把它想成水滴緩緩裝滿容器的過程，那種滴滴聲讓我們聯想到時間的流逝。在水突然滿出來的瞬間，我們才突然感到詫異。

想像一下，到了二〇三〇年，南亞和撒哈拉沙漠以南非洲競相成為世界上人口最多的地區，與二十世紀末的情形相去甚遠，當時由中國、南韓、日本等國組成的東亞才是擁有這個頭銜的地點。隨著時間流逝，肯亞、奈及利亞等地的新生兒已經減少，但是相較於世界上的其他國家，它們的新生兒依然多出許多。此外，那些地區居民的壽命也大幅增加。

你很可能會認為人口數本身的影響並不大，但是把那些人口數乘上未來幾年他們口袋裡可能有的錢，你就會發現，到了二〇三〇年左右，即便將日本排除在外，亞洲市場會大到讓全球消費重心向東偏移。各家公司將別無選擇，只能順應世界那個區塊的市場潮流，最新的產品與服務將會反應亞洲消費者的偏好。

請暫停片刻，想像一下那種情形。

接著請思考加入其他幾股交纏的潮流時意謂著什麼。

世界上其他地區的新生兒減少，意謂人口逐漸邁向老化。這種人口分布背後的驅力主要是女性，越來越多人繼續就學和離家追求志業（而非只是工作），因此生的小孩就變少了。不知不覺間，女性百萬富翁人數就超越男性。財富也變得越來越向都市集中：城市人口將以每週一百五十萬人的速度成長。雖然都市區域僅占全世界土地面積的一％，卻是五五％人口的居住地，消耗的能源（與碳排放量）占總人口的八〇％，因而都市是對抗氣候變遷前線。

同時，不同世代的人擁有不同的渴望與願景。千禧世代是共享經濟的先鋒（同時逃避所有權），但其實他們獲得過多的關注，十年內人數最多的世代會是六十歲以上的人口，也就是今日在美國擁有八〇％財富的人，他們促成「銀髮市場」崛起，可說是最大的消費者族群。無論大企業或小公司，如果想要與時俱進，都必須將部分的注意力放在銀髮族身上。

參見圖一，這張圖說明多個連鎖小改變發生的流程，這些改變單獨發生時，沒有任何一項能真正改變全球的情形。如果這些改變單獨出現，你或許都能適應。人類非常擅長進行心理區隔化（Mental Compartmentalization），這是一種潛意識的防禦機制，我們會利用這個機制避免認知的不一致，也就是潮流、事件、認知、情緒衝突時帶來的不適與不安。心理區隔化的重點在於分隔各種事物，才不會無法承受這些事物產生的交互作用。

圖一

在美國與西歐國家，人口老化已經變成常態。同時，年輕世代在新興市場中正逐漸崛起，形成中產階級。他們與世界上曾出現的消費者型態大相逕庭；例如，他們的習慣帶有更多期待。隨著中產階級擴張，越來越多女性累積前所未有的財富，兩性也會習慣都市的生活型態，造成世界各地都市湧入史無前例的大量人潮。都市中則會出現一大群重要的發明家與創業者，用新發明和科技干擾現況，對他們來說，科技改變了舊有的習慣與生活型態，讓大家以新方式思考一切事物，包含家庭、辦公室、汽車、個人物品等，這會造成對金錢產生不同的概念，致使金錢變得更流通、分散，也更容易使用。有些風潮已經出現了，但在二〇三〇年前不會成為關鍵多數。（但是這些趨勢都會在重大事件發生時加速和加劇，例如新冠肺炎大流行。）

以這種**線性**方式呈現周遭發生的改變，讓本書能以有條理又便利的方式安排章節，但是實際上的世界並非以這種方式運作。

人類學家與社會學家長久以來建立的傳統，認為我們會將複雜的世界區分為不同類別，好分門別類地擬定策略、做決定、過生活。這些類別成為參考架構，為我們在本質曖昧不清的周遭世界中導航，能消除我們的疑慮，相信自己仍然握有掌控權。

許多公司與組織也抱持同樣的想法。它們把客戶細分為許多類別，如「領先用戶」、「早期採用者」或「落後者」；根據目前的市占率及未來的潛能，把產品分類為「明星」、「金牛」、「瘦狗」、「問題」四大類型；根據員工的態度、行為、潛能，區分為「團隊合作型」、「汲汲向上爬型」等。然而，分類會讓你盲目，無法看見新的可能。

舉例來說，除了電燈外，電話、汽車等十九世紀末最偉大的發明，都屬於退休的概念：是一段讓我們能培養嗜好，陪伴家人的時間，也是有機會反思自己成就的時間。我們從那個世紀承襲的生命概念是漸進式的，有著明確的階段：童年、工作、退休時期，也希望在一路上都能享受。

隨著嬰兒數量的減少，以及不同世代間出現新的動態，未來的社會很可能必須重新思索傳統的生活方式。老年人也是消費者，有獨特的生活方式，他們可能和千禧世代一樣，是科技方面的早期採用者，而且毫不遜色。想想虛擬實境（Virtual Reality, VR）、人工智慧（Artificial Intelligence, AI）、機器人及這些科技，如何對晚年產生革命性影響。我們或許必須拋開舊有的次序，過去很可能必須重回學校，培養許多技能，才能有所成就，但是現在不一樣了。請你思考《紐約時報》在二〇一九年的頭條：「因為孩童人數不足，因此南韓有一所學校招收不識字的祖母級學生」。

我呼籲大家應該避免線性思考，這種思考方式有時也稱為「垂直」思考，如圖一所示，建議大家應該用水平的方式來探索改變。發明家暨顧問愛德華・狄波諾（Edward de Bono）提出的「水平思考」概念，「並非處理現有的片段，而是要想辦法改變這些。」這就是重新用不同的框架思考問題，並從側面著手。突破不會發生在某個人於現有典範中努力時，而是在拋棄原本的假設，忽視既定規則時，創意才會瘋狂湧現。立體派的先驅巴勃羅・畢卡索（Pablo Picasso）與喬治・布拉克（Georges Braque）脫離大家已知的比例和透視規則；同樣地，勒・柯比意（Le Corbusier）在發表現代主義建築時，捨去牆面來創造開闊的大空間，讓窗戶布滿建築物的正面，並且展現鋼、玻璃、水泥含蓄的優雅，而不用表面的裝飾遮掩。「真正的發現之旅並不是發現新大陸，」馬塞爾・普魯斯特（Marcel Proust）曾如此寫道：「而是在於擁有新的視野。」

水平思考確實能透過「周邊視力」進一步強化，這個概念是我的華頓商學院同事喬治・戴伊（George Day）與保羅・蘇梅克（Paul Schoemaker）共同提出的。如同人類的視力，公司及其他類

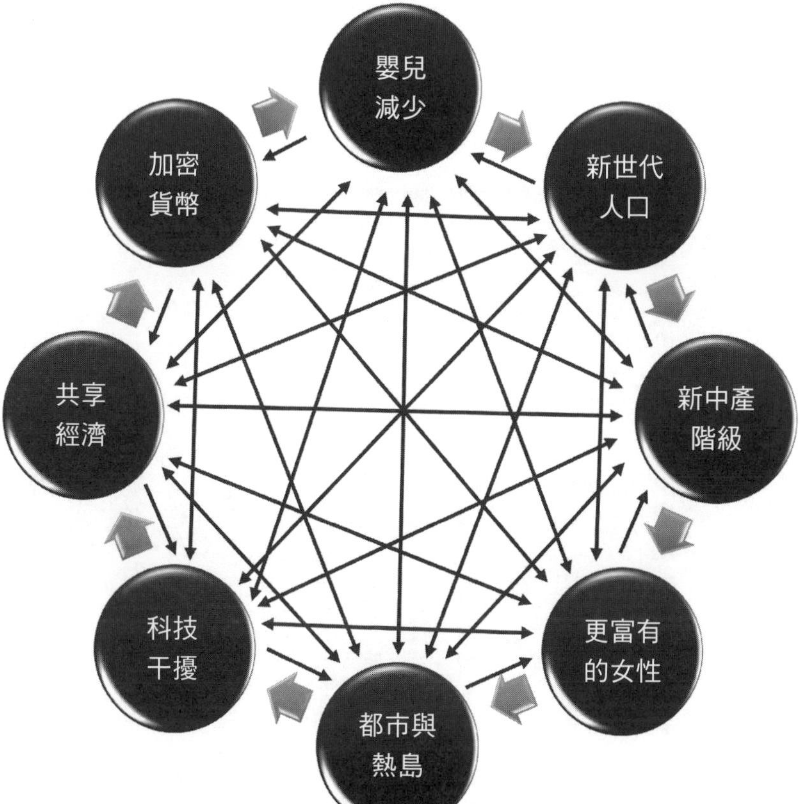

圖二

型的組織如果無法感知和解讀著眼處周遭傳來的微弱訊息，並做出回應，就無法有效率地運作。例如成立於一八八八年的柯達（Kodak），在二十世紀中透過販售底片和其他相關產品獲得許多利潤。然而在一九九〇年代初期，公司內部工程師察覺了數位照片出現的可能性，但高階的管理階層卻較注重短期利益，相信大家仍會偏好傳統照片。結果柯達在二〇一二年申請破產。正如李寫作的《梅岡城故事》中，法官泰勒所說的：「大家通常只會看見自己想看的，聽見自己想聽的。」他們看不到那些不可預期、不尋常的周邊事物。

請思考上頁圖二的情形，這是使用另一種圖表呈現世界上發生的事。位於圖表外圍以順時針排列的粗箭頭，指出線性潮流連鎖反應鏈；基本上與圖一相同，不過是以圓形呈現。只注意圖表外圍的線性連結實有誤導之嫌，八個圓圈中的每種潮流都會和另外七個產生交互作用。在接下來的章節中會探討這些水平的關聯，引導讀者了解這些相互糾結的潮流，告知這些在全球各地發生的情形，尤其是在二〇三〇年會如何產生綜效。

下述例子可說明正在發生中的水平思考。Airbnb和旅館業相互競爭，也打算挖走銀行客戶。這是怎麼辦到的？許多老年人知道到了某時，存款可能不夠度過退休生活，但他們確實持有相當值錢的資產，就是房屋。傳統上有兩種方式可以不用售出房屋就能變現，老派方式是用房屋向銀行申請房屋淨值貸款，但這樣會讓自己蒙上負債的汙名，還必須承受每個月貸款的壓力；另一種方式則是取得反向抵押貸款（以房養老），但子女就無法繼承房屋。

加入Airbnb，這些面臨空巢期的人可以將多餘房間出租給旅客，讓旅客短期使用那個空間，這樣的安排讓雙方都有彈性；或是假設空巢期的父母外出旅遊或找子女，經常不在家，也可以選擇將整間房子短期出租。不管是上述哪種情形，都能得到金錢且保有房子。若非多股潮流造成的綜效，Airbnb也不會這麼成功：生育率降低、壽命變長、對未來的養老金存疑、智慧型手機與應用程式的使用相當普及，以及越來越多人樂於分享勝過擁有。我會引導你探索這些相關發展，告知這些情形的發展，以及如何在二〇三〇年成為關鍵多數。這個新的世界帶來機會與威脅；個人、公司、組織在面臨這些情形時，都會有各自的長處與弱點。不過，正如我在結語中所說的，所有人都必須以和過去截然不同的方式面對這個新世界。最後的結語是可供利用的法則與方式，讓我們理解這個新世界，並在新世界創造的機會裡獲得成功。

切記，一切都會發生在我們的有生之年，就在不久之後。

第一章

無子世界

從人口不足到非洲嬰兒潮，看見下一次工業革命

嬰兒來到世界上時，不僅帶著嘴與胃，還帶來一雙手

——英國經濟學家暨人口學家艾德溫．坎南（Edwin Cannan）

人口成長的步調看來相當驚人。一八二〇年，全球人口為十億。一個世紀後，已經超過二十億人。經濟大蕭條（Great Depression）與第二次世界大戰兩個主要的停滯時期後，人口就以相當驚人的速度成長：一九六〇年有三十億，一九七五年為四十億，一九八七年為五十億，二〇〇〇年為六十億，到了二〇一〇年為七十億。「人口控制或遺忘的競賽？」成為一九六八年史丹佛大學（Stanford University）教授保羅．埃利希（Paul Ehrlich）與安妮．埃利希（Anne Ehrlich）出版巨著《人口炸彈》（*The Population Bomb*）的副標。從此以後，世界各地政府與許多民眾

都因為他們認為無可避免的問題感到擔憂：我們會在星球上過度繁衍，並在過程中自我毀滅（及毀滅數百萬動植物）。

但實際上到了二〇三〇年，卻會面臨嬰兒**缺少**的問題。

在未來數十年內，世界人口成長速度只有一九六〇年至一九九〇年間的一半。在某些國家中，人口甚至會減少（缺乏大量的移入人口）。例如自一九七〇年代初期開始，美國女性在生育年齡中生下的孩子低於兩個，這個比例根本不足以達到世代交替。世界上有許多國家的情形也是如此。巴西、加拿大、瑞典、中國、日本的人民紛紛開始擔心誰能照顧老年人，並支付養老金給他們。

東亞、歐洲、美國出生率降低的同時，非洲、中東、南亞的出生率降低速度較為緩慢，造成全球經濟與政治地緣權力的轉移。試想現在已開發國家中每有一位嬰兒誕生，在新興市場和開發中國家出生的嬰兒就超過九位。換句話說，美國每有一位嬰兒誕生，中國有四．四位誕生，印度有六．五位，非洲則有一〇．二位。此外，在世界上最貧窮的地區中，營養的改善與疾病預防，讓越來越多嬰兒能長大成人，變成父母。半世紀前，在肯亞與迦納等非洲國家中，每四位十四歲以下的兒童就有一位會死亡，今日死亡的比例則降到十位中不到一位。在世界各地人口較多的國家裡，會出現這些改變，不只是因為生下的嬰兒較多，同時壽命變長的速度也加快了。例如在一九五〇年代，如果出生在世界上開發程度最低的地區，平均壽命就會比出生在開發程度最高國家的人**少**三十歲；現在兩者的差距則為十七歲。在一九五〇年至二〇一五年間，歐洲的死亡率僅減少三％，但非洲則大

全球人口的區域分布（%）

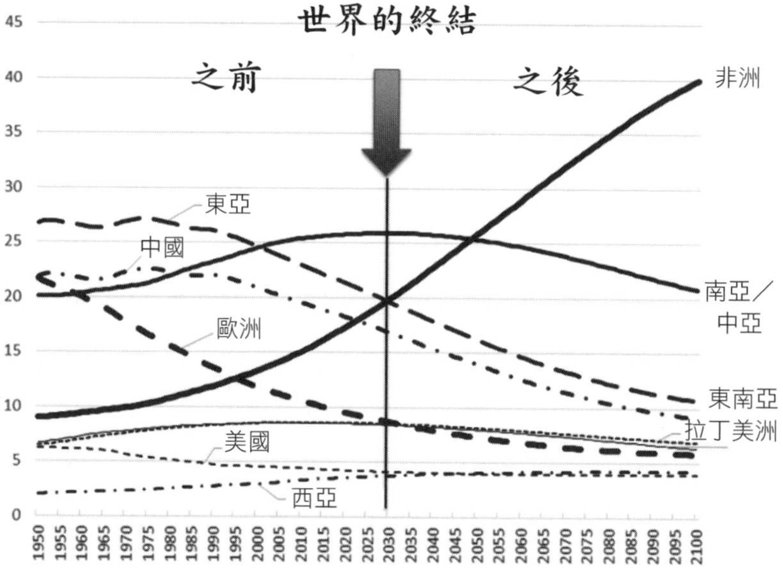

圖三

幅降低六五％。由於各年齡層的死亡率都降低了，因此最貧窮國家中的人在平均壽命方面急起直追。

要評估這些人口轉變對全球造成的影響，參見圖三。這張圖列出一九五○年至二○一七年間，不同地區占全球人數的百分比，也根據聯合國（United Nations）統計資料，列出二一○○年的預估情形。

請注意二○三○年的情形。到了該年，南亞（包含印度）會成為人口最多的地區，非洲次之，而東亞（包括中國）則退居第三位。原本在一九五○年代位居第二的歐洲會落到第六名，屈居東南亞（包含柬埔寨、印尼、菲律賓、泰國等）及拉丁美洲之後。

國際間的遷徙，也就是嬰兒數量較多的地方遷徙到數量較少之處，進行人口重新分配，或許能稍微減輕這種重大的改變。實際上，這種情形在歷史上不斷發生，如在一九五〇年代至一九六〇年代，南歐人移居北歐。然而，這一次遷徙並不會抵銷人口遷移的趨勢（見圖三）。會這麼說是因為太多國家的政府似乎有意築牆，無論是傳統的牆（水泥磚牆）、利用雷射與化學偵測器等監測邊境，或是兩者並用。

但是即使從不築牆，或是出現什麼讓牆效果不彰的因素，我的預測結果依然顯示，移民造成的影響，對人口趨勢本身不會造成重大影響。有鑑於目前的遷徙與人口成長率，撒哈拉沙漠以南非洲（也就是不與地中海相鄰的五十個非洲國家）將會在二〇三〇年成為全球人口第二多的區域。先假設接下來二十年人口遷徙數量會加倍，但即使遷徙的人數變成兩倍，只會讓這種情形延遲到二〇三三年發生，無法讓人口的主要趨勢脫離我們所知的毀滅，只不過能延後三年左右。

◆女性與嬰兒將撼動世界

造成全球生育率下降的原因是什麼？這個問題相當弔詭，畢竟懷孕的方式眾所皆知，也相當容易進行。讓我先從自己的家族說起，我在西班牙的高曾祖母懷孕二十一次，生下十九個嬰兒。第一個嬰兒在她二十一歲時出生，最後一個則在她四十二歲時出生。隨著國家的發展，女性受教育趨於普及，家庭人口數就變少了，減少到每位女性只生一或兩個孩子。

在此很重要的一點是，在世界上的其他地方，包括非洲、中東、南亞等地，今日有數百萬位女性一輩子會生下五個、十個孩子，甚至超過這個數量。然而在經過一段時間後，開發中國家女性的生育數量也會減少，因為同樣的理由，開發中國家的生育率在兩代前開始驟降。現在女性擁有更多待在家裡以外的機會。為了把握那些機會，她們會繼續求學，在許多情況下也會接受更多教育，因此意謂著她們會延後生兒育女。造成世界各地生育率降低最普遍又重要的單一原因，就是女性在經濟體與社會中的角色轉變。女性在世界各地發生的事件裡，扮演越來越關鍵的角色。

想想美國的例子，美國女性心目中的優先順序已迅速產生改變。在一九五〇年代，美國女性與男性平均在二十歲和二十二歲時結婚，現在則分別是二十七歲和二十九歲，初為人母的年齡也增加到二十八歲。這種轉變有絕大部分是因為受教育的時間變長，如今有更多女性從高中畢業，更多人繼續就讀大學。一九五〇年代，二十五至二十九歲女性中，只有七%的人有大專文憑，是男性的一半；現在擁有大專文憑的女性將近四〇%，男性的比例則只有三二%。

◆多元娛樂導致性慾降低

人口的演化趨勢似乎相當混亂。許多世紀以來，人口的成長取決於是否有充足食物、出現戰爭、疾病流行，以及天災造成的影響，哲學家、神學家、科學家都不斷思索人類要如何靠著地球資源存活。一七九八年，英國經濟學家暨人口學家托馬斯．羅伯特．馬爾薩斯（Thomas Robert Malthus）便提出警告，後來成為大家熟知的「馬爾薩斯人口陷阱」（Malthusian trap），認為人類會過度生育，並耗盡賴以維生的資源。在馬爾薩斯的時代，全世界人口不到十億（今日則是七十五億人）。他認為人類是自己的頭號敵人，因為人類的性慾無窮無盡。根據他的觀點，失控的人口成長會造成飢荒與疾病，因為食物供應量追不上人口成長速度。馬爾薩斯及許多同時期的人都擔心人類會因為過度生育而滅絕，他寫道：「人口的力量在地球上非常強大，遠遠勝過地球生產食物的力量，早夭或其他類似情況必定會發生在人類身上。」

我們可以事後諸葛地說，馬爾薩斯低估發明與創新的潛能，促使農業生產量遽增，也低估由於跨海運輸價格降低，速度加快，國際貿易帶來食物供應的增加。不過馬爾薩斯強調人口與食物是一體兩面的事，說得一點也沒錯。

如果馬爾薩斯低估食物生產與運送創新造成的潛在影響，就更無法預料到現代科技可能會讓性慾降低了。兩者之間的連結再簡單不過，可選擇的休閒娛樂種類越多，做愛的頻率就會降低。現代社會提供各式各樣的娛樂選擇，包括收音機、電視、電玩遊戲及社群媒體。包含美國在內的一些已開發國家中，在過去數十年來性生活頻率不斷降低。《性行為檔案》（*Archives of Sexual Behavior*）中全面性研究報告指出，「相較於一九九〇年代晚期，美國成年人在二〇一〇年代初期，每年從事性行為的次數少了九次。」美國已婚者與擁有固定伴侶者減少的幅度最明顯。改由年齡來看，「生於一九三〇年代（沉默世代）的人最常從事性行為，而生於一九九〇年代（千禧世代與ｉ世代）從事性行為的比例最低。」這份研究報告的結論認為，「美國人性行為頻率降低的原因是由於……越來越多人沒有穩定的伴侶或婚姻伴侶，而那些有伴侶的人從事性行為的頻率也降低了。」

舉一個有趣的例子來說明其他娛樂形式對性慾造成的影響，就是停電。二〇〇八年位於東非離島的尚吉巴（Zanzibar）曾發生大停電，為期一整個月。停電的情形只影響島上與輸電網相連部分，剩下的人繼續使用原本的柴油發電機。這種情形讓研究人員擁有獨特的「自然實驗」機會，研究停電對生育行為造成的影響，因為電網的「實驗組」客戶無電可用一個月，而使用柴油發電機的「控制組」則沒有這種情形。九個月後，實驗組出生的嬰兒約比平常的出生率高出二〇％，而對照組則沒有出現增加的情形。

◆超過五十萬美元的育兒投資

金錢也是決定生育率的關鍵因素，這一點並不令人意外。二〇一八年《紐約時報》委託進行調查，想了解為何美國人生育數量減少或根本不生孩子。五個最重要的因素中，有四個與金錢有關。「薪水並未跟上生活開銷，再加上就學貸款，讓你很難在財務方面站穩腳跟；也就是說，即使你上了大學，在公司上班，有兩份收入也一樣。」大衛・卡爾森（David Carlson）表示這是他觀察的結果。他二十九歲，已婚，妻子也在工作。來自低收入家庭的年輕人也害怕生小孩，就會被迫從成家及擁有其他昂貴物品中做選擇。例如，來自路易斯安那州巴頓魯治（Baton Rouge）的布萊特妮・巴特勒（Brittany Butler），她是家族中第一個上大學的，在二十二歲時首要之務是取得社工碩士學位，支付學貸，並住在安全的地方，生孩子這件事可以等之後再說。

早在一九六〇年代，芝加哥大學（University of Chicago）經濟學家蓋瑞・貝克（Gary Becker）就提出關於大眾生育決定的突破性看法：父母必須在想要孩子的**數量**與**品質**間做出折衷考量。例如，在家庭收入增加後，大家可能會買第二輛或第三輛車，但是如果收入持續不斷改善時，並不會買一打或兩打車，也不會買一打冰箱或洗衣機。貝克的推理是，收入增加不會讓大家購買的數量增加，而是會讓大家開始注重品質，也就是說會買更新、更大或更豪華的轎車或休旅車來取代原本的舊車。至於在生孩子方面，這也意謂著更注意或投入更多資源在數量較少的孩子身上。貝克寫道：「孩子數量與品質之間的連動，是孩子的有效價格隨著收入增加最重要原因。」代表父母看到收入增加時，傾向在每個孩子上投資更多，讓子女在生活中擁有更好的機會。

貝克對人類行為的看法，讓他贏得一九九二年諾貝爾經濟學獎，雖然他在處理生育率這個極為複雜的主題時，忽略偏好、文化規範、價值觀等法則扮演的角色，但他確實觸及重要的社會潮流。許多今日的父母寧可投入更多時間與資源在少數的子女身上，並盡可能讓子女擁有成功的機會，如開始替他們存大學學費，或付錢讓他們參加課外活動。正如馬里蘭大學（University of Maryland）社會學家飛利浦・柯恩（Philip Cohen）所言：「我們想在每個孩子身上投資更多，讓他們在日漸不公的環境中擁有最佳競爭機會。」由此觀之，孩子是投資項目，具有淨現值與報酬率。

要了解父母如何決定擁有幾個孩子，可以計算他們會在每個孩子身上花多少錢。二〇一五年，聯邦政府統計每個美國家庭在子女十七歲前，大約會花費二十三萬三千六百一十美元（約新台幣七百萬元）養育一個小孩。如果要支付上大學的費用，金額還會加倍。我的筆記型電腦中，有個試算表可以記錄每年的家庭收入與支出。驚人的是，如果孩子是從昂貴的大學畢業，平均每個美國家庭可能在每個孩子身上，花費超過五十萬美元。我打開另一個試算表，放入相同的資訊，只不過不放進養育子女的費用。第二個試算表下方的結果顯示，如果沒有養育受高等教育的子女，將可買一輛好車，並在海岸買一棟度假別墅。

◆政府會影響生育決定嗎？

幾年前，新加坡政府決定對這個問題進行實驗。在這個富裕的蕞爾島國上，國民有四分之三是華人，他們放棄「五子登科」中的孩子，改為追求銀子（現金與信用卡）、車子、房子、私人俱樂部的會員資格。官員寫信給抽樣的未生育已婚夫妻，說明國家需要年輕人口，才能維持經濟成長。

這封信也提供特別方案，就是免費讓夫妻到峇里島度假，因為政府認為這樣或許能催生。那些想去美麗海島度假的夫妻，紛紛抓住這個機會。但雖然去度假，卻並未達到政府希望的結果——沒有孩子出生，或者說沒有達到令政府感到滿意的目標。這個實驗計畫在執行九個月後就停止了。

中國也透過惡名昭彰的「一胎化」政策試圖改變人口趨勢。一九七〇年代晚期，面對落後與紊亂的集體主義經濟，由鄧小平領導的中國改革者認為人口迅速成長，只會讓國家持續貧窮。他們仔細研究歷史，約十六至十八世紀間，中國人口成長速度大致上與西歐相同，但在十八世紀以降，人口成長速度卻快上許多，因為當時長期的太平盛世讓農業得以發展，擴大到史無前例的規模。在那段期間中，稻米與小麥產量增加兩到三倍，來自美國的新作物如玉米和番薯，也讓農作物產量大幅提升，這種情形讓中國部分地區生活水準提升的速度，甚至比工業革命發源地的英國來得快。在一八〇〇年至一九五〇年間，長江下游地區的人口成長實際上變得較為緩慢，絕大部分是因為過度耕種、政治動亂、內戰、外來勢力的干預及入侵。

但是此後，即使一九五〇年代的大躍進造成嚴重飢荒，以及一九六〇年代文化大革命造成流離失所，中國在一九五〇年至一九七九年的三十年間，每十年就增加一億兩千萬至一億五千萬人。當時中國即將成為第一個超過十億人口的國家。鄧小平及追隨他的改革者認為，如果不採取行動，中國將會面臨經濟崩潰，於是在一九七九年宣布強制實施一胎化政策。

然而結果卻證明，政策制定者並未體認到中國的生育率自一九六〇年代開始便急遽下滑，背後的原因和世界上其他地區雷同：都市化、女性接受教育並參與勞動，以及傾向讓子女擁有較佳的機會，而不要生下大量的小孩。政策制定者沒有用水平方式思考這個問題。想想以下的數字：一九六五年，中國都市的生育率約為每位女性生六個孩子。一九七九年實行一胎化政策後，出生率急遽降低到每個女性生一．三個孩子，遠低於達到人口替代率平衡的每位女性生兩個孩子。同時在中國鄉村地區，一九六〇年代中期，每位女性平均生七個孩子，到了一九七九年驟降到三個。在實行一胎化期間，都市的出生率從一．三降低到一，而鄉村地區則從三降低到一．五。正如人口學家在《中國期刊》（*China Journal*）中點出的：「中國生育率降低的主因無法歸咎於一胎化政策。」出生率降低的原因，是由於大家在環境改變時做出的決定，而非受到政府政策影響。「一胎化政策是根據政治目的與偽科學做出的決定，而非出自需要，更與良好的人口分布無關。」專家如此認為。

二〇一五年，中國完全廢止這個政策，這個全世界第二大經濟體的人口成長會恢復嗎？諾貝爾經濟學獎得主阿瑪帝亞．沈恩（Amartya Sen）認為，「女性的進步遠勝過中國的一胎化政策。」中國女性接受教育與工作機會不斷增加，代表生育率提高是不可能的。相較之下，鄰近的台灣與南韓從未實施這種政策，但是生育率卻在每位女性生一．一個孩子附近盤旋，遠低於中國的每位女性生一．六個孩子。最終，「經濟發展是最佳避孕法」的流行口號，證明在中國和世界其他地方完全無誤。

諷刺的是，一胎化政策最大的衝擊卻與世代有關。到了二〇三〇年，中國在十五至三十五歲的人口將**減少**九千萬人，六十歲以上的人口將**增加**一億五千萬人，該國將會面臨全球規模最大也最快速的人口老化問題，第二章將分析這種重大的世代改變會帶來的影響。

◆中國一胎化政策的意外受益者

近來的新聞報導充斥著貿易赤字、竊取科技、假扮商務人士的中國間諜。「五家公司裡，就有一家說中國竊取它們的智慧財產權。」二〇一九年某期《財星》（*Fortune*）雜誌的標題如此寫道。許多人認為，中國似乎正在追趕美國和其他歐洲國家，這個崛起的全球巨人正不擇手段地急起直追。

很少有政治人物或記者想到中國的一胎化政策，讓美國消費者成為意外收穫者。一個很棒的例子是，經濟學家發現生育率與存款之間無可避免的連結。雖然一胎化政策是政府的規定，但卻造成性別不平衡，讓年輕男性比女性多出二〇％，這是由於重男輕女文化帶來的結果。「扭曲的性別比例為中國婚姻帶來重大浩劫。」二〇一七年某期《經濟學人》（*Economist*）的標題這麼寫道。《紐約時報》也呼應道：「在中國，數百萬男性度過孤獨的情人節。」父母決定插手管這件事。「由於婚姻市場競爭激烈，家有男丁的父母紛紛增加存款比例，希望能提高兒子娶到老婆的機會。」在詳細分析大量資料後，經濟學家魏尚進與張曉波做出這樣的結論。「一九九〇年至二〇〇七年間的性別比例增加，解釋家戶存款率在這段期間增加六〇％的原因。」這個現象非常普遍，讓中國不僅輸出各種製造的商品，也輸出過多的存款。美國人貪婪的消費習慣，多半來自家庭的存款挹注。若是沒有中國的性別失衡與相關的高存款率，美國人很可能在過去二十年來，必須支付較高的房貸利率和消費性貸款。例如，假設三十年房貸的固定利率在過去二十年來平均為六%，而非五%，每個月支付的費用就會高出二五%，可用於購買其他物品的金額因而減少。因此正如俗諺所言，在舊金山購屋的費用，其實與中國茶的價格息息相關。

中國性別失衡的情形，也影響新數位經濟的消費。想想大家花多少錢在各種數位約會軟體上，約會平台現在有來自全世界各地的上億個客戶，每年消費的金額高達五十億美元。大家都一窩蜂地上這些平台，尋找可能的結婚對象、浪漫關係或一夜情，但是各國的消費模式差異則相當發人深省。在中國，只有約二%的尋找伴侶費用花在隨機約會應用程式，歐洲和美國則有二一%的費用流向這類平台，如Ashley Madison、C-Date、First Affair、Victoria Milan、Tinder等。相較之下，中國有八五%的消費流向媒合服務，如百合網、世紀佳緣交友網，但是這類消費在歐美僅占四〇%。這種差異很容易解釋。對中國男性來說，找到長期伴侶（而非一夜情對象）較重要，因為性別失衡多少造成全國危機，中國女性變得較挑剔也是意料中的事。某個在中國最大約會平台上用捏造個資進行的實驗，作者發現，「無論收入為何，男性瀏覽不同收入女性資料的比例大致相同。相較之下，無論收入多寡，女性查閱高收入男性資料的比例都較高……收入最高的男性資料，獲得女性瀏覽的比例是最低者的十倍。」

但令人好奇的是，在其他國家中性別失衡的情形卻正好相反。俄羅斯年輕男性人數不足，是由於許多人英年早逝，主因為飲酒過量。這個問題在西伯利亞部分地區相當嚴重，適婚年齡的男性少得可憐，因此讓女性遊說政府能讓一夫多妻制合法化。劍橋大學（Cambridge University）人類學家卡洛琳．漢弗萊（Caroline Humphrey）指出，西伯利亞的女性逐漸相信，「半個好男人比沒有來得好。」她們主張，「讓一夫多妻制合法化可說是及時雨，能讓她們合法擁有男性在財務與身體方面給予的幫助，並讓孩子能名正言順地擁有國家賦予的權利。」不用說，最理想的解決方式是中國與俄羅斯相互交流，因為中國男性較多，而俄羅斯女性較多。然而可惜的是，中國性別失衡的比例比俄羅斯嚴重七倍，因為中國人口非常龐大，於是媒合應用程式應運而生。

◆初來乍到的新生兒：非洲嬰兒潮

雖然歐洲、美洲、東亞的人口達不到世代交替，但撒哈拉沙漠以南非洲地區人口仍在持續成長，只不過速度比過去緩慢許多。即使如此，當地人口也預計從今日的十三億，成長到二〇三八年的二十億，以及二〇六一年的三十億。有些人預測可能會出現大戰爭或毀滅性的傳染病，讓非洲人口成長脫離這個軌跡。史上造成最多人死亡的武裝衝突是第二次世界大戰，造成五千至八千萬人死亡，但是非洲受到的影響不大。全球流行的愛滋病至今造成三千六百萬人死亡，有三分之二發生在非洲，其中南非、奈及利亞、坦尚尼亞、衣索比亞、肯亞、莫三比克、烏干達、辛巴威是災情最慘重的國家。然而描繪區域人口分布的圖三，顯示在一九八〇年代與一九九〇年代，也就是疾病流行最嚴重時，非洲的人口曲線並沒有什麼改變。因此只有大規模戰爭或流行病，奪走上億人性命時，才可能大幅改變非洲大陸人口成長和世界其他地區的相對關係。

你或許會認為非洲無法適應預期的人口成長，然而請想想非洲實際上有多大，學校教科書中的平面地圖，其實大幅低估**實際上**非洲相對於北半球的大小。下頁圖四顯示非洲面積，約等於中國、印度、東西歐、美國、日本全部加總的大小。

當然，非洲有大片無人居住的沙漠地區，但是地圖上的其他國家（除了日本外）也有這種情形，即使在歐洲也有沙漠地區，知名電影《阿拉伯的勞倫斯》（*Lawrence of Arabia*）的拍攝地點並不是在阿拉伯半島，而是在西班牙南部。即使將廣大的沙漠納入考量，非洲仍具有許多未開發且適合農耕的肥沃土地。由於非洲面積相當廣大，因此人口過多的問題似乎不太可能發生。這片大陸目前擁有十三億人口；圖四的其他國家人口加起來超過三十五億人。今日每平方英里的人口密度，亞洲是非洲的三倍多，歐洲則為非洲的四倍。

非洲的人口成長造成一些麻煩，這裡是許多棘手宗教與種族衝突所在。數十年來斷斷續續的內戰，因為冷戰而雪上加霜，摧毀基礎建設。尤其是政治與社會制度，包含政府結構與法律及公民社會都大幅遭到摧殘，或是完全沒有發展，導致大量「失能政府」聚集。非洲五十四個主權國家中，

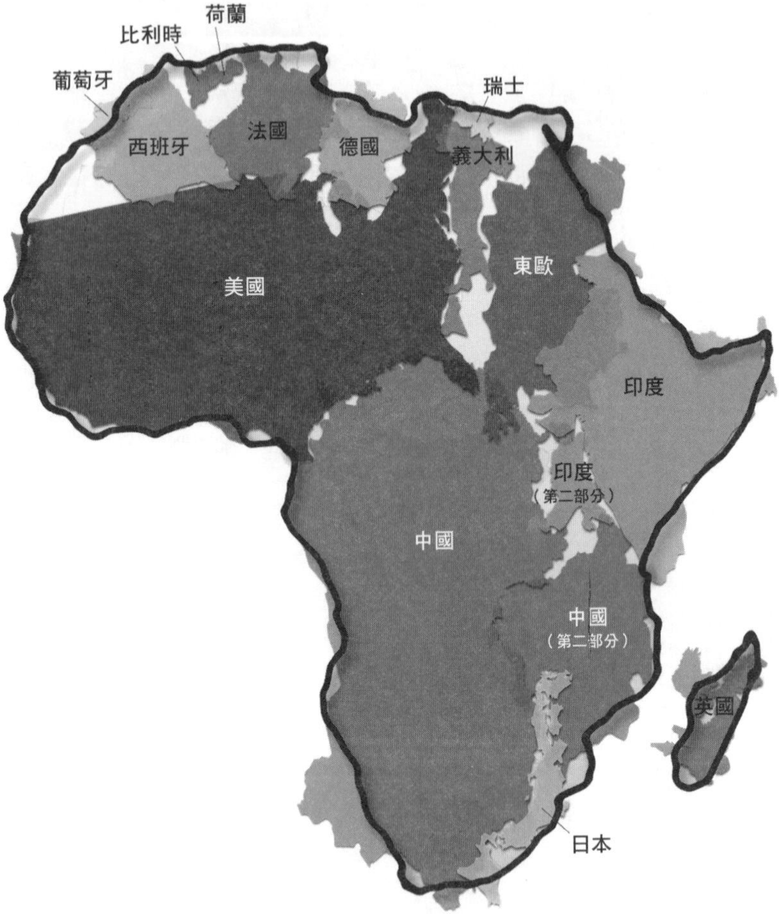

圖四

有半數處於政治混亂、獨裁、毫無法紀的狀態。許多鄉村地區的人移居城市，接著遷徙到國際間的不同地點，大多是歐洲，正是由於國內衝突與暴力事件頻仍，這一點不僅危害人身安全，也有害經濟發展。

因此非洲並非全無風險，不過人口持續恢復成長的機率卻很高。由於人口越來越龐大，非洲不容再遭到輕忽。無論好壞，非洲的命運將會影響全球。如果一切變好，非洲將會成為動力來源，嘉惠全球；如果一切變糟，負面影響也會遍及全球。人口分布不是命運，卻會形塑人們的生活。

◆餵飽非洲人口成為巨大的商機

大部分的人相信，最龐大的商機在於服務業，並能透過科技平台或應用程式追求商機。讓我們以水平思考來看待非洲的人口成長。世界銀行（World Bank）指出，非洲的農業到了二〇三〇年將變成高達上兆美元的產業，這可說是不折不扣形成中的金礦，很可能改變全球經濟。多半出生在鄉村地區的非洲兒童，未來必須仰賴農業的轉變。儘管土地遼闊，水源豐富，但這片大陸目前仍是食物的淨輸入國。雖然如可可、礦產、石油等開採產業，對國家經濟的長期影響最深遠，然而大部分非洲國家在不久後將來的成長卻是來自農業拓展，以及因應非洲大陸人口增加衍生的相關製造與服務業。農業面臨雙重挑戰：耕作約五億英畝的土地，大約和墨西哥一樣大，**同時**大幅增加產能。

非洲即將見證雙重的農業與工業革命，就像之前發生在歐洲、美洲、東亞的情形。想想發展農業造成的良性循環會帶來的好處。農夫需要輸入更好的種子與肥料等產品，才能增加產量，享受更好的生活水準。農業的成功，也會促使村莊中創造更多支援農耕的工作機會，如修理曳引機及其他機械的工作機會。在賴以生存的農耕進化為高產量農業後，多餘的農產品就會運送到發展中城市，如此就能減少進口食物的數量。基本食材轉變為烘焙食品、罐裝水果、加工熟食，能創造的工作機會還會更多，或許可以在非洲大陸各地創造上千萬個工作機會，讓製造經濟與興起的服務業蓬勃發展，輸送和販售加工食品給都會地區的人口。簡言之，這就是未來非洲農工業革命的情形。

為了發揮這種潛能，許多組織與公司都把新概念和方式帶入非洲的農業。例如，非洲農業技術基金會（African Agricultural Technology Foundation）向仰賴農耕維生的農民，介紹檢驗土壤與選擇種子的技術，基金會外勤人員表示：「有些農夫聽到如果他們能以適當的方式耕作，使用適當的種子與肥料，收成會變成十倍時，只會一笑置之，那是他們從未聽過的事。」看看山謬．歐維提．阿維諾（Samuel Owiti Awino）的例子，他在肯亞維多利亞湖地區的農地，因為雨量不穩定與雜草蔓生而歉收。在絕望之際，他嘗試所有想得到的方法，設法種出夠多的作物來養活家人，並把多餘作物賣到當地市場。「如果你病了，卻不知道生病的原因，你會願意服用任何藥品，希望其中一種最終能治癒你。」他說：「在農耕方面，那正是我很長一段時間以來在做的事。」阿維諾就是在看到示範農地的產量，比他收成最好的玉米田產量還要多一倍時，感到目瞪口呆。

和那些打造「人口炸彈」一詞的恫嚇者正好相反，人口成長實際上很可能帶來動力，能成為改善農業的動機，並創造工作機會與刺激相關的經濟活動，影響不僅在非洲，還會擴及世界其他地區。改善土壤管理、灌溉、配送，能帶來相當大的利益。

非洲邁向未來之路，在於將阿維諾那種靠農業維生的農夫轉變為複雜的農耕者。將非洲人口爆炸轉變為機會的方式，包含參與種植、耕作、處理大量的樹薯。這種塊根蔬菜是源於南美洲的作物，非常抗旱，在十八個月內任何時候都能採摘，需要大量的人力種植，因此能為當地帶來大量的收入。在開發中國家，樹薯僅次於稻米與玉米，是第三大的碳水化合物來源。目前樹薯的主要用途是用來生產麵粉和啤酒。在撒哈拉沙漠以南非洲，至少有三億人靠樹薯滿足每日的飲食需求。此外，樹薯也不含麩質，含糖量也比小麥低，是穀類的健康替代品，也是糖尿病患者較好的碳水化合物來源。由於樹薯的產量逐漸增加，部分產量也可用來製造附加價值較高的產品向外出口；可做為製作夾板的成分；可做為製藥業的填充劑，製作藥丸、藥錠、乳霜；也可做為生質燃料。

要了解樹薯製品的多種可能，需要同時具備專業知識與設備。在尚比亞的核心地區，賽莉斯蒂娜．孟巴（Celestina Mumba）每週會花許多時間指導其他樹薯農夫，透過一些簡單的技巧，如揀選種子及安排植株間距，即可改善農作物產量。她已經成為這方面的專家，因此現在大部分的時間都在幫助其他農夫採用最佳方式種植。在兩千英里外的奈及利亞，菲力士．阿弗拉比（Felix Afolabi）牧師創立阿弗拉比農業神聖企業（Afolabi Agro Divine Ventures），指導年輕的樹薯農夫，並且取得犁、耙子、桿架式噴霧機、塊根挖掘機、曳引機、推土機等，讓奈及利亞農業機械化所需的器材。像孟巴、阿弗拉比等農業創業者，就是非洲農業工業化革命的先鋒。

雖然進一步發展撒哈拉沙漠以南非洲各地樹薯產業所需的人力、技術、財務資源，在當地即可取得，但外國公司與非營利組織也能做出重大貢獻。由於樹薯的含水量很高，在採收後必須在二十四到四十八小時內進行加工處理，因此所需的設備必須鄰近種植之處。營利社會企業荷蘭農業發展與貿易公司（Dutch Agricultural Development and Trading Company, DADTCO）致力幫助許多貧窮社區，提供安裝在貨櫃車內的加工、精煉、烘乾設備給非洲小農使用，這些設備可以巡迴到不同村莊。只要這些移動式機械設備安裝好，即可開始採收，這些農夫或其他當地的企業，立刻就能使用這些資源處理自己的食材。

在不久的將來，樹薯增產將能讓今日鄉村地區的嬰兒獲得賴以維生的工作。如果非洲成為全球啤酒業的重鎮呢？世界上最大的啤酒公司，如南非米勒（SABMiller）、帝亞吉歐（Diageo）等，都已經把樹薯種植的工作外包給農夫，請他們提供原料來釀酒，降低產品成本，並且減少非洲仰賴進口昂貴外國原料的情形。如果以樹薯為基底的啤酒可以符合經濟效益，並達到環境永續，未來你所在地區的酒吧可能出現幾款非洲啤酒，價格低到讓你無法忽視。安海斯．布希（Anheuser-Busch）當心啊！

◆矽谷薩凡納

在農業工業化革命到來前，非洲有個產業邁入二十一世紀的速度，遠遠超越其他地區，就是行動通訊技術。這項轉變已經改變整個非洲人的生活。想想《愛爾蘭時報》（*Irish Times*）報導娜歐米・婉吉如・恩根佳（Naomi Wanjiru Nganga）的故事，她住在奈洛比科羅戈喬（Korogocho）的貧民窟，現年三十四歲，健康狀況不佳，靠著撿拾廢棄紙箱並販售給當地市場養活四個子女。她唯一擁有的高科技物品，是相當陽春的行動電話，她不僅用手機和人聯絡，也用來付款與收款，包括領取愛爾蘭慈善機構的補助金，可說是迅速部署行動網路的受惠者。十年前，肯亞成為行動支付的先驅，震驚全世界，全國高達四分之三的人口都大量使用這項功能。因此，奈洛比今日被譽為「矽谷薩凡納」（Silicon Savannah），實在一點也不令人意外。我相信如果你願意打開一扇窗，看看二〇三〇年可能的樣貌，就必須到非洲旅行。

行動科技在醫療照護產業的幫助特別大，這點已經獲得證明。例如，肯亞大部分鄉村人口居住的地方，要到最近的醫師家或醫療機構至少要搭一個小時以上的公車。為了解決這個問題，當地推出許多行動服務，包含醫療熱線、早期診斷工具、教育、用藥提醒、追蹤工具等。今日有九〇%的肯亞人都有手機，肯亞的電話紀錄往往比官方普查更令人一目瞭然，政府機構利用手機的資料來規劃健康政策與擴大服務範圍，而非使用薪資單或學校紀錄來規劃。

其他國家無論貧富，都和肯亞一樣面臨合格醫療照護人員短缺、成本增加，以及需求劇增的問題。現在推出數個電子健康方案與計畫，嘉惠越來越多鄉村地區居民。像肯亞這樣在醫療照護方面使用行動科技的範例，或許能利用科技有效且全面地解決獲取醫療資源問題，相當值得其他國家效法，甚至也值得美國學習，因為在美國，醫療照護向來是政治議題，照護費用也逐年攀升。

◆移民的焦慮與憤怒

到了二〇三〇年，世界人口的分布會與現在大相逕庭，非洲和南亞人口比世界其他地區多出許多。雖然人口在不同國家間遷徙的數量會改變，但原因卻不會：在世界某處的嬰兒很多，另一處卻很少，或是有內戰、政治動盪、飢荒、經濟危機、天災等危機出現時，遷徙就會變得相當明顯。最近，國際遷徙被視為需要防堵的「洪水」，各國政治領袖都開始想要築牆。各國紛紛退出歐盟（European Union）等貿易協定與政治／經濟組織。國民紛紛上街，高舉口號聲明不歡迎移民，但萬一擔心移民搶走工作與消耗政府資源的想法是錯誤又短視近利該怎麼辦呢？

傳統想法認為移民會取代藍領工作者，並搶走好的製造業職缺，但實際上大部分的移入者不會與當地人競爭工作，在美國國家科學、工程與醫學學院（National Academies of Sciences, Engineering, and Medicine）進行的幾項指標性研究中，都已清楚說明這一點。原因在於，大部分移民多半具備較少或非常高等的技能，因此在母國的就業市場前景不佳。相較之下，他們的競爭者具備中等技能，如雜工與技師，在原本的社會就有許多工作機會，無須移民。在已開發國家中，如美國、日本、歐洲等，低技能的工作依舊相當多，尤其在農業與服務業更是如此，和高技能工人的需求相同。同時，已開發國家中失去的工作，大部分都是製造業工作，包含中等技能的工作在內，因為這些工作相當簡單，採用自動化方式更經濟。在富裕國家裡，使用科技取代需要中等技能的工作，是最符合經濟效益的選擇，因為工資高到成為投入自動化的誘因，工作內容也相對簡單，便於自動化（如在第六章所見）。因此失去工作的焦慮與憤怒，主要源於科技變遷，而不是移民。我在華頓商學院的同事布莉塔．格列農（Britta Glennon）發現，限制核發科學家與工程師簽證，實際上會摧毀美國的工作，因為許多國家紛紛將研發實驗室遷到國外，以利納入更多人才。移民緊縮的最大受益者是誰？是中國、印度、加拿大，許多公司的研發部門紛紛轉移到這些國家。

如果進一步根據教育程度分析外國人在美國的受僱情形，會發現移入者並未偷走美國人的工作。所有高中輟學工作者裡約有四二%為移民，博士工作者裡約有二九%的人為在國外出生。相較之下，受僱者中只有一五%的高中畢業者、一〇%為大學肄業者，以及一四%的大學畢業者為移民。同時，美國普查局指出，高技能的管理與技術工作逐漸增加，中等技能的藍領和行政職則因為自動化生產而大幅減少。

如果我們仔細探究特定職業的資料，會發現更多證據，證實大部分的移民沒有和當地人競爭工作。都市研究所（Urban Institute）指出，不具高中文憑的移民主要從事的三大類工作為僕人與管家、廚師、農業勞動者；同時，不具高中文憑的本國人則以擔任收銀員、卡車和其他車輛司機、工友居多。移民與本國人激烈競爭工作的情形相當有限。

移民有助於克服與人口老化相關的難題，聯合國稱為「替代移民」。美國勞工統計局的資料顯示，嬰兒潮人口退休後，美國經濟需要大量湧入的移民，才能滿足包含看護助理、居家服務者、建築工人、廚師、軟體開發者等數十種職業需求。到了二〇三〇年，上述及其他美國工作將會由在國外出生的工作者負責。

另一個評估移民是否會危害本地人經濟狀態的方式，就是檢視收入。如果移民爭取相同的工作時，本地人的薪資應該會降低。在仔細檢視證據後，美國國家科學、工程與醫學學院做出結論，認為「移民對本地人薪資的影響可說相當小，趨近於零」。更重要的是，大部分的研究發現，「對弱勢團體（如少數族裔者）與先前移民造成的負面影響，更甚於全體美國人。」這或許也說明為什麼歐美最近的移民大部分都投票給反對移民的候選人，顯然受到移民影響最大的本國人為高中輟學生，他們往往偏好較嚴格的邊境管制，這是影響今日大選的重要因素。

雖然證據顯示，移民不會與本地人競爭工作機會，但如果新來的移民不成比例地受惠於政府的福利措施，移民仍可能意謂移入國的淨損失。實際上，歐美地區對移民感到憤怒，大多認為移民取用的社會福利多於工作帶來的貢獻。同樣地，證據顯示的結果也正好與這個傳統想法相反。世界各地的移民裡，約有七二%的人處於工作年齡，相較之下，本地人只有五八%。聲譽卓著的經濟研究暨發展組織（Organization for Economic Cooperation and Development, OECD）發表的研究報告指出，自一九九〇年起，移民的工作人口在美國增加四七%，在歐洲增加七〇%，所繳的稅遠遠超過從政府計畫中獲得的利益。美國國家科學、工程與醫學學院指出，「無論在哪一個年齡層，與第一代或第三代以後的成年人相比，（移民）第二代的成年人對所有政府層面來說，具有較正面的財務影響。」在一九九四年至二〇一三年間，納稅和獲得社會福利的比例「在第一代與第二代族群中都增加了」，顯示經過一段時間後，移民在財政方面透過繳稅的方式貢獻得越來越多，超過從政府計畫裡獲得的好處。相當值得注意的是，相較於給予移民子女教育補助的州與地方，移民在財政方面對聯邦的貢獻最多，因為大部分的人都處在工作年齡。美國國家科學、工程與醫學學院做出結論，認為「具有類似特質（如年齡、教育程度、收入）的移民與本國人，在財務方面的影響不相上下」。

◆移民不會偷走工作，而是會創造工作

Google、英特爾（Intel）、eBay、臉書（Facebook）、LinkedIn、特斯拉（Tesla）等公司，都有兩個共通點：都改變美國經濟，也都是由移民或和他人共同創立的。要是沒有它們，全球經濟就會變得不同。考夫曼基金會（Kauffman Foundation）與灣區委員會經濟研究所（Bay Area

Council Economic Institute）指出，美國約有二三%的高科技企業是由移民創立的，在某些州的比例甚至更高，加州為四〇%，麻州為四二%，紐澤西州則是四五%。無黨派智庫美國國家政策基金會（National Foundation for American Policy）指出，截至二〇一六年為止，移民在八十七個美國的「獨角獸」中占了四十四個，獨角獸是指價值超過十億美元的私人企業。創立這四十四家企業的其中二十三位創業者，最初來美國是為了就讀大學或研究所，多半來自印度、加拿大、英國、德國、以色列。例如，大衛・辛達維（David Hindawi）於一九四四年生於孟加拉一個伊拉克裔的猶太家庭，父母在一九五一年帶他移民到以色列，他就在該國的空軍服役。一九七〇年，他到美國加州大學柏克萊分校（University of California, Berkeley）攻讀博士。二〇〇七年，與兒子奧瑞昂・辛達維（Orion Hindawi）共同創立Tanium，這家網路安全公司最終成為僱用多達五百人的大公司。

移民其實對經濟有利，因為他們更想成為創業者。有份美國國家科學、工程與醫學學院發表的全面報告指出，以申請的專利為例，「移民比本地人更能創新」。「移民比本地人更能創新的原因，似乎不是由於他們承襲而來的能力，而是因為在科學與工程領域專心投入的結果。」研究報告做出這樣的結論。「移民就是全然的企業家精神。」LinkedIn共同創辦人里德・霍夫曼（Reid Hoffman）在二〇一三年一篇《華盛頓郵報》（*Washington Post*）的讀者投書中如此寫道：「你離開一切熟悉的事物，開始進行全新的事。為了要成功，你必須培養盟友。你必須習得技巧，偶爾也必須即興演出，那是非常大膽的事業。」

除了企業家精神外，想想移民對美國醫療照護產業的影響。二〇一六年喬治梅森大學（George Mason University）的研究報告指出，移民占美國總人口的一三%，但在醫師中占二八%，看護及精神與家居醫護助理員占二二%，護理師占一五%，生物科技產業中的醫學科學家則超過一半。這些百分比背後的關鍵，在於這些人在來源國時大多已接受醫療照護的相關訓練。雖然某些持有外國文憑者在美國執業前，因為要求的職業訓練標準較高，需要學習進一步的技巧，但問題仍在於美國具有高等學歷的照護工作者不夠多，顯然移入的醫療照護工作者仍未和美國人在工作方面產生競爭。

另一項指標則是自然科學方面的諾貝爾獎得主，自二〇〇〇年起，贏得諾貝爾化學、物理、生醫獎的八十五位美國公民中，有三十三位出生於國外，比例將近四〇%。如果美國想要繼續成為最具創新能力的國家，移民必定扮演相當重要的角色，在知識經濟持續成長的今日更是如此。

美國國家科學、工程與醫學學院在一九九七年公布的一份報告中已提出結論，指出移民對美國經濟的淨影響是正面的。在二〇一七年的報告中則觀察到，如果缺乏進入美國的移民，「顯然國民生產毛額會減少許多，或許人均國民生產毛額也是如此，減少的幅度會相當可觀，因為美國人口會老化，勞動人口比例會大幅降低。」移民的到來，往往能降低「兒童托育、食品製作、房舍清潔、維修及建築的費用」。這份報告也提到，由於房地產業在美國經濟中舉足輕重，移民的到來及其後代也帶來令人歡迎的房市需求。我們很難想像有多少美國中產階級的雙薪家庭如果沒有人幫忙照顧小孩，要如何過日子。除非築牆者恣意妄為，否則相較於今日，二〇三〇年美國經濟會有更大幅度是由移民的創意推動。

◆對移民的認知偏見

移民之所以會引發這麼多爭議，是因為我們往往著眼於缺點而非優點。心理學家阿莫斯．特維斯基（Amos Tversky）與丹尼爾．康納曼（Daniel Kahneman）認為，我們在生活的許多方面做出不佳決定，是因為想法中充滿「損失規避偏誤」。在進行許多實驗後，他們得到的結果發現大家傾向避險，而非著眼於同等的獲得。這看起來或許相當驚人，但大部分的人認為避免失去十美元，會比獲得十美元更吸引人。

挪威行為經濟學家蒂雅．維格（Thea Wiig）在挪威卑爾根大學（University of Bergen）的碩士論文中進行一項實驗。她讓一些人觀看移民就業的數據（顯示社會可能因為移民獲得的好處），以及移民對社會福利計畫的影響（顯示可能造成的損失），發現在大家的心中，「損失造成的影響超過獲益」，導致對移民抱持負面態度。「大家很容易接受強調移民會花錢的負面框架。」她寫道。更明確地說：「行為資訊顯示，挪威移民的受僱比例為六〇％，導致人民偏好更嚴格的移民政策。」

這個研究結果顯示對於移民的偏好，因此在了解「人民寧可放棄移民帶來的好處，也不願意承受他們造成的花費」，之後就能擬定看似合理的政策，形塑或操弄這些政策。到了二〇三〇年，很重要的是必須體認到，大家相當熟悉對移民的負面想法，影響也非常深遠，以及這種想法如何勝過那些提倡移民會帶來好處的人。記者詹姆士・蘇洛偉基（James Surowiecki）在《紐約客》（*New Yorker*）中撰文主張，「我們正在失去自己的國家」，這種修辭法極具說服力，會激發損失規避偏誤，為反對移民的候選人帶來優勢。

其他探討損失規避偏誤的研究，揭露移民本身的行為。有份研究分析本國人、外國出生且決定移民的人、決定待在家鄉的外國人三者間的行為差異，發現在三群人中，移民最能承擔風險。這或許能說明許多移民變成創業者原因，但很重要的是，移民在面對未來經濟情勢的壞消息時，反應遠大於其他人對好消息的反應。此外，馬西亞斯・蔡卡（Mathias Czaika）在另一份研究中也提到，促使移民採取行動的驅力主要是來源國的經濟困難，這股力量遠大於目標國提供的機會。這個發現顯示，移民不僅是為了比來源國更好的生活水準，也是為了逃離不友善，甚至令人感到絕望的經濟條件。

財產（或缺乏財產）也是移民的關鍵因素，因為這會影響面對風險的態度。威廉・克拉克（William Clark）與威廉・利索維斯基（William Lisowski）在《美國國家科學院院刊》（*Proceedings of the National Academy of Sciences*）上發表的研究，發現移民會仔細考慮遷居不同國家的得失，擁有房子或其他形式財產的人較不願意在國內遷居或遷居國外，那也是貧窮國家中的土地重新分配，減少移民的效果會比在邊境築牆來得好的原因。

實際上，有許多原因讓我們應該注意移民的優點。二〇一八年，有份美國社會安全局管理人委託進行研究的報告提出警告，到二〇三〇年，信託基金的「短期財務適足率」將會不足，因為政府不斷用這筆錢來支付社會福利，而不是用來確保系統長期運作。《今日美國》（*USA Today*）也用頭條「社會安全與聯邦醫療保險正在逐漸死去，但華府卻無人願意伸出援手」呼應。

實際結果是，移民不只不代表威脅，而是水平的機會，能確保未來年金系統的活力。即便是非法移民，或使用偽造的社會安全號碼，每年繳納的社會安全薪資稅仍高達數十億美元。智庫新美國經濟（New American Economy）估計，雖然二〇一六年八百萬非法勞工貢獻約一百三十億美元的所得稅，基本上卻無法享有社會安全福利。那些低收入移民貢獻的金額卻最多，因為社會保險稅只會對最初的十二萬八千四百美元收入課徵六·二%的稅金。「將非法移民驅逐出境，會產生負面的短期與長期影響。」經濟政策研究所（Economic Policy Institute）經濟學家莫妮克·莫里西（Monique Morrissey）表示。社會安全局信託管理人在報告中觀察到，移民潮增加可能帶來潛在好處的原因：「隨著淨移民增加，支出率就會降低，因為移民較年輕，因此會先讓工作者的人數增加，之後享用福利者的數量才會增加。」

最重要的是，思考框架相當重要。如果你用水平的方式思考，就能把問題轉變為巨大的機會。我們越能重新看待機會，就越有機會成功應對二〇三〇年的挑戰。

◆人才流失是迷思嗎？

即使堅決反對移民的人也同意，需要具備高技術的外國人來填補美國經濟體中的空缺。但是這代表我們利用那些較貧窮國家，讓它們最好的人才都跑到我們這裡嗎？早在一九五〇年代，英國就創造「人才外流」（brain drain）這個詞彙，譴責本國人才流失到美國與加拿大，因為醫師、工程師、其他高等專業技術人才在這些國家中獲得的報酬比來源國高。過去三、四十年來，同樣的人才遷移情形也讓孟加拉、奈及利亞、菲律賓流失許多人才。加州大學柏克萊分校地理學家暨政治學家安娜李・薩西尼安（AnnaLee Saxenian）指出，人才外流造成國家轉為貧窮的循環，很可能變成「人才流動」的良性循環，同時嘉惠人才的母國及移入國。

例如，吳敏求從台灣到美國史丹佛大學攻讀材料科學工程碩士，一九七六年畢業後，他前往傳奇的Siliconix與英特爾就職。十年後，在矽谷創立VLSI科技這家設計與製造積體電路的公司。一九八〇年代晚期，台灣吸引許多晶片製造公司設廠，所以他決定運用在美國的關係成立旺宏電子，這家公司是台灣早期成立的半導體公司之一，也是第一家在美國那斯達克（Nasdaq）上市的公司。吳敏求的生活開始不斷在太平洋兩岸穿梭，他的企業同時利用並嘉惠出生國與歸化國。

金柱津在一九六〇年代離開南韓前往美國求學，他抵達華頓商學院時，「南北韓正遭受無情的戰火肆虐，你無法想像所有韓國人的未來有多悲慘。我們窮到絕望，國家也處在動盪不安中。」在取得博士學位並擔任大學教授後，金柱津於一九六九年成立艾克爾國際科技（Amkor Technology），負責半導體的封裝與測試服務，二〇一八年公布的營業額為四十二億美元。此外，艾克爾國際科技在東亞與葡萄牙工廠聘僱近三萬人，在美國也設立一些廠區。公司名稱說明一切：是「美國」與「韓國」的結合。艾克爾國際科技幫助南韓躍居今日科技強國的地位。「我們活下來，堅忍不拔，接著便欣欣向榮。」金柱津說。

像吳敏求與金柱津等有遠見的企業家，展現移民對許多國家的影響。由於運輸成本降低，透過數位工具溝通也變得容易許多，現在企業家可以同時經營遠在不同國家的企業，如印度和美國，或是中國與美國，並利用兩國互補的資源。在不同的大陸上合作進行例行事項，或是完成複雜任務，在目前都是可行的。因此，就能同時在移民來源國及移入國創造工作機會。雖然目前這類合作的市場是以美國為主，但未來隨著中國與印度消費市場的成長，也會為這類跨國企業或公司創造龐大的商機。

不過正如薩西尼安所言，這類人才在世界各地循環具有許多好處，包括可能會吸引高等人才移民前往美國等經濟體，而這些國家經常面臨勞工短缺問題，也能在某些未來產業中為美國創造工作，但最重要的是，能為美國與世界上最大的一些新興市場搭起橋梁，在消費重心從北大西洋轉移到亞洲，最終轉向非洲的同時，產生龐大的利潤。

世界銀行預估，透過企業主與到美國求學的工程師間組成所謂的離散網絡（Diaspora Networks），可望達到大規模的國際合作。視原本的國籍而定，約有一半到四分之三的人會在學成後歸國，有許多人都會創立公司。那些待在美國的人中，有一半的人至少每年會回到來源國出差一次。這些高度專業移民的離散網絡，為以色列、台灣、印度帶來的好處特別多。資訊科技經濟最有利於這類跨國發展，或許是因為所需的資本要求並不高。

雖然移民帶來大量的機會，但如果本國人認為自己遭到淘汰出局，也可能會造成潛在的缺點，因此絕對必須進行冷靜的討論，以制定最佳政策來決定移民的數量、時間點、組成分子，才能讓移民的來源國與移入國都獲得最大機會，全球化也才不會讓數百萬人失業或導致國家衰退。研究結果顯示，以配額為主的制度似乎並非達到這些目標的最佳方法，而那些根據勞工需求與標準設立的移民制度，成功的機會則較高。加拿大或許是最佳範例，透過提供工作簽證給外國的大學畢業生，藉此獲得具備高技術的移民。由雇主組成的加拿大諮議局（Conference Board of Canada），在二〇一八年估計，如果減少移民，未來二十年的經濟成長率將會減少三分之一，「如果停止接受移民，加拿大將面臨勞動力短缺、經濟成長疲軟，並面臨巨大的挑戰，要挹注醫療照護等社會服務也會更困難。」在二〇三〇年，最活躍的經濟體將會是能利用移民強力貢獻，同時照顧因經濟經常轉型而受到傷害者的國家。

◆嬰兒、移民與機會

本章透過追蹤嬰兒的方式，前瞻二〇三〇年的樣貌。不久後的年輕消費者已誕生，一些移民措施也能補救世界上特定地區人口快速老化的問題。同時，落後者為適應新環境造成的代價，也會導致懷疑與憤怒。這些矛盾的力量會造成什麼結果，端賴我們如何將目前的焦慮轉化為未來的機會。

對包含美國在內的許多國家來說，解決之道在於平衡不同世代族群間的需求與渴望。一如我們所料，年輕與老年人口看待未來挑戰的方式截然不同，一個世代看見價值，另一個往往會看見損失。第二章說明在大規模人口變遷之際，潛藏著哪些我們能把握的機會。

第二章

科技黑髮族

即將成為科技早期使用者的智慧長者

我的世代在成長時，面臨宗教信仰與生存的絕望，選擇大麻。現在我們則處在領聖血的階段。

——記者暨作家佩琪．努南（Peggy Noonan）

今日全球二十三億的千禧世代，也就是在一九八〇年至二〇〇〇年出生的人，是世界矚目的焦點，他們的想法、錢包、選票，都是各大公司與政治人物渴望爭取的。摩根士丹利（Morgan Stanley）的研究顯示，千禧世代目前「是經濟活動最重要的年齡層」，因為他們正要開始成家立業，養兒育女，花錢讓生活安定。

這其實是錯誤的觀念。

首先，千禧世代與之前的世代並無不同，這個年齡層的人具有各種不同樣態，有些人受過高等教育，有些人沒有；有些人相當富有，有些人則勉強糊口；

有些人是自戀型人格消費者，有些則是令人厭惡的唯利是圖者。媒體偏好把他們的態度或行為一概而論，並用非常煽動的方式說明：

「千禧世代殺死了晚餐的約會。」
「千禧世代基本上毀了早午餐。」
「千禧世代用他們對玫瑰紅的迷戀殺死了啤酒產業。」
「千禧世代殺死了餐巾紙產業。」
「千禧世代殺死了電影產業。」
「千禧世代會殺死房產的所有權嗎？」
「千禧世代為什麼不做愛？」

但有另一個更重要的原因，造成大家對千禧世代的不滿。與傳統想法不同的是，千禧世代**並非**世界上成長最快速的市場區隔。實際上以年齡而論，成長最快的年齡層很可能會讓你大吃一驚，他們往往遭到許多公司忽略，卻被政治人物追捧（因為他們較可能投票），而且正好擁有全球半數的淨資產——約占全美的八〇%。他們就是六十歲以上的人口，到了二〇三〇年，世界上這群人的數量將會超過三億五千萬，大多分布在歐洲、北美洲、中國。在美國，這個年齡層的人同時包含嬰兒潮世代與沉默世代〔也就是在經濟大蕭條時期成長，並經歷過第二次世界大戰的人；湯姆．布洛考（Tom Brokaw）稱為「最偉大的世代」（Greatest Generation）〕。美國歷史學家奈爾．郝威（Neil Howe）在《富比士》（*Forbes*）雜誌中提到，「今日老年人相較之下擁有較多財富，這是史上前所未見的。」郝威多少了解這個主題，他創造「千禧世代」這個詞彙。

聯準會（Federal Reserve System）的資料顯示，「沉默（世代）持有的財富約為嬰兒潮世代的一‧三倍，是X世代的兩倍以上、千禧世代的二十三倍。」郝威指出，「行銷人員受到新發現的財主吸引，現在投入許多金錢製作廣告，目的在於吸引六十至七十歲這些較年長的消費者。」業界的雜誌《廣告時代》（*Advertising Age*）則表示，「甚至全球大品牌如Nike與波蘭之泉（Poland Spring）等，都聚焦在一系列的行銷活動，主攻八十歲的族群。」美國與老年人口相關的醫療照護費用正在節節高升，其實是一個迷思。實際上從二〇〇二年起，大部分醫療照護費用的增加，都發生在十八歲至六十四歲的族群。

◆如何思考世代間的問題？

我們置身於史上前所未有的岔路上：好幾個較小的世代正在共享舞台，競相產生影響。世代的問題很重要，因為每個世代都以特定方式連結他們成年的時候與現狀。「世界觀是世代共同運作的結果，而非個人獨自形成。」小說家約翰・多斯・帕索斯（John Dos Passos）寫道：「但我們每個人或多或少都在這棟高樓上添加自己的磚塊。」

最近，各公司紛紛面臨雙重問題：他們對千禧世代消費者的行為感到困惑，也不確定如何接觸那些至今生活與消費得比其他人都久的族群（舒適退休年齡始於六十五歲，這個大家熟悉的指標已變得不那麼相關）。讓問題變得更複雜的是，這些不同世代族群具有共通之處嗎？「嬰兒潮世代來襲正在流行。」琳達・伯恩斯坦（Linda Bernstein）在二〇一六年《富比士》雜誌中這麼寫道。許多年輕人對嬰兒潮世代感到憤怒，把許多事情歸咎到他們身上，包含財務危機、氣候變遷、無法預期的經濟變化等。政治上也產生裂口，雖然一般而言，年輕人較激進，但他們也都看見父母與祖父母中有許多人支持民粹主義的政治人物，這種新型的國族主義，以及築起高牆將不想要的摒除在外。此外，二〇〇八年金融危機，讓「每個世代都能享受比上一代更佳財務狀況」的舊觀念受到挑戰。雙方指責彼此的狀況因而出現，不同的世代都指責對方剛愎自用與自戀。

這些世代之間的動態，會在二〇三〇年到來時出現重大的新改變，也就是傳統上「年輕」與「年老」的界線會變得過時。我們無法再認為充滿活力是年輕的同義詞，衰退完全與年老有關。新的科技發展會完全改變我們處理退休和老年照護的方式。請停下來思考一下，想像我們的父母與祖父母是地球上最活躍也最有生產力的人，會是什麼樣的世界；想像生長在高科技世界的千禧世代有意識地創業，來為六十歲以上的人口謀福利；想想年齡較不影響聘僱的世界，有七十歲的新進員工很可能不再罕見。這群超過六十歲以上的族群，消費能力每年預估高達十五兆美元會是什麼情形？

銀髮族是新的黑髮族嗎？

德國社會學家卡爾．曼海姆（Karl Mannheim）是首位指出世代重要性的人。一個世紀前，他將世代定義為因為時空而團結的人，他們會有獨特的行為舉止，**並且持續一輩子**，形成一種依附在特定經驗上的集體意義，如經濟大蕭條、第二次世界大戰、公民權運動、網路、社群媒體等。這與「年齡層」不同，後者只是武斷地定義一群在十年等特定時段內出生的人，並未統一這些人的特質。

特定世代的人，儘管社經地位或文化價值觀不同，都會發展出共識。曼海姆將這群人稱為「世代的單位」。例如，美國的「公民權世代」，請想想他們對社會、這個世代形成、起因間的緊密關係、政治參與度等。

但是有關世代的另一個面向，則早在一九七〇年代，法國人類學家暨社會學家皮耶．布爾迪厄（Pierre Bourdieu）就提出最初的概念。他並非以歷史事件劃分，而是著重在「秉性」（predispositions），認為每個世代都發展出「自然且合理的習慣或渴望，讓其他（世代）的人覺得無法想像或相當難堪。」換句話說，習得固定做法〔也就是他稱為的「慣習」（habitus）〕的因素和社會化過程，造成每個世代的差異。

這種區別的因素，在理解世代對經濟造成的衝擊時相當重要，在存款與消費方面更是如此。想想不同世代競相鼓吹自身經濟與政治目的代表什麼，接著想想在每個世代中，還有其他不同的族群，分別關心不同的事物，以及擁有不同的需求。

讓我們也來想想經過一段時間後，老化在特定族群中會對態度或行為造成什麼影響，無論他們在出生時有何差異，同一個世代的人在漸漸變老後，還會保有同樣一套價值觀嗎？

◆不用浪費時間對銀髮族進行誇大廣告

「我預期會有危機發生，頭髮會變白，體能開始走下坡。」英國記者暨編輯史蒂法諾．哈菲德（Stefano Hatfield）寫道：「我也等著廣告商來找我談，把我打造成某種大家渴望的樣貌與調性。」調查結果顯示，五十歲以上的英國人中，有九六％覺得遭到廣告商忽略。「嬰兒潮世代擁有大把銀子，但是廣告商看來卻不在乎。」最近美國樂齡會（AARP）發表的文章這麼寫道。如果即將達到五十歲的人都這麼想，試想六十或七十歲的人會怎麼想。在全球年輕人口的成長衰退時，六十歲以上的人口卻在持續增加。

我們來算一下數學。

在中國，都有五萬四千人慶祝六十歲生日，在美國為一萬兩千人，世界各地則是二十一萬人，那些數字很難不讓企業家眼紅。到了二〇三〇年，全球這個年齡層人口的數字將從今日的十億攀升到十四億人，美國這個年齡層的人口會比今天多一千四百萬人（達到九千萬人），墨西哥增加六百萬人、英國增加三百萬人、印度增加五千萬人，而中國則大幅增加一億一千三百萬人，甚至連低度開發國家也會大幅增加，相對而言更是如此，如孟加拉六十歲以上的人口，將從一千三百萬躍升到兩千一百萬人。

分析人口變遷對社會造成影響的關鍵統計數字，是這個族群占總人口的比例，到了二〇三〇年，在日本會占三八％，在德國占三四％，在英國占二八％，在美國占二六％，在中國占二五％。老人年金與醫療照護系統足以應付嗎？

這是一個好問題，但是讓我們透過機會的鏡頭用水平方式看待同樣的數字。二〇一八年，《富比士》將這些老化人口稱為「商業福音」。關於這一點，《經濟學人》最近認為，「較年長的消費者將會重塑商業版圖。」我們處於「銀髮市場」時代的黎明，這個市場的消費力量正在成長，在新興經濟體中更是如此。不過波士頓顧問公司（Boston Consulting Group）預估，每七家公司中只有一家做好準備。大部分老牌公司與新創公司裡，技術、行銷、銷售部門人員多半是年輕人，這是眾所皆知的，因此他們對辨識銀髮商機存在盲點並不令人意外，但這卻是一大錯誤。銀髮市場現在不僅比過去的世代健康，據估計，到了二〇三〇年，銀髮族的消費力也高達二十兆美元。

因應銀髮族消費者的需求與渴望並不容易，南加州大學（University of Southern California）老年學院的瑪麗亞．亨克（Maria Henke）指出：「年長者是一群難纏的人，對他們來說，誇大的讚美毫無用處。針對廣告方面，他們早就看過誇大的廣告了。」畢竟如果你是嬰兒潮世代的一員，也就是在一九四四年至一九六四年間出生的人，想像一下你在廣告方面見過的革新，從收音機不斷重複的廣告，到各種瘋狂的行銷方式都有，讓你感到疲勞地問：「我真的需要這個嗎？」

但是，挑戰不只存在於尋找適當的溝通方式與廣告策略，有些人老化得比其他人快，他們的需求與偏好就會變得有所不同，但並不一定會覺得自己「老了」。哈菲德大膽地認為，「大部分的媒體，尤其是廣告業，都沒發現今日的五十歲世代和我們父母五十歲時完全不同。」問題出在透過年齡將人分門別類。可可．香奈兒（Coco Chanel）曾說：「四十歲之後，沒有人算得上年輕，但在任何年齡，你都可以讓人難以抗拒。」不過，「針對年長消費者的廣告往往都傲慢到不行，不然就是讓人覺得被冒犯。」傑夫．比爾（Jeff Beer）在《快公司》（*Fast Company*）雜誌中寫道。TBWA廣告全球文化策略總監莎拉．拉比亞（Sarah Rabia）適切地說明這個困境：「不是更全面，不要用年齡來定義，而是著眼於觀眾群的價值觀或相同之處，因為嬰兒潮世代與千禧世代有許多相同的地方，就是精準聚焦在這群觀眾上，但是改用樂觀、現代、進步的語調敘事。」

有份全面的研究報告提及，「大部分的人說好好變老，意謂著花時間和比自己年輕與年長的人相處。」全球廣告公司麥肯（McGann）研究資深副總裁娜迪亞．圖瑪（Nadia Tuma）表示：「那與世代之間的連結有關，比找到好的潤飾方式更強而有力。」重點在於，過去沿襲至今的分類到了二〇三〇年已不適用。「彷彿是我們所做的人口統計樹立一道藩籬，讓我們無法進一步深入了解其他人。」圖瑪做出這樣的結論。

再舉例說明了解銀髮族的困難之處，如家電用品、工具、車輛等耐久性消費財，面臨特殊的挑戰。就定義而言，在理想狀態下，這些東西製造與設計的目的在於讓人能使用五年、十年，甚至二十年之久。在那段期間，老年使用者的需求與能力可能會出現改變，讓那些產品對那類使用者不再合用。別忘了銀髮族消費者往往不像年輕人，他們不喜歡把耐久財換成新的，尤其是必須看好存款，保障退休生活無虞。想想對六十歲的人來說，理想的洗衣機會如何，滾筒式洗衣機仍然簡單好用，使用會比直立式洗衣機不費力，但是到了七十或八十歲，很可能發現直立式洗衣機更方便（雖然電費負擔可能較重）。把手較容易抓握，圖案與文字的面板較容易閱讀。「（直立式洗衣機上蓋）容易抓握的把手，對手部不靈活的人來說是重要因素。」有篇評論友善銀髮族洗衣機的文章提到。「此外，把手越深、越寬，對視力不好的人來說更容易找到位置。」

有兩個可能的方式讓年長者相信產品符合他們的需求：第一個方式是，提供租借（而非購買）的選擇，讓消費者每幾年就能換新產品使用，對那些自身壽命可能比產品壽命短的人來說，經濟上也較無負擔；第二種方式則是，在設計產品功能時，納入使用者健康、體能、認知能力可能退化的情形，如針對洗衣機，完全可以納入不同年齡使用者的偏好，提供多種數位面板與選項。

◆銀髮族的優先順序

為銀髮族市場推出新產品與服務的商機相當龐大，關鍵在於必須了解銀髮族如何花錢。對他們來說，生活品質無疑是重要的優先事項。美國樂齡會指出，大部分年長者對整體的生活品質相當樂觀，包含財務健全、身心健康、娛樂與休閒時間，以及家庭生活等面向。四人中有近三人期待生活品質能改善，或維持不變（雖然樂觀程度在七十歲後會開始消退）。漸漸地，他們的定義轉變為獨立、自理、行動能力、與他人的連結。那不只是要應付身體機能和認知能力衰退造成的結果，還必須對抗寂寞，並找到生活中持續的喜悅。或許瑞典電影導演英格瑪・伯格曼（Ingmar Bergman）在一九五七年的電影《野草莓》（*Wild Strawberries*），是描述這些挑戰的最佳寫照。電影中愛抱怨的七十八歲醫師踏上四百英里的旅途，搭車前去接受終生成就獎，沿路上遇到的人，讓他想起困擾的事件，以及持續不斷的挫折，有些人甚至加入他的行列，重新評估並發現自己，這趟長途旅行揭露他的寂寞。

在銀髮市場崛起際，醫療照護、居家照護、輔助生活、其他類似服務產業，將會在二〇三〇年蓬勃發展。休閒娛樂的勢力也相當龐大。但或許最令人感到興奮的機會，在於透過有創意與創新的解決方式，達到高品質生活的空間。

以鞋子為例，針對設計、品質、價格就有許多選擇，更不用說品味與偏好了。這個產業裡有數千家公司和品牌，但除了Nike外，沒有其他品牌獨占大部分的市場。現在請加入銀髮族市場，能減輕膝蓋與髖部疼痛的鞋子需求已經相當高；設計出兼具時尚感又好穿的鞋子相當重要；活動自如的消費者可能想不到這點，但是現在也存在調整左右腳差別的需求，這類以消費者為主的細節很可能左右數百萬名潛在消費者，讓他們選擇願意在策略中納入新興人口結構改變的品牌。店內的體驗如何？好比以下就是零售商可做的事：早點開店，因為老年人往往都相當早起，並在早上時段提供折扣；增加常客計畫；務必讓店內有許多可以坐下的地方；僱用受過訓練且了解銀髮族的需求與擔憂的員工。

另一個機會在於健康與健身產業，健身房和瑜伽中心都在（年輕）人們工作地區如雨後春筍般設立。例如，透過國際活躍老化協會（International Council on Active Aging）的線上樂齡友善健身中心搜尋引擎，搜尋那些容易抵達，由內到外都適合活躍老年人口的健身中心，結果顯示在美國德州卡蒂（Katy）郵遞區號七七四九四的地區，雖然擁有約十萬五千位居民，卻只有五家這樣的健身房；我所在的費城市中心郵遞區號區域裡，居民多達兩萬，這種健身房卻僅有兩家；在維吉尼亞州萊星頓（Lexington），其中擁有全美最年輕居住人口的郵遞區號區域，只有一家這樣的健身房。佛羅里達州薩姆特郡（Sumter County）這個居民年齡中位數最高的地方，共有十二萬五千位居民，但也只有七家樂齡友善健身房，現在應該考慮在老年人居住（或想要居住）的地方多開設這類健身房。

至於線上購物呢？老年人會不會因為喪失行動與移動的能力，認為線上購物更方便，轉而在線上購物，引起大家激烈辯論。市場研究公司eMarketer指出，美國六十歲以上的人口使用Amazon Prime、在實體店面購物前先上網作功課、透過網路商場購物的比例，僅些微落後其他年齡層幾個百分點。然而，他們較少使用手機購物，或是在社群媒體上看到某項產品。雖然銀髮族在科技方面一點都不落後，但是顯然偏好在附近購物，也就是在小型的當地商家中購物，因為在那些商店裡能獲得想要的個人化協助。尼爾森（Nielsen）的資料顯示，老年人會前往所有類型的商店，尤其到雜貨超市的比例遠勝其他年齡層。但其中一項管道並不會排除其他管道，實際上電子商務與實體購物實際上很可能形成互補，只不過我們應該記住許多老年人對價格較敏感，因為隨時都必須維持足夠的存款。

可支配開支，或說用於居住、食物、水電、醫療照護、交通、教育等必要之外的花費，是銀髮族消費增加的另一個區塊。在美國，可支配開支的高峰在三十五至五十五歲之間，約占總支出的四〇%。年長者會慢慢減少不重要的開支，因為行動力降低，需要更多的照護服務。對那些超過七十五歲的人來說，這個比例降低到三三%。

如果考慮到全球老年人的可支配開支，問題就複雜了。在歐洲、加拿大、日本，可支配開支比在美國高出十二個百分點，這是由於需要自掏腰包的醫療照護費用較低；換句話說，醫療照護的開支會對非必要支出造成影響。例如，美國六十五歲以上的老年人平均在醫療照護上花費一四%費用，英國在這方面的費用則不到三%，這讓英國老年人會花兩倍的錢在家電用品、外出用餐及旅遊。

談到休閒娛樂，一個常見的錯誤觀念是老年人的花費超過其他年齡層，因為他們擁有較多時間。實際上，銀髮消費者在旅行與娛樂的花費不見得比其他年齡層多，而且他們覺得健康的時間越長，從事工作（至少是兼職工作）、打零工、擔任志工的時間較多。此外，「休閒」領域的差異過大，實際上隱含某些重要的趨勢。先想想大家在空閒時做什麼，老年人有空在看電視、看書、放鬆、冥想的時間，會比四、五十歲來得多。說到付費從事休閒活動，今日的老年人比之前的世代更願意花錢旅遊，因為他們較健康，身體狀況也較好。老年人在觀光方面的整體支出，在歐洲、中國、日本都高於美國，這意謂如果醫療照護支出沒有增加，未來美國在這方面的成長會高於其他國家。有鑑於許多年長者偏好短程旅行，銀髮族對旅遊的需求主要會在居住國家中創造就業機會。

◆年齡金字塔頂端者的財富

許多公司都發現聚焦於銀髮族市場的成功方程式，有些業務衰退的公司透過重塑形象，免於清算命運。想想世界上歷史最悠久、規模最大、最多大樓的國際公司飛利浦（Philips），赫拉德・飛利浦（Gerard Phillips）與父親弗雷德里克・飛利浦（Frederick Phillips）於一八九一年在荷蘭共同創立飛利浦。公司在一八九五年面臨破產邊緣，所以赫拉德就介紹擁有工程學位的弟弟安東・飛利浦（Anton Phillips）加入，而後公司改變焦點，將科學的嚴謹導入產品設計。荷蘭在十七世紀時引領科學革命的風潮，這股創新風潮正好助他們一臂之力。接下來就出現一些重大突破的新發明：鎢絲燈泡（一九〇七年）、電動刮鬍刀（一九三九年）、卡式錄音帶（一九六三年）、VCR（一九七二年）、光碟片（一九八三年）、行動通訊的全球行動通訊系統（Global System for Mobile Communications, GSM；也在一九八三年）、DVD播放器（一九九八年）等。

然而在一九八〇年代與一九九〇年代，飛利浦仍因日本、南韓、中國的低價競爭而面臨壓力。數百萬美元赤字吞噬這家公司。高階管理人員嘗試各種方法想讓公司再度獲利，聘請一些最優秀的顧問、重整生產的工廠、調整全世界的物流，並且重新打造行銷策略；也利用雙重報告結構和跨功能團隊，讓工程師與行銷人員共同產出消費者真正需要的產品，但似乎依舊沒有起色。

該公司在三十年內換了六位執行長（相較之下，公司成立最初一百年，只換了五位執行長）。接著在二〇一一年，從公司內部拔擢的萬豪敦（Frans Van Houten）被任命為執行長，他一輩子都在飛利浦工作，父親也是飛利浦的董事，但他卻沒有重蹈覆轍，決定讓公司順著全球經濟與人口的變化走，而非與之抗衡。年復一年，公司的基礎產品燈泡與電視機獲利每下愈況，像飛利浦這樣的國際大品牌該怎麼做？萬豪敦指出不同的方向：將重點放在那些與醫療照護相關，需要經過大量研究與客製化的電子產品，如掃描與顯像設備，這方面的需求在全球人口日益老化之際不斷提升。現在飛利浦的醫療部門營收占公司的三分之二以上，獲利也在不斷成長。

◆重新開創「老年」生活

「我最近才退休的母親是相當熟悉科技產品的老年人。」《今日美國》撰稿者珍妮佛・裘莉（Jennifer Jolly）寫道。「她會和朋友玩拼字遊戲，知道如何在臉書上張貼照片……還不時拍下好看的自拍照。」她說道：「結果這些似乎變成醫師開立的數位處方，對象同時包含長者及關愛他們的人。」在《老年學期刊》（*Journal of Gerontology*）中，有篇論文為密西根大學（Michigan State University）教授席拉・卡頓（Sheila Cotten）帶領團隊進行研究的結果，發現美國使用網路的長者出現憂鬱問題的比例較低。年長者應該對研究結果不會感到意外。安妮娜・麥可克雷斯奇（Annena McCleskey）在七十歲接受髖關節置換手術，目前正在復原。「我不想處於封閉狀態，不想離開好友和一切。」她說，網路「把家人、朋友、遊戲帶到我的身邊」。

「科技改變一切」的口號，在老年人身上可說一點都沒錯。首先，醫學、營養、生物科技及其他領域的發展，讓更多人能享受生活更久。到了二〇三〇年，平均年齡七十歲的人過的生活會和今日平均五十歲的人相去不遠。

傳統上，認為如虛擬實境、人工智慧、奈米科技等新興領域，都是隨著年輕人的慾望與需求而起，但實際上今日大部分令人感到興奮的突破與發展，都是因應六十歲以上人口的需求而生。

想想Rendever的例子，這家新創公司發展虛擬實境的應用程式，目的在於幫助年長者克服孤立感。「Rendever研發的虛擬實境體驗，主要是為了老人之家的住戶設計，因為他們無法親自外出探索世界。」執行長暨共同創辦人凱爾・蘭德（Kyle Rand）表示。「透過虛擬實境，你只要戴上頭盔，就能前往世界各地。……你可以玩賓果、做美勞，瞬間就能登上艾菲爾鐵塔頂端。」孤立會讓認知加速衰退，也會讓高血壓和其他健康問題惡化。但現在的方式就是透過虛擬實境，創造社交情境，也就是一種遊戲。「在年長者居住的社區裡，可以六個人一起戴上頭戴式顯示器，同時體驗同樣的情境。」蘭德表示。「網路技術讓他們能共享群體經驗。」他們使用「懷舊療法」減輕老年人的壓力。「帶某人回到有意義的地點，用沉浸式方式體驗過去的生活」，能夠紓壓。

另一種改善年長者生活品質的方式，可能相當吸引他們，就是研發中的外骨骼裝備（想想鋼鐵人（Iron Man）的裝備，不過是給祖父母用的），能滿足特定需求，像是爬樓梯、提購物袋、鋪床、從髖關節損傷中復原。別忘了，年長者非常希望能過著有品質的生活，可以自理並自力更生。日本新創公司Innophys已經售出上千套外肌肉（Exo-Muscle）裝備，那是機械背部輔助系統，幫助使用者抬起重物，如購物袋或行李箱，價格最低從六千美元起跳。「外骨骼的關鍵在於操控性：裝置必須了解什麼時候啟動。」執行長古川尚史表示。其他公司也開發能偵測神經訊號的偵測器，追蹤肌肉的運動。

日本在輔助年長者的機器人方面領先群倫，因為無論針對絕對或相對情況而言，日本都是世界上最大的銀髮族市場所在地。在日本，要找到可負擔的看護相當不容易。由於缺乏移民，情況更是雪上加霜。（在大部分國家中，包含美國在內，約九〇%的付費年長者照護工作都由移民負責。）到了二〇二五年，日本將需要增加目前國內欠缺的一百萬名護理人員。日本能用機器人應付短缺的問題嗎？豐田（Toyota）等公司已開發「人類輔助機器人」原型，能用聲控方式幫忙取藥、倒水或拉窗簾。另一個範例則是機器海豹Paro，能撫慰臥床患者，效果非常明顯，患者的焦慮與憂鬱情形不僅減少，有了機器海豹後，那些失智症患者也較不會離開受監控的區域。現在多達三十個國家都使用這種機器海豹，丹麥在八〇%的國營老人之家都採用Paro。你很可能想知道為什麼設計成海豹，而不是貓或狗，原因其實相當人性化，狗或貓顯然是首選，但發明者柴田崇德博士發現，患者會將機器人與真正的動物做比較，「他們的期待太高了。」此外，「愛狗者不喜歡機器貓，愛貓者不喜歡機器狗。」相較之下，大家面對海豹都沒有比較對象。

雖然整體而言，美國在銀髮族機器人方面比日本落後，卻在擁抱技術創新方面也不遺餘力。布魯克戴爾老年生活（Brookdale Senior Living）是全美最大的年長者社區網絡，其中居住的老年人超過十萬人，他們投入大量資金開發語音數位助理，對罹患關節炎的人或肌肉退化者特別實用。布魯克戴爾老年生活的機器人ElliQ鼓勵年長者玩線上遊戲、運用影音聊天、連接到TED演講，以及進行其他社交活動來維持活躍。和機器人互動的長者似乎較不會憂鬱，也較投入，該公司將這種新發明稱為「張開雙臂的機器人」。

日本人也為其他年齡層的人開發機器人科技的應用程式，Nao Evolution VS的機器人會和長期住院的病童互動，指導糖尿病患者監測並控制血糖、進行物理治療，以及一對一面授各種學科。孩童顯然非常喜歡和機器人互動，或許互動的意願還高於人類看護。

有些人可能會覺得未來由機器人照顧老人與小孩是偏離正軌的做法，坦白說，我們別無選擇，原因有二：今日出生的嬰兒數量不夠多，不足以負責未來所需的照護工作；同時世界各地的政府也在努力阻止移民流動，前述已提，過去典型擔任這種工作的人是移民。

年長者必須開始研究並培養企業家精神。麥可．泰勒（Michael Taylor）決定研究新領域。「我捫心自問，長大後想做什麼？」他在大學與研究所取得室內設計學位，之後開始執業。「一九九七年時，五十五至六十四歲的創業者僅占一五％。」《企業家》（*Entrepreneur*）雜誌中的一篇文章提到。「根據考夫曼創業指數（Kauffman Index of Entrepreneurship）指出，到了二〇一六年，該數字上升到二四％。」有鑑於未來的老年人口數量與較長的壽命，到了二〇三〇年，約有半數的企業家處於這個年齡層。

◆銀髮族的荷包

除了醫療照護、零售、機器人外，在全球老年人口增加的同時，全球經濟中變化最快的是財政金融。簡單來說，大家在金錢方面的需求、偏好與態度會隨著年齡改變。最近兩位舊金山聯邦儲備銀行（Federal Reserve Bank of San Francisco）經濟學家的研究說明這種動態，他們觀察到美國股市上市股票的本益比與人口老化呈正相關。本益比（Price-to-Earnings, PE）是每股價格除以每股盈餘，高本益比代表投資人願意付出大量金錢持有該公司產生的盈餘，意謂那支股票會上漲，因為投資人相信公司未來會有亮眼的表現。經濟學家發現在一九五〇年代至二〇一〇年代初期，美國所有上市股票的本益比都遵循一個模式：在人口變老時，本益比就會下跌；人口變年輕時，本益比就會上升。

為什麼會有這種情形？人口老化與股價的關係為何？

會造成這種長期關係的理由有兩個。從投資的觀點而言，大家隨著年齡增長，就越趨向避險。年輕人往往將存款投入價值會成長的資產類別，也意謂著隨之而來的風險較高。證券就屬於這種資產類別。大家到了五十或六十歲，就會開始調整投資組合，買進較多債券這種風險較低的類別。最後，在接近退休時就會開始變現，或購買年金保險（每隔固定時間支付固定金額）。

年齡與消費間也有相關性，隨著年齡增長，大家消費的行為也會改變，不再會換車或替換家電用品，往往傾向不購屋，如果要購買，也會買坪數較小的。既然投資與購買行為會在一生的不同時間點改變，股市估價也會反映出人口分布。想想二〇三〇年很可能會發生這件事：隨著全球人口老化，股價與公司盈餘的相關性不再像過去一樣高。然而要是從現在到二〇三〇年間，我們見證對老化看法的轉變，如果能把握其中蘊含的機會，股市與老化之間就可能會形成良性關係。

關於銀行業務方面，人口老化造成的影響將相當廣泛。首先，抵押貸款與消費者信貸的需求會減少，但是對低投資風險產品的需求卻會增加，如此一來，他們投入的存款就較能持久。此外，年長者從自有住宅中產生收入的需求也逐漸增加，如在第七章將看到的Airbnb就是其中一種可能。世界上許多國家的銀行現在都提供「反向抵押貸款」，也就是屋主可以先同意在過世時將房屋轉給銀行，以在反向抵押貸款開始時獲得一筆款項，或是每個月獲得定額款項，屋主就能繼續住在家中，同時透過房地產獲得一些收入。

今日傳統銀行在重獲顧客信任、整合科技、提供創新產品方面，都面臨巨大壓力。老化又帶來另一項挑戰，就是存款率降低，因為到達一定年齡後往往會從淨收入者變成淨支出者。從客戶存款獲得資金，正好是傳統銀行取得資金的最便宜方式，因此客戶借款時往往必須支付較高的利率。

從好處來看，人口老化會刺激顧問諮詢服務、資產管理、年金保險及其他產品的需求。問題在於，提供這種高利潤產品的不是只有銀行，各種金融中介與「金融科技」新創公司也想分食銀髮族市場的大餅。金融科技業必須「跳脫為十八至三十五歲族群創造科技解決方案的方式，聚焦於能滿足我們老化後需求的解方。」Unconventional Ventures創辦人暨前樂齡會市場創新長劉曦曼表示。金融科技代表結合不同世代服務的龐大商機。「那個策略的核心，在於協助支持老年人的生態系統，也包含他們的照護者在內，」她表示。

正如《美國銀行家》（*American Banker*）所言，另一個金融科技能處理的棘手問題，是家中負責掌管經濟大權的配偶失能或過世時的處理方式。四千萬名喪偶的美國人在另一半無法協助理財時該怎麼辦？布萊德・科坦斯基（Brad Kotansky）在父親過世時就面臨這個問題。「我花了三年才拼湊出一切……超過八十歲的人累積許多東西……我的第一步是找母親聊聊。」母親原本讓父親負責管理家中財務。於是科坦斯基在二〇一七年建立Onist，推出應用程式幫助家庭成員及其他利害關係人分享財務資料與文件，如遺囑、律師委任狀、財產所有權等，如此就能在親屬過世後釐清家裡的財務狀況。該公司將軟體販售給銀行和其他金融機構。

也可想想其他常出現的情形：一位年紀較大的成年人失業，尚未做好提前退休的準備，要瀏覽社會安全局與健保提供的可能選擇，會是相當費力的任務，並在面臨困境的情況下要找出可行的理財計畫更是艱鉅任務；雪上加霜的是，伴隨著失業，自尊心一落千丈。菈姆雅・約瑟夫（Ramya Joseph）在父親失業時創立Pefin公司，公司為五千名客戶使用人工智慧與大數據製作各自的模型，提供自動產生的財務計畫、建議、投資選擇。「最終，雖然金錢只是工具，但卻能幫助大家達到生活中最重要的事，接著不斷給予他們指導與建議。」執行長凱瑟琳・傅雷克斯（Catherine Flax）表示。「在金錢不斷湧入之際，我應該要存起來、償還債務，或是提撥到退休金計畫？」公司也把軟體販售給大型年金基金。

或許未來你該留意的一個重要面向是金錢濫用，這個逐漸浮現的問題影響許多銀髮族。但相當驚人的一點是，最常犯下這種罪的人往往是親戚、朋友、鄰居、看護、律師、銀行員工及宗教社群領袖。掠奪性貸款與身分竊盜也相當猖獗，美國全國成年人保護服務協會（National Adult Protective Service Association）指出，每二十位年長者中就有一位的金錢會遭濫用，但四十四個案例裡卻只有一個會報案。全國老年聯盟（National Coalition on Aging）估計，光是在美國，每年金錢濫用與詐欺造成的損失至少有三十億美元，甚至可能高達三百六十億美元。統計數字的範圍很廣，顯示大家對這種與日俱增的「流行病」有多無知。樂齡會指出，每位受害人平均損失的金額是十二萬美元。同樣地，科技或許可以解決這個問題，使用應用程式能幫助所有年齡層的人追蹤自己的收入、消費、存款及資產，但也可能導致問題惡化。網路金融犯罪很難遏止，因此如果能找到解方，也可以獲得相當大的報酬。或許可以在機器人中植入程式，負責照顧那些需要幫助的人，卻不會偷走他們的錢。

金融科技也能讓那些不疑有他的長者免於受騙。「我母親是會計師，她並非在金錢方面不敏感的人。」EverSafe共同創辦人暨執行長浩爾．提斯奇樂（Howard Tischler）表示。由於他的母親雙目失明，「因此請人幫忙付款，那個人每週就開支票給自己，最後母親失去畢生積蓄。在我發現她的記憶力不佳（並被診斷出阿茲海默症）前，並不知道她被別人占便宜。」EverSafe另一位共同創辦人是麗茲．羅威（Liz Loewy），她擔任曼哈頓地檢署老人虐待部門主管。其中一個知名的案例是，她起訴知名慈善家暨社交名人布魯克．亞絲特（Brooke Astor）的獨子安東尼．馬歇爾（Anthony D. Marshall）。他因為竊取母親數百萬美元的財產而入獄兩個月，因為他發現自己繼承的財產即將被減少到一千四百五十萬美元，只是母親上億財產的一小部分。亞絲特罹患阿茲海默症，無力為自己辯護。

EverSafe也運用機器學習的功能，偵測財務行為的異常之處，因為這種行為很可能是第三方濫用的結果。「基本概念就是能產出個人可疑活動的報告，給客戶及他們摯愛的人，或是專業人士，這樣他們就會在危機出現前先有所警覺。」提斯奇樂表示：「我們納入羅威在老人金錢遭濫用案件中觀察到的模式，並加入機器學習的運算觀察，以及社會安全給付或老人年金等存款消失的警示，還有消費模式的改變、異常投資活動與未授權的開戶等。」

◆銀髮族勞動市場

二〇一五年的電影《高年級實習生》（*The Intern*），勞勃・狄尼洛（Robert De Niro）飾演七十歲喪偶的班・惠塔克（Ben Whittaker），他問道：「我該怎麼度過餘生？你想得到的，我都做了，打高爾夫、看書、看電影、打撲克牌，試著做瑜伽，學習烹飪，買些植物，**（出現一段中文）**上中文課。**（恢復英文）**相信我，我都試過了。」最後他加入布魯克林的線上時裝公司，當時安・海瑟薇（Anne Hathaway）飾演執行長茱兒・奧斯丁（Jules Ostin）創立的公司正在招募年長人才。經過一番曲折後，惠塔克成為奧斯丁最親近的顧問與摯友。

想想在銀髮族人數日益增加之際，沒有完全利用銀髮世代的專業知識與經驗，是多麼可惜的事。你停下來想想，如果祖父母輩是社會上最活躍也最有生產力的人會是什麼情形。

普魯士政治家奧圖．馮．俾斯麥（Otto von Bismarck）實施第一民族的老年社會保險計畫時，試圖提出讓勞工階級期待的計畫來「馴服」他們。他想出十九世紀晚期最偉大的發明，堪與電話、內燃機引擎、人造纖維並列，為現代社會帶來革命。加上十九世紀的另一項創新——普遍就學，這個退休計畫將人類的生活明顯區分為三個階段：學習、工作、休息。這變得不再是個人的選擇：政府會根據年紀告訴你該怎麼做，社會規範強化刻板的生活模式。

發現長久以來，政府、法律，甚至是主流文化一直告訴我們，超過某個年紀後，就無法真正對社會與經濟做出貢獻，實在是相當驚人的。超過六十五（或其他某個武斷數字）歲的人，被視為「被動」人口，既不是給予者，也不是接受者。

但是尤其在壽命增加的情況下，到了二〇三〇年，六十歲的人平均都可再活二十二年；在已開發國家中，數字會增加到二十五年，因此該是重新思考這種所謂「真理」的時候。「想要工作的慾望，有部分出自財務狀況。」美國泛美退休研究中心（Transamerica Center for Retirement Studies）執行長凱瑟琳．柯林森（Catherine Collinson）表示，「但也昇華為想與這個世界有所連結的慾望。」同樣地，許多公司已經明顯發現，有經驗員工退休時的損失有多大。「在嬰兒潮世代退休後，他們的組織知識就離開了。」樂齡會副總裁蘇珊．溫史達克（Susan Weinstock）說。「較年長的員工對雇主來說是無價之寶。」波音（Boeing）、米其林輪胎（Michelin）、優比速（UPS）都在服務或產品需求的尖峰時期，重新聘用剛退休的員工幫忙。

此外，還有另一個潛在的好處。研究報告顯示，性別或種族的多元化會降低團體的團結程度與表現，但卻會提升創意及非例行性問題的解決能力。雖然年齡造成的衝擊，似乎會因為與年資相關而變得模糊，但有些研究報告顯示，一群由不同年齡者組成的團體，可能更有創造力。例如，德國公司BMW發現，由不同世代組成的工作團隊，在發想與解決問題時表現更出色。「由不同世代組成的團隊，會用多種不同的方式看待專案或問題。」該議題的專家海倫・丹尼斯（Helen Dennis）表示，「你擁有越多的想法，就越有利於完成目標。」《高年級實習生》充分捕捉辦公室中不同世代的激盪，能帶來雙贏的局勢和一些笑聲，但會不會造成意料之外的後果？

在退休後繼續工作的一項未知後果，就是歐美各國政府越來越不願意為超過某個年齡者的福祉負起全責。關於可支配支出與「銀髮族就是新的黑髮族」的演說，多少勸說政治人物，讓他們知道年長者沒有政府幫助也能過得很好。例如，政府的財政困難、自力更生的概念、許多年長者的可支配支出力量，也強化部分概念，就是州政府的年金無法也不該是幫助年長者的唯一來源。許多政治人物覺得現在年長者應該擔負的責任，遠遠超越過去數十年來的長者，例如在第七章將看到，應該透過分租自家房間，或駕駛Uber來補貼收入。在全球超過六十歲的人口增加之際，這顯然變成政治界熱烈討論的議題，在納稅的年輕人，也就是千禧世代與Z世代變少時更是如此。

◆千禧世代也會變老

到了二〇四〇年，第一批千禧世代會開始退休。這群原本被稱為Y世代的人，通常是指在一九八〇年至二〇〇〇年間出生的人，或是有些人嚴格地將這群人定義為一九八〇年代早期至一九九〇年代晚期出生的人。他們不只是一群年齡相近的人，更重要的是出生在資訊科技與通訊技術大幅躍進，改變整個世界的時期。然而，並非所有的千禧世代都是「數位原生」（Digital Natives）族群，實際上只有這群人的後半出生在今日所謂的網路數位時代。你或許可以說千禧世代如果不是生於數位時代，就是在數位時代中長大的。

很少千禧世代買過CD，更不要說是錄音帶或底片，或是使用修正帶修改打字機的錯誤、開車在路上問路、看著無線電廣播電視、發送傳真，還是使用轉盤式電話。他們很難想像在3G出現前的生活，更別提1G了。在這樣的情況下，童年友誼不再受限地理位置，親密關係也因為社群媒體和約會應用程式而改變。二〇三〇年以後的世界，有部分會是千禧世代的態度與行為造成的，因此也必須了解這個重要的世代，才能了解十年後的世界。

早期有些對千禧世代的分析，引起相當多的爭議，也造成騷動。例如，尚・特溫格（Jean Twenge）在二〇〇六年出版的書籍《我世代：為何今日的美國人較有自信、武斷、擁有較多權力——也比之前更悲慘》（*Generation Me: Why Today's Young Americans Are More Confident, Assertive,*

Entitled—and More Miserable than Ever Before），進一步說明千禧世代是有史以來最自戀的世代，他們的父母則是造成這種情形的原因。「在我們讓孩子相信他們對我們（他們的父母）來說很特別時，整個世界就會這樣對待他們，這其實是在幫倒忙。」她寫道：「他們能獲得的最佳幫助，並不是自戀或自尊，而是你的愛與支持，以及告訴他們，如果要成功，努力與恆心比相信自己更重要。」其他評論家則提到不同的特質，像是他們想要貢獻社會、嘗鮮的慾望，以及偏好滿足熱情的工作，而非保障金錢收入的工作。二〇一六年的研究發現，千禧世代的「自戀人格量表」得分高於他們的父母，但這種比較並不公允，因為人們對生活的態度會隨著年齡改變。

實際上，人口學家暨歷史學家威廉・史特勞斯（William Strauss）與郝威在撰寫第一篇有關千禧世代的分析時，就成為許多公司、政府、大學爭相聘請的顧問，主張這個世代就像沉默世代一樣關心他人。他們把美國的千禧世代特性定義為受保護、有自信、偏好團隊合作、傳統、承受壓力，且以成就為導向。其他諸如大衛・伯爾斯坦（David Burstein）的研究，則認為千禧世代被「實用的理想主義」驅使，讓他們利用實用工具把世界變得更美好，而不會採用激進或革命手段改變社會，那或許說明占領華爾街（Occupy Wall Street）運動規模較小，維持時間也很短暫的原因。

對於千禧世代特色的歸類，無論是否說好聽話，都存在一個問題，就是這種情形主要適用於「富有的白人青少年（與年輕成人）身上，他們都在郊區長大，並擁有偉大的成就。」記者艾瑞克・胡佛（Eric Hoover）表示。這些年輕人「在申請競爭極為激烈的大學時面臨焦慮，能同時輕鬆完成許多工作，因為他們的直升機父母會在身邊確認一切。」那些來自社經地位較差的千禧世代，抱持的態度與行為當然有所不同。整體而言，美國的「千禧世代是第一個在經濟方面超越父母的機率只有五五波的世代。」賈・托倫蒂諾（Jia Tolentino）在《紐約客》中寫道。他們未來的福祉並不會在全球競爭日益激烈的經濟競爭下受到保障，像許多行銷人員般誇大自我，實際上只會讓他們的經濟願景惡化。

巴拉克・歐巴馬（Barack Obama）擔任總統期間時，美國白宮經濟諮詢委員會的統計數字指出，平均而言，美國千禧世代對於擁有房子或汽車的興趣較低，會和父母同住到二十多歲，有些人甚至會住到三十多歲，因此延後結婚，甚至不婚。四人中就有一個根本不想拿到汽車駕照。在第七章會進一步檢視這種驚人的行為模式。

其中關於美國千禧世代相當不正確的成見是，他們是被迫不斷換工作的世代。實際上，千禧世代待在每個工作崗位上的時間往往比X世代還久，只不過偏好做有意義的工作，而不是想要快速地平步青雲。有些研究顯示，他們偏好團隊合作的工作模式，是由於密集使用社群媒體，這也讓他們期待與主管有更多互動，並希望在工作和休閒之間取得平衡。

在千禧世代工作偏好的背後，是早年在勞動市場的工作經驗受到二〇〇八年金融危機與之後的蕭條打擊（雖然對世界各地造成的影響不一，但在大部分的新興市場中，這段期間的經濟維持穩定成長）：因此在全球的千禧世代裡，存在兩種情形；在富裕國家中長大的千禧世代，那些國家的中產階級收入已經維持二、三十年停滯不前；而生長在新興國家與開發中國家的千禧世代，擁有的經濟機會比父母或祖父母輩來得更好。在歐美的千禧世代中，還可細分為生在富裕家庭、生在低收入家庭，或父母的中產階級工作因為全球化與科技變遷而消失。因此，公司與企業對千禧世代消費行為一概而論的看法及其對未來的影響，都不該照單全收。

從態度調查得到的結論也同樣大有問題。國際文化價值觀的最佳來源——世界價值觀調查（World Values Survey）發現，在有千禧世代的地方，世界各處的千禧世代比其他世代加起來都更推崇自我表達的價值。造成這種差異的原因，在於與之前的世代相比，他們擁有較多物質方面的工具、更高的心智技能，以及更廣的社會連結，因而造成更獨立的行為、更多選擇與更多空間，得以實現內在潛力。（和其他在書中提到的調查一樣，平均情形會隱含重大的差異，在這裡主要是家境富裕與清寒千禧世代之間的差異。）

價值觀當然很重要，在進行經濟方面的決定時更是如此。但千禧世代的許多經濟行為，都是房價與教育價格上漲造成的結果。同時，大部分的財富和衍生的收入都屬於他們的父母及祖父母。社會學家凱特琳．夏普提斯（Kathleen Shaputis）將千禧世代的經濟問題歸咎於人生大事的推遲，如結婚生子等。她在《擁擠巢穴症候群》（*The Crowded Nest Syndrome*）一書中，寫到「彼得潘」或「回力鏢」世代，他們會發現自己處在青少年與成年之間的遙遠生命舞台，她稱為「崛起的成年期」。

在這些情況下，千禧世代累積的財富是近年來最低的也不令人意外。評估今日大家儲蓄的情形，是窺探未來最好的窗口。穆迪分析（Moody's Analytics）在二〇一四年就曾示警，指出美國三十五歲以下的成年人存款為**負數**，比例為負一．八%，代表借錢來維持消費，而非為了未來而存錢。當然，隨著離開經濟大蕭條影響的時間越長，一切將有所改善。根據美國銀行（Bank of America）在二〇一八年進行的調查指出，每六位在二十三至三十七歲的美國千禧世代中，就有一位的存款超過十萬美元，這一點讓人相當驚訝。但其他的研究報告則顯示，十八至二十四歲的人中，擁有一萬美元以上存款的比例僅有一三%，在二十五至三十四歲的人中，該比例則提高到二〇%。七五%的人認為，相較於其他世代，這個世代的花費過多，二〇%的人則表示買不起房子。擁有信用卡與積欠學貸創下歷史新高，因此大部分年輕的千禧世代認為很難存到錢也不令人意外。二〇一七年，三十五歲以下美國人背負學貸的比例，是二〇〇一年同齡者的兩倍。在同樣的期間，美國年輕人的淨資產中位數從一萬五千元陡降到一萬零四百美元。

不過，請你留意整體的統計數字。切記全世界的千禧世代人口，以及像美國等特定國家中的千禧世代，特質並不相同。努力想吸引千禧世代做為顧客的公司，必須體認到這個重要事實，不該認為所有千禧世代的人都如出一轍。二〇三〇年的世界，不會被單一的世代形塑，而是會由各種千禧世代的子群共同塑造，他們各自有不同的教育程度、收入，並來自不同民族。

◆千禧世代之後會是什麼？

我總是喜歡和大家分享一個有趣的統計數字。在某些國家中，十五至三十四歲的人數會隨著時間減少，尤其是中國、日本、歐洲各國。相較之下，有些國家這個年齡層的人口至少在未來的一、兩代間會增加，如南亞、中東、非洲等地。這樣的趨勢是今日出生嬰兒數量造成的結果，然而美國卻不屬於兩者。截至二〇一七年為止，這個年齡層共有九千零四十萬人，到了二〇三〇年預計變成八千九百五十萬人。數字相去不遠，卻會是一群相當不同的年輕人，以下說明原因。

我想衡量移民造成的影響，就等於對未來做出預測。一九八〇年代，美國十五至三十四歲的族群裡，約有七八%的非西裔白人，到了二〇三〇年只會剩下不到一半。美國與歐洲的年輕族群，在種族和語言方面會越多樣。因為平均而言，移民家庭所生的小孩數量較多，年輕人的結構將會迅速變化，速度比整體人口結構的變遷還快，今日所謂的「少數」將會成為十年後的多數。

這股風潮會帶來重要的行為改變。今日移民子女想要結婚、生子、購屋的慾望超越土生土長的美國人，這是美國夢的本質。正因如此，移民子女似乎構成另外的世代單位。除非移民的千禧世代子女融入主流文化的速度比上一代快，否則到了二〇三〇年，美國年輕人的行為舉止將與今日不同。

讓我們思考一下民族語言構成改變對共享經濟造成的影響，這是今日世界各地最令人興奮的新發展。研究報告顯示，相較於主流的美國人，西裔美國人、非裔美國人、亞裔美國人較會使用轎車應用程式與共享服務。在將購買力納入考量時，這點就相當合理。

另一個重要的風潮與企業家精神有關。西裔美國人與其他無論是否為白人的族群相比，都更傾向自僱或創業。此外，比起普通的西班牙人，西班牙的企業家更精通或偏好使用英語，雖然他們創立高科技公司的比例不高，但在更多西班牙人就讀大學或研究所後可能會有所改變。

千禧世代之後的Z世代，數量與多元性能直接估算，他們的認同和行為又是如何呢？位於倫敦的瓦爾基基金會（Varkey Foundation）針對這個主題進行廣泛的全球普查與報告，發現他們的認同取決於各方面情況，如教育機會、性別、種族差異、移民及貧富差距的擴大。這個世代很可能會感受到養老金危機迫在眉睫，很可能會被要求多繳稅，這樣父母與祖父母才能領到政府承諾的金額，真是令人作嘔！

那會是完全出生在網路數位時代的第一個年輕成人世代。「Z世代生長在電腦與網路提供的無限機會中，他們較可能出國，結交世界其他地方的朋友，並且認識和父母或祖父母不同宗教或文化的友人。」瓦爾基基金會的報告指出，「他們一輩子裡，社交問題的態度與法規，如同性婚姻、跨性別權力似乎以光速在改變。同時，性別與種族似乎和過去一樣分歧，也一樣競爭。」

這些是世界各地Z世代共有的看法嗎？二〇一六年，瓦爾基基金會針對二十個國家中兩千名在十五至二十一歲的人進行調查。（很重要的是，回應者來自全球各地的線上研究團隊，使得樣本偏向擁有較高教育程度的都會地區年輕人。）調查結果發現，相較於地方或教區的價值觀，全球的價值觀都呈現一面倒的情形，也就是來自經濟發展狀況不同國家的人都擁有同樣的觀點，傾向對有爭議的議題採取包容態度，如移民、同性婚姻等，並且對不平等、氣候變遷、言論自由的問題擁有進步的看法。研究結果認為，這個世代很可能受到「全球公民意識」的概念影響，與世界各地的民族主義與本土主義背道而馳。

◆中國的困惑世代

世界上沒有任何一個國家像中國一樣，世代之間擁有極為複雜的關係。這個廣大多元化的國家會變成迷人的社會實驗室，是因為中國在短短三十年內，就完成歐美兩、三個世紀才完成的事。一七一二年，英國發明家湯瑪斯．紐科門（Thomas Newcomen）設計最早的蒸汽引擎（後來由蘇格蘭發明家詹姆斯．瓦特（James Watt）改良，他也發明馬力的概念，今日大眾熟知的功率單位瓦特就是以他的名字命名），開啟工業革命。接著英國人花費三百年，歷經一番波折，才形成今日的服務經濟，美國花費的時間則是一半。但相較之下，中國從農業經濟發展到科技與服務導向的經濟，卻只花費不到兩個世代的時間。

中國在經濟和人口發生迅速變遷的情況下，到了二〇三〇年，十五至三十五歲的族群會比二〇二〇年**減少**六千萬人，六十歲以上的人則會**增加**一億一千四百萬。「如果你說西方已開發國家正邁入人口老化，中國也在步上後塵。」位於天津的南開大學人口學家原新表示。

中國老年人面臨的未來比美國老年人更嚴峻，不只是因為人數迅速增加，也是因為許多年輕人離開中國。張福民（音譯）與劉秀盈（音譯）是一對七十多歲的夫妻，住在距離北京南方八百英里的小鎮龍王頭，兩個兒子在大學畢業後就搬到首都，人口學家把像這對夫妻這樣的年邁父母稱為「留守老人」。二〇一七年，他們的第一個孫子出生了，因此決定暫時搬去和小兒子住，幫忙帶小孩，不過他們打算幾週後再回到鄉下。相關單位認為，在二〇一五年中國兩億一千五百萬名超過六十歲的人中，約有五千萬人住在距離子女很遠的地方，到了二〇三〇年，數字可能接近翻倍。「大量年輕移工從鄉村地區遷徙到中國的都會……讓許多成年子女與老邁父母相隔兩地，並且大幅改變家庭支持的傳統模式。」民族誌學家劉捷玉在最近的研究中觀察到這種情形，「在中國鄉村地區，老人家經常沒有都會居民擁有的年金和其他福利，導致挑戰加劇。」

遷居都市的情形，讓中國鄉村地區千禧世代的未來蒙上一層陰影。雖然美國千禧世代出現分歧的原因與社經背景有關，但中國則是和城鄉差距有關，大部分都會地區的年輕人都是中產階級或有錢人，而大部分鄉村地區的年輕人都很窮。另一個關鍵的差異在於，中國都會地區的千禧世代的網路數位活動遠勝美國人，購買力也是，他們在數位方面的連結度較高，更熱衷網路購物，並在各處都使用電子支付，似乎不太在意個資會被他人利用。目前缺乏系統化資料整理中國都會區千禧世代的價值觀或態度，但你可以說他們沉溺於自我表達的價值（社交容忍度、生活滿意度、公開發表的程度，以及期盼自由的程度），似乎沒有看到像「西方」一樣的現代化、財富與進步。他們省下的錢是美國同齡者的三倍，雖然在中國的其他年齡層身上也可以看到這一點，但這其實不是什麼壞事。想想年齡金字塔可能偏移的程度，到了二〇三〇年，可能有二五％的人口會超過六十歲。

◆未來的「老人」與「年輕人」

其中一種創造不同世代間合作新契機的想像方式，是「養老宿舍」這種複雜的水平思考概念，也就是提供年長者長期照護的機構，同時讓大學生透過每個月擔任志工幾小時，換取免費的住宿，並且做有意義的事。荷蘭是率先進行這項實驗的地方，該國在提供年長者應有照護資源與關懷方面面臨龐大的壓力。「就在那時候，我想到另外一群也沒有什麼錢的人，在這種情況下想到的就是學生。」創新養老宿舍院長吉婭・西普克斯（Gea Sijpkes）表示。這些學生能協助年長者處理日常生活事務，也可以提升年長者的數位能力。吸引更多年長者入住的原因，是因為這類機構能減少寂寞感，有研究顯示，寂寞感可能會造成認知退化較快、健康惡化、死亡率較高等問題。

關於世代的分析，無論是為了興趣或收入都必須小心處理。哥倫比亞教育學院（Teachers College at Columbia University）前校長暨伍德羅・威爾遜基金會（Woodrow Wilson Foundation）前總裁亞瑟・列文（Arthur E. Levine）觀察到，「世代的形象都是刻板印象。」在他看來，我們不斷尋找不同之處，造成對相同之處視而不見。「有些不同之處是相當明顯的。」他說：「但卻有更多是過去與現代學生的相同之處，不過如果你寫一本說明這件事，這本書能有多少賣點？」

過去每個世代都存在令人困惑的多樣性，用世代、世代單位、子群來思考，能讓研究更精確，但是本章的重點卻更廣。了解今日的千禧世代，並不代表在未來能更了解他們，因為他們的行為必定會演進。隨著世代的成員經歷生命中的各個階段，會調整自己的態度與行為。今日六十歲以上的這群人，未來必定有所不同，未來同樣的年齡層可能會有很大的差異。但發生這種情形的原因，和我們研究的是哪一個世代較無關，而是與「年老」這個概念實際上意義的改變較有關。

《連線》（*Wired*）雜誌與世界上最大的製藥公司輝瑞（Pfizer）攜手合作，共同展望未來年老的真正意義。「雖然在老化的領域仍有許多不確定性。」輝瑞醫學策略主管波爾・范登布魯克（Pol Vandenbroucke）表示：「我們之中有許多人現在就可以開始採取行動，讓老年時期不只有長壽，而是要過得好。」我們可以透過藥物與科技，讓自己在變老時維持健康，但自己的行為也是維持身心靈活的關鍵。這裡有一個弔詭的預測：「千禧世代和嬰兒潮世代與X世代的老年人迥異，先撇開刻板印象不談，他們代表一個很重要的反曲點，是第一個在童年時期就接觸到網路的世代，他們隨時與資訊連結，並能立刻獲得資訊的習慣等特質，或許已經為老年時期的成功奠定良好基礎。」千禧世代或許已了解要長壽，就需要花一輩子維持健康與活躍，他們強烈與網路連結的傾向，或許能在變老時幫助克服孤單。正如消費者科技協會基金會（Consumer Technology Association Foundation）

執行董事史蒂芬・艾維爾（Stephen Ewell）所言：「千禧世代……實際上非常熱衷於為健康的長壽生活做準備。我們不僅結合他們的想法，也接受那些想法，那些已經成為我們讓社群變得更強而有力的生態系統。」

千禧世代會比之前的世代長壽，所以要定義銀髮族生活方式的風險也高出許多。根據史丹佛大學長壽中心（Center on Longevity）的視線計畫（Sightline Project）指出，「抽煙的比例正在陡降，運動的比例正在上升，千禧世代遇到困難時，擁有可靠朋友的比例比過去的年輕人還多。千禧世代擁有大學文憑的人也比前一個世代多，沒有什麼指標比教育程度更能預測在老年時過得好。」但同時也有壞消息，尤其是在財務安全方面，許多千禧世代會在即將退休時手頭才較寬裕，但同樣多或甚至更多的人在成年時期的絕大多數期間，都處在財務深淵。就全球而言，在不同群體的財務方面，也看到類似的分布情形，這就是下一章的主題。

第三章

中產階級之爭

新興市場購買力
將占全球一半以上

處於中產階級是一種感覺，也代表收入的水準。
——美國作家瑪格麗特．海爾賽（Margaret Halsey）

二〇〇九年，印度的經濟正在崛起。當年有上千萬人脫離貧窮，大家也目睹新興的中產階級崛起。一九四五年成立的塔塔汽車（Tata Motors），是印度最大的汽車公司，也渴望能維持龍頭地位。為達此目的，塔塔集團創辦人的孫子拉坦．塔塔（Ratan Tata）發表最新車款Tata Nano，這款車定價兩千美元，是非常陽春的車款，沒有空調，引擎也只有六百三十四cc。「今天的故事從幾年前開始，我看到爸爸騎著機車，小孩站在前面，媽媽坐在後面，還抱著一個嬰兒。」塔塔對記者這麼說：「我問自己是否可能提供安全、價格親民、可以遮風避雨的交通工具給這樣的家庭，這被認為是男人的夢想，確實也是如此。」該公司根據總裁的願景投入巨資打造工廠，每年生產二十五萬輛汽車。塔塔親自為前三輛Tata Nano交車。根據當時《經濟時報》（*Economic Times*）報導，五十九歲來自孟買的海關人員阿休克·拉呼那斯·維克賈爾（Ashok Raghunath Vichare）收到第一輛車，他「非常開心地」駕車「到附近的印度廟為車輛祈福」。第二輛車的購買者為二十九歲的銀行職員阿西斯·巴拉克里希南（Ashish Balakrishnan），他等不及「開心地在班德拉－沃利跨海大橋」上開車，那是一座位於孟買的新橋，長達三·五英里。他說：「這是我的第一輛車，價格是主因。」該公司希望這樣的態度能反應印度新興中產階級的渴望，可以替換腳踏車和機車，就像剛把機車換成Tata Nano汽車的八十二歲前孟買警局助理局長所言。

但是這種情形並沒有發生，消費者買的是鈴木（Suzuki）、現代（Hyundai）、豐田或其他外國汽車。他們看見廣告強調Tata Nano是「全世界最便宜的車」時，就會把車與窮人聯想在一起，銷售量並不如公司預期。「該車款被大家定義為最便宜的車，我很抱歉地說，是我們公司，而非我個人在行銷時這麼做。」塔塔坦承道：「我想那真的非常不妙。」

該車款將成為公司犯下最糟的大錯而下市。「我不喜歡Tata Nano在大家眼中的樣子，重點在於觀感。」二十二歲的電腦作業員蘇山克·夏瑪（Shushank Sharma）說：「我騎機車上班，不過如果要和朋友外出或求婚會較想開車，但是假如必須開Tata Nano，我寧可待在家裡。」印度等新興市場裡的中產階級基本上充滿渴望。塔塔汽車透過回顧過去，而非展望未來，創造出不符合新人口階級的產品，因此無法吸引大眾，他們不了解中產階級的平民，非常努力地想要躋身上流。

相較之下，想想美國製造戶外燒烤爐非常成功的公司，韋伯－斯蒂芬公司（Weber-Stephen Products）進入印度市場，同樣也考慮到可能遭遇的困難：要如何在大家不吃牛肉或豬肉，且男人通常不下廚的國家販售戶外燒烤爐？

韋伯－斯蒂芬公司最早成立於一八九三年，原為韋伯兄弟鋼鐵場（Weber Bros. Metal Works）。在一九五〇年代初期，擁有公司股份的老喬治・史蒂芬（George Stephen Sr.）是芝加哥一家金屬薄板店的共同老闆，正想辦法改善戶外烤爐。他想要打造更實用的燒烤爐，由兩個金屬的半圓球組成：底下做為裝炭火的容器，頂端做為蓋子，結果大為暢銷。為了進一步改良產品，史蒂芬與韋伯兄弟鋼鐵場聯手，推出的圓形炭火烤爐成為許多美國人院子裡都看得到的設備。公司推廣在戶外烤肉不遺餘力，讓這件事成為美國文化的一部分。「用間接火源低溫慢慢烹調肉品的傳統……在幾年間變成流行。」娜塔夏・蓋玲（Natasha Geiling）在Smithsonian.com上寫道：「烤肉本身代表某種流行文化，紛紛出現的電視節目、注重歷史的公路旅行，甚至出現融合的創意料理，如烤肉塔可餅。」

二〇一〇年，也就是Tata Nano這種失敗車款推出幾年後，韋伯－斯蒂芬公司決定涉足印度的中產階級市場，聘請希瓦庫馬爾・坎達斯瓦米（Sivakumar Kandaswamy）操刀產品發表。坎達斯瓦米了解面臨的挑戰，籌組團隊也努力處理印度與美國文化差異的問題，知道應該了解印度新興中產階級的客戶如何看待食物和烹飪，但他們也猜測在大家爬上社經階梯，並收看外國電影與電視劇後，傳統的態度和習慣可能產生改變。幾年間，「後院燒烤爐的文化已經占領印度。」位於亞特蘭大的拓普萊德行銷（Top Right Partners）顧問戴維・蘇頓（Dave Sutton）表示。「燒烤的執照：印度開始在戶外烤肉」成為二〇一一年《印度時報》（*Times of India*）一篇文章的標題。你認為烤肉太美國了，無法吸引印度人，他們喜歡傳統的土窯爐，非常謝謝你。」文章繼續寫道：「但事實上越來越多都會區的印度人開始在戶外燒烤，尤其在有大量海歸非定居印度人的地方更是如此，如邦加羅爾、浦那、古爾岡及孟買的部分地區。」韋伯－斯蒂芬公司知道必須引導印度客戶了解烤肉的樂趣。正如研究文件證實的，該公司「透過提供客戶相關烤肉技巧、工具、當地食譜，在功能與情感上帶來額外的好處。」不久後，印度的中產階級家庭都圍在烤爐邊烤肉，如烤坦都里雞肉、芭蕉烤肉串等。能擁有這種結果，是因為韋伯－斯蒂芬公司無畏打入印度市場的複雜程度，選擇擁抱機會。

◆各地崛起與沒落的中產階級

希臘哲學家亞里斯多德（Aristotle）曾說：「最完美的政治體制是由中產階級掌權，因為這個階級的人數量超過其他階級。」實際上，中產階級就是現代社會與經濟的支柱。二十一世紀初傑出的美國漸進改革者路易斯・布蘭戴斯（Louis D. Brandis）曾預測道：「我們可以在這個國家中擁有民主，或是讓大量的財富集中在幾個人手上，但卻不可能兩者兼得。」很長一段時間，美國與西歐各

中產階級購買力的比例（%）

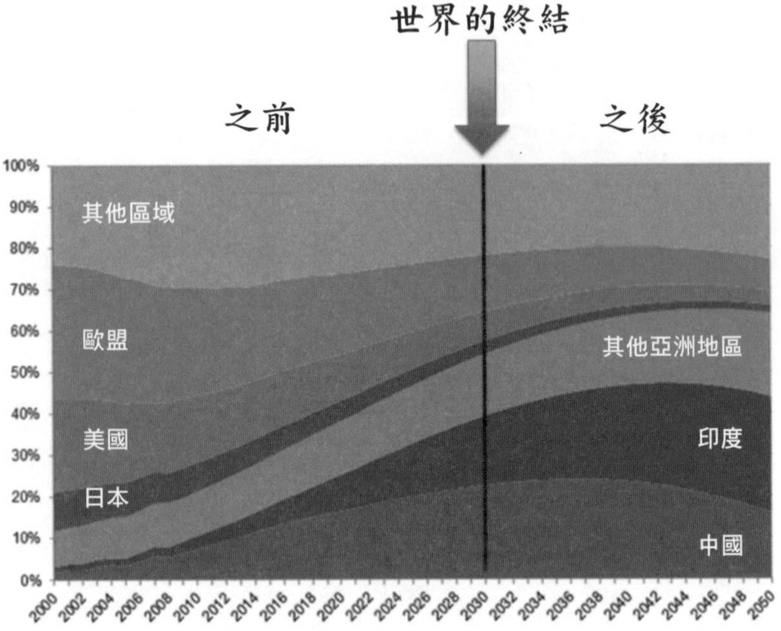

霍米．卡拉斯（Homi Kharas），布魯金斯研究院。

圖五

國紛紛努力達成微妙的平衡，讓全球經濟產生的財富大部分落入中產階級的手上。

然而這種光景已不復見，雖然美國與歐洲的中產階級仍是全世界最富有的，但他們的經濟財富已經停滯不前，並正在式微中。相較之下，在新興市場裡每年有超過一百萬人加入中產階級的行列，已躋身中產階級的人會發現收入大幅增加。他們正在崛起，我們卻停滯不前。

圖五顯示世界各地中產階級消費力的分布圖。就全球而言，中產階級包括每日收入在十至一百美元的人。以一家四口來

說，等於年收入在一萬五千至十五萬美元間。

美國與歐洲為今日主要的中產階級所在地，但是到了二〇三〇年，中國、印度、亞洲其他國家（除日本外）所占的全球消費者購買力（根據通貨膨脹調整後）將占全球的一半以上。在一九二〇年代出現重大改變，當時通用汽車（General Motors）與西爾斯（Sears）等公司透過滿足越來越多美國中產階級的需求，成為今日業界的龍頭，在千禧年的第二個十年中，Alphabet與亞馬遜則以相同方式獨占鰲頭。

我們不用等到二〇三〇年，就能看到某些消費領域轉向亞洲。想想中國主宰線上購物的情形，雙十一這個多半在網路上慶祝的日子，在二〇一七年創下兩百五十億美元銷售額，讓網路星期一在美國的七十億美元銷售額相形見絀；或是博弈業，澳門位於中國南方，每年因為博弈業獲得的淨收入為三百三十億美元，相較之下，拉斯維加斯只有七十億美元。

但是這股風潮顯示，只要再過十年或最多二十年，中國的中產階級市場將會是世界上購買力最強大的市場。印度的年輕人及越來越多受過良好教育的人口，由於成長潛力龐大，將會構成二〇三〇年最吸引人的新興市場。

◆從《包法利夫人》到《辛普森家庭》

歐美的企業主管與政治人物過去相當清楚中產階級的情形，他們主動打造出一群既不富裕也不貧窮的人，透過提供廉價商品、低通貨膨脹、穩定政治來滿足中產階級的需求。中產階級成為市場經濟的引擎，因為大部分的經濟活動都是由消費者商品與服務的銷售和配送構成，這在任何一個已開發國家中都是不可或缺的部分，因此「消費者信心」、「消費者物價指數」、「消費者信貸」等大受歡迎。如果消費者不花錢，整體經濟就會慘不忍睹，當局者也會輸掉大選。

現代對中產階級的了解，應該要追溯到一九一三年英國政府的報告，報告中定義為不屬於上流階級或傳統勞工階級的一群人。最近的西方歷史已經拓展中產階級的範圍，然而由於北大西洋兩岸的不公情形與日俱增，因此這一大群人正在縮減。

另一個稍早對中產階級的看法，認為那是過渡狀態。查爾斯．狄更斯（Charles Dickens）比任何人都了解英國十九世紀的生活，他認為，「雖然我們不斷誇口說（中產階級）是我們的安全所在，但那只不過是上流階級斗篷上的貧窮流蘇。」一九三七年，另一個大膽觀察英國生活的喬治．歐威爾（George Orwell），在著作《通往威根碼頭之路》（*The Road to Wigan Pier*）裡寫道：「我們屬於沉淪的中產階級——私校校長、半挨餓狀態中的自由記者……職員、公僕、旅行商人、小鎮上破產三次的布商，很可能來不及掙扎就落入所屬的勞工階級，或許到那裡時，不會像我們擔心得那樣令人害怕，畢竟並不會有什麼損失。」

從經濟的觀點來看，中產階級能夠擁有溫暖的存在。「舒適伴隨著中產階級而來。」英國藝評家克萊夫・貝爾（Clive Bell）寫道。經濟學家將中產階級擁有的物品，定義為在支付基本食物、住處、教育費用外，享有定量的可支配支出。中產階級消費者用抵押貸款的方式購屋、購買一些便利的家電、渡假、讓小孩就讀好學校，並規劃退休生活。換句話說，處於中產階級裡，意謂著處穩固的經濟狀態，脫離不斷支付帳款的生活，至少定義曾是如此。

用收入定義中產階級或許相當方便，但也可能會讓一些界線變得模糊，如護士和水電工，或是小店老闆與會計師，很可能都屬於中產階級，不過在教育背景與生涯方面卻有著天壤之別。大家通常認為，大學教育是通往中產階級的護照，但卻有許多中產階級的人並不具備大學學歷。

實際上，「中產階級」不僅與經濟或教育程度有關。「處於中產階級是一種感覺，也代表收入的水準。」睿智的美國作家海爾賽表示。中產階級的狀態不只和金錢有關，也是一種社會心理狀態。法國小說家古斯塔夫・福樓拜（Gustave Flaubert）在一八五六年出版的小說《包法利夫人》（*Madame Bovary*）裡，極盡所能地描繪中產階級的心態，敘述受困於中產階級狀態的女性。「中產階級相當有趣。」作家J・K・羅琳（J. K. Rowling）表示：「那是我最清楚的階級，也是你能發現最多裝模作樣情形的階級，就是這點讓中產階級非常有趣。」中產階級不僅與志向有關，也和裝模作樣有關，這就是亞瑟・蒙曼德（Arthur R. Momand）在一九一三年至一九三八年知名連載漫畫《趕上瓊斯家》

（*Keeping Up with the Joneses*）的主題，發行期間正是美國中產階級興起，到經濟大蕭條墜落谷底的期間。在社會階梯上的地位競爭由來已久，從有組織的社會時就存在，但中產階級在二十世紀增加時，確實拓展新的面向。「史密斯一家喜歡那部新戲；瓊斯一家去看，並且重複史密斯的說詞。」馬克・吐溫（Mark Twain）在一九〇一年的〈鄉巴佬的意見〉（Corn-Pone Opinions）中寫道。

讓我們迅速跳到《辛普森家庭》（*The Simpsons*）。在這個電視動畫節目裡，辛普森一家擁有一間房子，附近的鄰居都是小型企業老闆與教授，父親試著做過一些白領階級工作，母親則待在家裡，他們會去渡假、存錢讓孩子上大學、養寵物等。到了第六季第二十三集，荷馬・辛普森（Home Simpson）才承認自己是中產階級。實際上他出示的薪資單顯示在二〇一六年賺了約三萬七千美元，讓辛普森家庭正好處於中等收入的範圍內。

既然中產階級是相當龐大的族群，這群人鮮少有共同價值觀也是意料中的事。傳統上來說，大家想到的概念是得體、平衡、體面、可敬。美國小說家暨劇作家葛楚・史坦（Gertrude Stein）說得好：「我就是喜歡中產階級的概念，要大家溫柔親切、令人尊敬、誠實、滿足，讓他們避免激動與處於平靜中是最吸引我的，簡單來說，就是用令人敬佩的商業方式達到理想的溫柔家庭生活。」

中產階級往往也會令人聯想到順從，研究報告顯示，比起上流或下層階級的人，中產階級的人對自己的階級感到較為焦慮。正如哥倫比亞大學（Columbia University）的戴蒙・菲利普斯（Damon J. Phillips）與麻省理工學院（Massachusetts Institute of Technology, MIT）的艾茲拉・祖克曼（Ezra W.

Zuckerman）所言：「行為者重視自己在團體中的身分，卻對身為團體的一員感到不安時，順從的情形就會增加。」雖然社會地位高的人往往對自己的社會地位感到相當有自信，因此沒有需要順從的理由，而社會地位低下的人「覺得能自由反抗大家接受的成規，因為他們不管做什麼都會被排除在外」，只有那些處於中間的人，會感受到必須順從的壓力，因為擔心自己必須爬上階梯，才能排除可能向下滑的恐懼。

雖說如此，但相當值得一提的是，中產階級的行為並不像某些人所說的有道德。中產階級與勞工階級價值觀的一項明顯差異，是前者的個人主義及後者的社區主義。中產階級的養成，強調個人的選擇與獨立，然而傳統勞動階級的特質，則強調團結與相互依賴。結果就是中產階級較常做出不道德的行為，而勞動階級中較常出現有益社會與利他的行為。發表在《美國國家科學院院刊》的報告發現，「相較於階級較低的人，階級較高的人在開車時更容易違規……展現出做決定時不道德的傾向……從他人之處取得寶貴物品……在協商時說謊……為了增加獲勝機率而作弊……在工作時為不道德的行為背書。」

◆非洲新興中產階級的悄然成形

周源源（音譯）生於內蒙古，她搬到北京六環路的小村莊，並通勤一個半小時到北京市工作，一開始先擔任服務生，接著擔任房地產仲介。在她的經濟狀況改善後，便把母親接來同住，共同享受她新工作、生活、地位帶來的舒適。「我的佣金收入增加不少……所以就搬了兩次家。」她對《金融時報》（*Financial Times*）表示。到了二〇三〇年，中國將增加四億名像她這樣的中產階級。

幾千英里外，在非洲各地的一些國家與城市裡，另一個中產階級正在悄悄成形。「我感到非常、非常、非常興奮。」燃氣渦輪機操作員約翰·曼戴（John Monday）於朋友替他在瓦里（Warri）一家購物中心前拍照時大喊。瓦里是奈及利亞產油地區的新市鎮。《紐約時報》指出，曼戴從兩百英里外來到這個新的購物中心，他表示：「中產階級的人能在這個購物中心找到歸屬感。」該國第五大金融集團艾塞斯銀行（Access Bank）多位分行經理聽過我講述二〇三〇年的願景，預估兩億左右人口裡會有超過一〇%的人成為中產階級，每年也會以一百五十萬人的速度迅速成長。

雖然以中國或印度的標準來看，這樣的人口仍不算多，但非洲中產階級的市場仍在持續成長。最近勤業眾信（Deloitte）的報告指出，造成這種情形的主因是人口成長、購買力、城市、科技使用。在調查報告中，四分之一至一半的消費者居住在非洲最大的經濟體裡，也就是奈及利亞、南非、埃及、肯亞，五年前開始就能感受到物質方面的進步，他們擁有可支配所得，渴望購買知名的消費者品牌，並願意多花一點錢追隨流行或趨勢。品質比價格重要，而且偏好國際品牌。雖然市場上的歐美品牌已漸趨成熟，但不久的將來當地公司與企業都會競相爭奪這個地位。

實際上，致力整合非洲國際形象的非營利組織品牌非洲（Brand Africa）指出，非洲最受推崇的一百個品牌來自二十八個不同國家，包含八個非洲國家。雖然有二十四個美國品牌名列百大品牌中，但非洲本身的品牌卻多達十七個。在非洲的消費者市場進步後，可望有更多非洲品牌加入。

要在中國或奈及利亞等新興市場裡，抓住新中產階級的本質，就必須了解這群人和原本美國、歐洲或日本的中產階級有何不同。首先，「舊」的中產階級在幾個世代以來都維持不變，但新興的中產階級卻是所謂的「新錢」。雖然美國、歐洲、日本中產階級的每人**平均**所得，約為中國、印度或其他新興市場的三倍，但卻呈現停滯不前的狀態。因為世代與所得的差異，讓新興市場裡的中產階級更具夢想和渴望。

◆iPhone看起來像iPhone的原因

二十一世紀初期最典型的中產階級消費商品非iPhone莫屬，那不只是一支手機，還是行事曆、瀏覽器、相機、計算機、手電筒、音樂與影像的播放器、電子書瀏覽器，是集無數功能於一機且便於使用的裝置，計算功能比阿波羅登月任務的電腦或《二〇〇一太空漫遊》（*2001: A Space Odyssey*）中虛構的說話電腦ＨＡＬ還要強大。

我的iPhone觸控螢幕實在太棒了，但請你仔細觀察放iPhone的盒子（圖六）。

圖六

盒子上的ＦＣＣ字樣代表技術與安全性標準，符合美國聯邦通訊委員會（Federal Communications Commission）規範，ＣＥ字樣代表產品在歐盟中販售的平行標準。但為何僅提及美國與歐洲，而沒有提到其他國家或經濟聯盟呢？

因為那是目前兩處最大的市場。一九八〇年代，當時歐洲尚未形成今日單一（與第二大）的市場，因此電子產品上只會出現ＦＣＣ字樣。換句話說，最大的市場主導遊戲規則，只因它們龐大又具有影響力，那些競相搶食大餅的公司別無選擇，只能遵守這些政府設立的規範。

不過到了二〇三〇年，中國與印度將會成為最大的消費市場。我以全部的退休金做為賭注，推測行動電話上除了ＦＣＣ與ＣＥ的字樣外，還會加上中國的，也可能再加上印度的合格標誌。

那是另一個全球中產階級市場崛起，改變科技競爭發生的例子，讓我們來想想專利的問題。

美國憲法第一條，賦予國會「透過在一定期間內保障作者與發明家獨有寫作和發明的權利，以促進科學及實用技藝進步的權利」。那個獨有的權利透過專利獲得保護，也可應用在新的藥品、機械裝置、複合材料上。在美國，專利賦予發明者獨享二十年的權利。幾十年來，美國專利與商標局一直是保護發明的最重要機構，這種情形也會再繼續維持一段時間。但在二〇一六年，美國申請專利的件數是一九九五年的三倍，印度則是七倍，中國則高達七十二倍。中國和印度的重要性與日俱增之際，它們為新產品和發明申請專利的文化也是如此。

◆中產階級的衝擊

虎克家具公司（Hooker Furniture Corporation）提供各式各樣的家具，包含床架、梳妝台、沙發、扶手椅等。一九二五年，四歲的小克萊德・虎克（Clyde Hooker Jr.）開始鳴笛出發，展開他在公司第一天的生涯。這家公司在他上任的一年前，於維吉尼亞州馬丁斯維爾（Martinsville）開業，離北卡羅萊納州不到十英里遠，這個地方後來成為美國家具業重鎮。一九九〇年代，在歷經多年成長後，來自墨西哥與他處的便宜進口家具開始對當地製造商造成傷害。「漸漸地，客戶開始不願意購買本土製造的家具。」虎克家具公司董事長暨執行長保羅・湯姆斯（Paul Toms）表示。該公司被迫關閉五家工廠，也不得不縮減到剩下兩百位員工，大幅裁撤原本的九〇％，北卡羅萊納州的家具業也減少約六〇％的工作機會。「這些都是優良又努力的員工，我們叫他們做什麼，他們就照辦，這不是他們的錯，我們別無選擇，只能以低於製造成本的價格出售家具。」同時中國的家具業非常興盛，但主因並不是外銷，而是國內迅速崛起的中產階級。

已開發國家與新興國家裡，中產階級的財富差異將會定義二〇三〇年後的政治和經濟現況，歐美的上流階級在許多方面，確實會無法與印度及中國的中產階級並駕齊驅。「視你在哪裡問誰而定，中產階級可能增加或減少，變得焦慮或樂觀，變得富有或貧窮，在政治上更投入或淡出。」專欄作家暨編輯克利夫．克魯克（Clive Crook）表示。世界各地的中產階級會競相爭取工作機會與榮景嗎？若是如此，而且是一場不公平的競爭，很可能會吸引選民祭出保護主義等非常手段。

二〇一五年，皮尤研究中心（Pew Research Center）公布美國貧窮與富裕戶數，這是兩個世代以來，兩者加總首度超過中產階級戶數。一九七一年，有八千萬戶中產階級（另外兩個階級共為五千兩百萬戶），到了二〇一五年，中產階級則為一億兩千零八十萬戶，相較之下，另外兩個階級則為一億兩千一百三十萬戶，亞里斯多德很可能會想從墳墓中爬起來。為了反應美國中產階級的停滯不前，辛普森在三十年前首次開播以來，曾試著做過近兩百種不同的工作，卻在職涯方面毫無進展，總共播出六百集，但是他的經濟狀況卻沒有改善。

美國與歐洲中產階級遲緩，甚至將近衰退的生活水準，已經遭到政治人物和專家權威無情抨擊，抨擊的面向包含移民、新興市場的不公平競爭，以及菁英對全球化黑暗面的漠視，結果就是造成英國脫歐（Brexit），以及唐納・川普（Donald Trump）當選總統。自第二次世界大戰後崛起的全球經濟與地緣政治，正遭受政治光譜兩端的嚴重攻擊。

這種衝擊也出現在公司之間，那些來自新興國家的公司正日益茁壯，而歐洲與美國的公司則日漸萎縮，但是卻有些值得一提的例外，如科技業。不過即使是在科技業，中國與印度的公司也越來越壯大，不只是因為擁有龐大的人口，而是因為更多人會上網，並運用數位服務。事實上，在中國或印度都擁有更多的寬頻、社群網路、行動支付用戶，差距只會持續擴大。

在全球中產階級的消費中心轉移到亞洲之際，歐洲與美國的公司應該如何因應？它們能夠和外國的這些公司競相分食大餅嗎？阿里巴巴是比亞馬遜更大的公司；滴滴才剛併購Uber在中國的公司；印度也宣稱在資訊科技產業中就業的技師與工程師人數，超越美國在該產業的人數。強大的公司對中產階級來說相當重要，因為它們創造薪資優渥的工作，以及提供晉升的職涯道路。這種後全球化經濟對任何人來說都是激烈的競爭，對舊中產階級而言更是如此，因為通用汽車與西爾斯等公司正在衰退。

現在思考一下Spotify和Airbnb這類新型公司，兩家廣受各方讚譽的科技經濟冠軍都是「獨角獸」，正如之前提到的，是價值超過十億美元的私人公司。多年來，它們都是天使投資人和創投的最愛，不過大部分的客戶與收入都僅限於歐美地區，Airbnb努力想要擴張；Spotify並沒有說明在中國或印度有多少客戶，但值得一提的是，兩國都被歸類在「世界其他地區」的總類。像Spotify這樣的公司，無法辨識出兩國即將成為全世界最大的市場，實在是一大錯誤。

即使是Netflix這家在一百九十個以上國家營運的美國公司，在世界各地擁有的訂戶與直播收入都超越美國本地，網路流量也高達全球的二〇%，但目前也延後進軍中國市場的日期。該公司也製作一些中文節目，卻是給海外華人看的。在印度，Netflix面臨的阻礙較小，卻被迫減少訂閱費用，才能改善訂戶成長遲緩的情形，加速成長。「已經與全球巨人如迪士尼公司（Walt Disney Co.）與亞馬遜進行角力。」印度的《金融時報》在二〇一九年報導，「Netflix現在也和電視台競爭，寶萊塢則與擁有億萬富豪支持的無線電視業者合作，後者用免費方案或每個月四十美分的低價吸引消費者……這種激烈的競爭很可能破壞執行長里德．哈斯汀（Reed Hastings）企圖在印度達到擁有一億用戶的目標。」撰寫文章的同時，Netflix在印度只擁有四百萬名用戶，而當地的影片直播市場卻是美國的兩倍大。美國公司犯下什麼大錯嗎？

更廣泛地說，如果一家公司在舊中產階級大獲成功，並不能保證在面對新中產階級時也會如此。美國公司完全誤解新興市場消費者偏好的可怕故事不勝枚舉。這看起來似乎相當明顯，新中產階級不一定喜歡美國人喜歡的東西。例如，eBay在中國的表現一直不如淘寶，是因為不了解中國顧客喜歡直接和商家互動，而且不太在乎評價制度。沃爾瑪（Walmart）在巴西賣滑雪板，但那裡是沒有覆雪山頭，更沒有滑雪坡道的國家；也在韓國販售大包裝產品，但是當地消費者習慣少量購買；

也忽略顧客態度的差異：大型商店被印度與中國人認為是商品價格較昂貴的地方，在美國則被認為是東西最便宜的所在。

在中國等新興市場裡，中產階級消費的崛起很可能造成干擾。年輕一輩消費者存的錢沒有父母或祖父母多。「對我父母那一輩來說，獲得良好工作，穩定工作就夠好了，他們要做的事就是存錢、買房子、養小孩。」劉碧婷（音譯）觀察到這一點，她是在上海從事行銷工作的千禧世代。「我們認為錢就是要用來花的。」越來越多中國的千禧世代在網路貸款平台申請短期貸款，目的是為了償還先前消費的貸款。余潤婷（音譯）也在上海從事行銷工作，但是她每個月約一千三百美元的收入只夠用來支付租金及滿足基本的需求，但正如《精奢商業日報》所言，她買了Celine的中型小牛皮肩包（零售價四千四百美元）、香奈兒（Chanel）的Gabrielle系列斜背Hobo包（四千五百美元）、寶格麗（Bulgari）的Serpenti Forever肩包（兩千一百美元），以及Tasaki「平衡之蝕」金耳環（一千八百美元），這些都是透過她的四張信用卡，加上支付寶線上貸款系統花唄支付。」余潤婷主張，「每個在我公司內工作的人，上至經理，下至櫃檯人員，至少都有兩個精品包，我知道大部分相同位階的同事都有貸款。」智威湯遜（J. Walter Thompson Intelligence）創新集團亞太區總監陳美麗觀察到，「許多千禧世代和Z世代的精品消費者都是獨生子女……沒有受到父母輩的文化束縛，從小就被教育要存錢、存錢、存錢。」

顯然中國年輕消費者的行為開始變得像美國人，這種情形損害中國人儲蓄，美國人花錢的美好安排。截至二〇二〇年為止，中國家戶債務與國內生產毛額的比例約為五〇%，相較之下，美國則為七六%。到了二〇三〇年，兩國的比例將會大致相同。如果中國年輕人不再替他們存錢，美國人就必須勒緊褲帶。

◆地球能承受這麼多中產階級嗎？

塞提斯．派爾西卡（Satish Palshikar）與亞琳．派爾西卡（Arlene Palshikar）住在奧勒岡州波特蘭，是熱衷資源回收的人。二〇一七年，他們駕駛油電混合車Prius把回收物送到資源回收廠，工人對他們說，中國不再回收美國的塑膠了。中國政府最近通知世界貿易組織（World Trade Organization, WTO），不再接受某些類型的固體廢棄物，「以保護中國的環境利益與人民健康。」川普政府和中國的貿易戰越演越烈的關鍵，在於回收的問題。在過去，中國會把製造物品送到美國，美國則把廢棄物與回收物送到中國，這是雙贏的協議。美國的中產階級消費者是世界上製造最多廢棄物的人。該國三分之一的回收物都輸出到國外，中國只接收其中一半。在過去，每年中國光是塑膠就接受近四千七百萬立方公噸，之後再進行回收利用。

但現在中國、印度及其他新興國家必須照顧國內的中產階級，有自己的垃圾要處理。沒有中國吸收世界各地的固體廢棄物，不知道那些廢棄物何去何從。「塑膠的製造與使用量持續攀升，許多公司和國家也致力於循環經濟，增加塑膠回收的比例，因此在可見的將來，需要找到『家』的塑膠廢棄物將會增加。」喬治亞大學（University of Georgia）的一份研究報告表示：「塑膠廢棄物現在將會何去何從？由於缺乏大膽的新觀念與管理策略，目前的回收率將無法符合需求，未來回收率增加的遠大目標和時間將難以達成。」實際上，歐美重新燃起的塑膠廢棄物戰爭與中國拒收垃圾的關係，大於環保意識抬頭。

世界各地的中產階級崛起，意謂全球貧窮線以下的人持續減少，那是眾所樂見的發展，但卻也為未來埋下重大的禍因，正如《紐約時報》在二〇〇一年提出的尖銳問題：「這個星球能承受更多美國人嗎？」你能想像這個世界新興市場中的二十億人都像普通美國人這樣消費嗎？世界各地所有中產階級的消費，將會在二〇二〇年至二〇三〇年間成長五五%。例如，大家發現收入增加後，會攝取更多蛋白質，很快也會嗜吃牛肉勝過豬肉或雞肉。要產出一磅牛肉，平均需要一千八百加侖（約六千八百一十四公升）清水，請想想用來製造汽車或洗車的清水，以及維持車輛運作的汽油或電力，我們需要想出有創意的方式，避免珍稀天然資源造成的衝突，如水、礦物、能源等；我們需要請工人、工程師、企業共同設計並發表更好的系統，處理有限的資源，可能也必須改變浪費的習慣，正如在第七章會看到的。

◆百萬富翁努力躋身中產階級

「我現在是保險／再保險公司的臨時理賠分析員。」一則Reddit的貼文寫道：「我的工作期間應該是六個月……他們說正在幫我遞資料，讓我成為正職員工，但是到現在已經十個月，卻還沒聽到任何消息。我只是想有一份領薪水的正職，不是這種領時薪的鬼工作……我學行銷，卻不知道怎麼的，居然找到財務風險管理的工作，我到底做錯了什麼？」另一個人則抱怨就讀四年商學院後，「我覺得可以在高中畢業就直接工作，透過每年加薪也能擁有今天的薪水，而不用花費四萬多美元的學費。」第三個人說：「不會因為你擁有學歷，一切就自然發生，雖然父母不斷這麼告訴你。如果你沒有相關經驗，卻有辦法讓對方錄取你，在對方僱用你時，請你做好被砍薪水的心理準備。」

這類故事呈現一個整體趨勢：中產階級在歐洲與美國減少的原因，不只是因為全球競爭或自動化而損失高薪工作，也因為年輕人一開始就無法獲得穩定工作，那類工作已經減少了。「年輕一代越來越難躋身中產階級。」二〇一八年經濟合作暨發展組織利用多個歐洲國家、墨西哥、美國的資料進行研究，得出這個結論。「這是因為與年輕一代相比，老一代的人往往不會遇到勞動市場變遷與低收入風險的問題。從嬰兒潮世代開始，中等收入的族群就一代比一代少。」例如，只有六〇％的三十多歲千禧世代是中產階級，近七〇％的嬰兒潮世代在同樣年齡時已是中產階級。

真正令人憂心的是，生兒育女讓許多家庭更難躋身中產階級，因此這種不斷循環的動態，導致生育率持續降低。「因為雇主與政府提供的保障變少，因此中產階級的父母被迫在子女身上投資更多。記者派翠克・柯爾曼（Patrick A. Coleman）在*Fatherly*雜誌中提到。這個故事再次指出一項趨勢，潛藏著關於未來重要的暗示。「（在歐美地區）有子女的家庭在中產階級所占的比例也下降了，有孩子的夫妻從七二％降低到六八％，單親家庭則從五五％降低到四四％。」到了二〇三〇年，歐洲與美國的中產階級人數不僅會降低，社會也變得更兩極化，因為大部分的小孩不是出生在貧窮家庭，就是出生在富裕家庭，較少人能享受傳統中產階級的舒適環境。

另一個弔詭的趨勢則是，在美國與歐洲地區，目前六十歲以上的人在中產階級占的比例比之前更多，因為許多人擁有薪資優渥的工作，已經把子女扶養長大，也存了一些錢。經濟合作暨發展組織的研究報告做出這樣的結論，「中收入階級的組成分子已經出現，這種巨大的改變在過去三十年來……這群人老化的速度比整體人口來得快……自嬰兒潮世代以降，成為中等收入者的機會就越來越低了。」

◆沒落城市有復甦的可能嗎？

紐約州水牛城過去曾是全美最富裕的大都會之一，市內百業興旺，大小企業欣欣向榮，還有非常活躍的中產階級，這裡也有路易斯・蘇利文（Louis Sullivan）與法蘭克・洛伊德・萊特（Frank

Lloyd Wright）等天才設計師創造的建築奇觀。紐約中央公園的設計者費德列克．洛．奧姆斯特德（Frederick Law Olmsted）表示，水牛城是「全美，甚至全世界規劃得最好的都市。」他說那是「民主又平等的都市」。這座城市在一八〇四年擬定的計畫是以放射狀街道為主，再加上格柵狀道路，就像華府一樣因為相當接近湖邊，所以被建築評論家艾妲．路易斯．哈斯特伯（Ada Louise Huxtable）命名為「美國最棒的都會景觀」。該城市號稱擁有全美第一座現代美術館，也就是在一八六二年設立的奧爾布萊克–諾克斯美術館（Albright-Knox Art Gallery），也是美國第一座使用電力街燈的城市。但從一九五〇年代起，就因為製造業式微與對中產階級徵收重稅而蒙上陰影，許多穀倉、工廠、交通設施、老舊的辦公大樓都已閒置多年。

除了第一章已提及的好處外，移民還可以成為都市更新的資源。水牛城最初由歐洲移民所建，部分地區已經因為新移民潮而復甦，這次是來自衣索比亞、索馬利亞、寮國、緬甸、塞爾維亞等地的移民。曾撰寫許多關於湖區復甦文章的大衛．史戴賓斯（David Stebbins）指出，「這些新住民帶來的工作倫理與企業家精神，有助於重振沒落的地區，創造新事業來補足閒置的店面。」這股風潮是較普遍的模式。「移民的多樣化似乎對整體勞動力帶來全面的好處。」智庫新美國經濟在二〇一七年的分析中提到，這份研究是針對美國三千三百五十萬名勞工進行分析。「移民帶著多元的想法與新技巧前來，雇主就能補足世界他處缺乏的人才，替問題找到更好的解決方式，並且拓展新知識領域。」因此在移民來到大都會區時，高低收入者平均都增加六％。

水牛城在這方面勝過羅徹斯特（Rochester）與雪城（Syracuse）等城市。反對者主張，任何這個大小的城市在投入州政府十億美元補助金後都能復甦。「古莫的『水牛城十億』：紐約投入的金錢值得嗎？」《紐約時報》的頭條這麼寫道，指出州長安德魯．古莫（Andrew Cuomo）在二〇一二年宣布，「我們相信水牛城，讓我們把錢花在刀口上。那是大寫的『B』，代表水牛城，也代表十億。」截至二〇一八年為止，已經投入十五億美元，大部分的計畫都飽受批評，因為創造的長期工作並不多，如投入七億五千萬設立特斯拉太陽能板工廠，這是一家高度自動化的工廠。如果妥善利用資金，把資金投入沒落的城市或許會有幫助，但這種情形卻不一定會出現，不過長期而言，把賭注放在吸引人才與努力工作的人前來，似乎成功的可能性更大。

對所有人來說，二〇三〇年的經濟無疑會是高度競爭的版圖，對水牛城等地的人而言更是如此，但仍透露出些許希望之光。布魯金斯研究院（Brookings Institution）的艾倫．貝魯比（Alan Berube）與塞絲爾．莫雷（Cecil Murray）在一份全面性研究中，評估過去為製造業重鎮的一百八十五個都會郡。在二〇一六年，這些郡的人口約占全美的一二%，大部分的人都在美國中西部與東北部。研究人員發現，雖然一半以上的地方都度過危機，但七〇%的地方在一九七〇年至二〇一六年間都沒有好好把握新科技與服務業帶來的機會。表現最好的是紐約布魯克林區、皇后區、水牛城；費城；聖路易斯；以及波士頓附近的幾個地區。其他地區的表現仍然欠佳，包括奧爾巴尼（Albany）、紐約；俄亥俄州代頓（Dayton）；密西根州底特律與弗林特（Flint）。造成成功程度不同的原因只有幾項：是否有研究型大學、當地政治是否支持高品質生活的計畫、吸引多樣化人才，以及接受移民的程度。因此美國中產階級的財富因地理位置與城市而異，有些都會區出現成長，有些仍陷於持平的僵局中，有任何方式能讓中產階級再度成為人口裡的多數嗎？

◆全民基本收入的概念

「一九一四年一月四日，在崛起的底特律汽車業中，亨利・福特（Henry Ford）是技師出身的企業家。」我在華頓商學院的同事丹尼爾・拉夫（Daniel Raff）寫道：「雖然他開發Model T汽車，這種車款相當受歡迎，但世界上大部分的人都不知道他的名字。」隔天的底特律是典型的大冷天。福特和副總裁詹姆斯・庫森斯（James Couzens）將宣布史無前例的事：福特汽車公司（Ford Motor Company）將讓工人的薪資翻倍，提高到每天五美元。今日這個金額相當於日薪一百二十六美元，或是每個工作天工作九小時，時薪為十四美元，接近二〇一九年聯邦最低薪資每小時七・二五美元的兩倍。「『淘金熱』始於福特提供的五美元薪資。」底特律的《時代之星》（*Times-Star*）頭條這麼寫道：「數千人前往底特律的工廠找工作，另有一千萬美元的半月紅利獎金，沒有任何員工的日薪低於五美元。」

拉夫說道：「大眾對新聞的一種常見反應，經常反映在《紐約全球商業廣告商》（*New York Globe*

and Commercial Advertiser）卡通裡……一群戴著高帽，穿著毛領外套，抽著雪茄的胖男人在取款窗口排隊。另一個這樣的男人則坐在私家車後座……他說，『霍金斯，你能不能到取款窗口幫我領薪水？我上週忘了這件事。』」每天五美元這件事，讓福特成為全球聞人。「美國計畫；汽車的榮景正由上向下滲透。」帕索斯在一九三三年出版的小說《賺大錢》（*The Big Money*）裡這麼寫道。「但是五美元付給良好清白的美國工人，他們不煙、不酒、不看書或思考……讓福特成為汽車大亨、景仰湯瑪斯·愛迪生（Thomas Edison）的人、愛鳥人、當時的美國偉人。」

福特工程師改善組裝流程的效率，並加以標準化，試圖讓組裝Model T的時間從十二小時減少到九十三分鐘。這樣的效率代表工作天變得相當限縮，工人開始覺得無聊。因此員工流動率暴增至三七〇%，意謂公司在一年內，每個組裝線上的位置都必須聘請四個不同的員工擔任。「福特認為提高工資或許能讓員工較能忍受工廠裡無聊的工作。」《福特傳》（*The Henry Ford*）這本宣揚福特發明對美國貢獻的出版品這麼寫道。拉夫在研究中發現，「無論如何，沒有證據顯示公司無法補滿職缺。」此外，福特並非直接加薪，而是採用利潤分享計畫，讓工人在達到某些要求與績效的里程碑後能分享利潤。《福特傳》指出，公司創造惡名昭彰的「社會部」，「監控員工在工作場所外的習慣。」要符合每天五美元的資格，「員工必須滴酒不沾、不能虐待家人、不能留宿寄宿學校的學生、維持家裡的整潔，並且規律地存錢。」以父權方式管理員工在當時其實相當常見。「福特汽車公司的檢查員會到員工家中，詢問相關問題，並觀察整體的居住環境。」早期美國中產階級的文化與經濟發展，有很大一部分與福特的願景有關，他讓一大群消費者願意購買大量製造的產品，如他生產的車輛。

快轉到二〇一八年十月二日，當時亞馬遜宣布支付所有美國員工每小時十五美元以上的費用，無論是全職、兼職、季節兼職、臨時員工都包含在內，這個金額超出聯邦最低薪資的兩倍。這家公司全年聘僱的員工約有二十五萬人（在聖誕與新年期間額外聘僱十萬人），卻因為對勞工不公做法而飽受批評。透過加薪，公司「聽取這些批評指教」，執行長傑夫・貝佐斯（Jeff Bezos）表示，同時「決定我們想要領先群倫」。就像福特一樣，這個當代最富有的人選擇透過將薪水調成整數展現他象徵的權利，即使是在國會發起「阻止貝佐斯法案」的參議員伯尼・桑德斯（Bernie Sanders）也讚美這項決定：「今天我想稱讚應該被稱讚的人，恭喜貝佐斯先生做了完全正確的事。」

想想福特和貝佐斯所處的時代與所做的決定有什麼異同之處，雖然失業率在一九一四年高達一四%，在二〇一八年卻只有四%，但公司與員工同樣面臨重大的科技變遷。福特和貝佐斯都沒有忽略公司成長，但兩人都願意讓步，避免有組織的勞動力受到威脅，也都想降低公司的流動率。福特的行為在汽車業激起漣漪，美國中產階級的興起，也來自於勞工同時成為消費者的結果。但令人感到沮喪的是，假設一天工時是八小時，福特在一九一四年推行的「每日五美元」工資，在調整通膨指數後，等於二〇一八年的每小時十五・六九美元，比亞馬遜提供的每小時十五美元還高出六十九美分。不管怎麼說，很少有公司願意直接全面為員工加薪。

現在，在舊中產階級開始變窮後，政府提供的基本收入在大西洋兩岸都有增加的趨勢，這個概念在歐洲與加拿大有很多支持者，在美國卻有超過一半的人視為異端邪說或社會主義的一種形式。《紐約客》作家奈森・海勒（Nathan Heller）指出，給予每個家庭最低基本收入的政府計畫，「能讓人活下去，至少在美國的**某些地方**可以，但卻無法讓人過得好。」這不僅開始吸引學者與勞動領袖，甚至連自由主義者也開始支持，因為他們認為這種方式能遏阻政府官僚與縮水的福利計畫。相較於目前政府多元的支持方案，也就是政府人員必須決定誰能獲得政府的哪些協助或福利，如果統一這類計畫，就能減少支出與官僚的程度。這也是一種「硬性的消費預算線」，就是在訂下每人或每個家庭的預算數字後，即可得知計畫會花多少錢。實際上，自由經濟學家米爾頓・傅利曼（Milton Friedman）在一九六二年出版的《資本主義與自由》（*Capitalism and Freedom*）中就提出「負所得稅」的概念（低於一定收入的人可從政府獲得補充工資）。正好林登・詹森（Lyndon Johnson）政府覺得這個概念很吸引人，因此決定在紐澤西州推動實驗計畫，結果產生問題卻多於解決問題。其他專家喜歡政府保證最低薪資的原因，是因為能讓消費者導向的經濟獲得緩衝，避免「科技造成失業」帶來的不良影響，這股風潮從現在到二〇三〇年間只會日益加劇。「很可能因為自動化生產，導致政府都給予無條件基本收入或類似的東西。」伊隆・馬斯克（Elon Musk）在二〇一六年表示：「我不確定還有什麼其他的可行辦法。」

二〇一八年二月蓋洛普（Gallup）民調顯示，美國人對全民基本收入的看法相當分歧。批評者擔心這麼做會造成生產力降低，有損工作者工作時的榮譽感與滿足感。「我認為工作能帶來一些尊嚴。」曾獲得諾貝爾獎的經濟學家約瑟夫・史迪格里茲（Joseph Stiglitz）表示，他總是與進步政策站在同一陣線；也有人懷疑這麼做能為經濟帶來的效果，左傾智庫羅斯福研究所（Roosevelt Institute）主張，如果利用稅金補助，就經濟成長而言，全民基本收入並不會帶來經濟成長。不過還是能帶來其他潛在的好處。在加拿大安大略進行的實驗計畫，提供補助給收入不到兩萬六千美元的人（或夫妻收入不到三萬六千五百美元）的人，發現接受補助者感覺更有自信、較不會焦慮、和社會有更多的連結，且較能花錢接受教育與找工作。

或許阿拉斯加的實驗能說明基本收入的好處與支出。自一九八二年起，阿拉斯加居民每年都能領取阿拉斯加永久基金（Alaska Permanent Fund）的分潤，該基金來源是該州的石油收入。二〇一八年，每人分得一千六百美元。國家經濟研究局公布的詳細研究發現，這樣的分潤並不會減少工作動力。「無條件與固定的現金匯款不會顯著降低就業率。」位於安哥拉治的阿拉斯加大學（University of Alaska）經濟學家穆辛・桂塔比（Mouhcine Guettabi）研究後得到這個結論。此外，他也檢視其他研究，最後發現阿拉斯加人在收到補助款的那個月，會花較多錢買東西，以及從事立即的消費。在發出支票的四週內，與濫用藥物相關事件增加一〇％，但財物犯罪卻減少八％。其他好處則包括低收入母親生產時，嬰兒的平均重量增加，而三歲兒童的肥胖比例也減少了。相當弔詭的是，補助能減少貧窮，卻讓不公的情形變多，這可能是因為富裕家庭將收到的款項拿去投資，貧窮家庭則花掉款項。無論這項計畫帶來的好處與支出為何，都必須仰賴穩定的石油收入，這點會因為油價變動和現有油田枯竭而生變，這種不確定性引起各方對政府該如何分配稅收給各個計畫產生激辯。

加州大學柏克萊分校經濟學家希拉蕊・霍尼斯（Hilary Hoynes）與傑斯・洛斯史坦（Jesse Rothstein）對未來的全民基本收入計畫提出悲觀看法，在檢視加拿大、芬蘭、瑞士、美國的實驗計畫及政策提案後，得到的結論是，「除非有大量額外的資金挹注，否則用全民基本收入取代現行脫貧計畫，會是相當退步的做法。」

◆中產階級的不安全感

二〇三〇年，新興市場的中產階級消費者人數會超越歐洲、美國、日本，約為五比一的比例，從二〇二〇年開始增加一倍。我們不會看到《辛普森家庭》的美國中產階級，而是更可能看到辛格氏、王氏、姆旺吉氏的中產階級冒險。這種情形不會發生在如辛普森家庭所在的奧勒岡州郊區春田市（Springfield），而是會發生在孟買、上海或奈洛比。世界頂尖品牌不再反應美國消費者的偏好，而是會為新興經濟體裡充滿渴望的中產階級量身打造。

但中產階級不是近來唯一在轉變中的勢力，接下來會看到女性工作者與財富擁有者也有重大的改變。

第四章

女力，財力與權力

世界上超過一半的財富將由女性擁有

有錢與有權的女性，讓我們的社會感到不安。

——《慾望城市》（*Sex and the City*）作者坎蒂絲．布詩奈兒（Candace Bushnell）

在環境與生育危機浮現時，神權掌控美國的部分聲音，也因此採取無情的措施來對抗這些問題，並對抗威脅大眾主權的抵抗者。學校因為缺乏學生而顯得空蕩蕩；禁止玩拼字遊戲或其他無益的遊戲；Compubank已經取代所有流通的紙幣；女性不能擁有支薪工作或自己的財產；化妝品、珠寶、雜誌等奢侈品被認為陳舊過時，讓大家避之唯恐不及；年紀較大的女性神祕消失；當權者與他們不育的妻子統治種姓階級較低的女性；幸運者被當作行走的子宮，成為這片土地上增產計畫的一部分；不幸再也無法懷孕的女性負責清理化學汙染物與核廢料。無論男女，都知道在性功能方面的小問題，很可能招致截肢的處罰。

這種反烏托邦的劇情，出現在小說家瑪格麗特・愛特伍（Margaret Atwood）於一九八五年出版的《使女的故事》（*The Handmaid's Tale*）中（她隨後將故事擴寫成Hulu的影集），看來現代地讓人毛骨悚然。「現在是女性最好也最壞的時代。」愛特伍在二〇一八年觀察到，「有些女性正在為過去未曾擁有的權利奮鬥，有些則是為了避免失去這些權利而奮鬥。」

最好時代的蛛絲馬跡四處皆是。在美國，女性能接受大部分的大學與研究所教育，超過四〇%的已婚美國女性收入超過丈夫，女性累積財富的速度比男性快，到了二〇三〇年，世界上超過一半的財富會由女性擁有。

但最壞的時代也在眼前，比爾與梅琳達・蓋茲基金會（Bill and Melinda Gates Foundation）贊助的一份性別平等研究顯示，「在距離二〇三〇年僅剩十一年時，世界上近四〇%的女孩與女性，也就是十五億人活在性別不平等的國家中。」在美國和其他已開發國家裡，女性壽命較男性長的優勢已在逐漸喪失。此外，女性的財富也會因為幾項因素而有所不同：是否有孩子、是否單身並處在穩定關係中，以及是否已婚或離婚。這些因素會在女性中造成廣大差異。

這些強大的風潮不僅讓社會出現重大改變，也改變資本市場，因為女性與男性在投資方面有顯著的不同；對公司來說，女性能為工作場所帶來不同的視角；就創新而言，有越來越多女性成為企業家。女性尚未與男性平起平坐，但是現在由於在經濟和社會中扮演的新角色而出現重大轉變。

好萊塢很早就體認到這點，一九九三年的《西雅圖夜未眠》（*Sleepless in Seattle*）電影裡，有一個同事在工作時告訴梅格．萊恩（Meg Ryan）飾演的安妮說：「超過四十歲要找到另一半的機率，還沒有被恐怖分子殺死來得高。」安妮嚇壞了，脫口道：「那個統計數字不正確！」蘿西．歐唐納（Rosie O'Donnell）飾演的貝琪努力想安撫她：「沒錯，不正確，但確實讓人**覺得**好像是正確的。」這一幕其來有自，源於世上三位頂尖人口學者調查的結果。一九八〇年代中期，尼爾．班奈特（Neil Bennett）、大衛．布倫姆（David Bloom）、派翠西亞．克萊格（Patricia Craig）研究美國白人與黑人的結婚比例。布倫姆是哈佛大學（Harvard University）經濟學家，目前仍在該校任教；班奈特是耶魯大學（Yale University）社會學家，克萊格則是她的研究生。（我曾在一九八九年擔任班奈特這個計畫的研究助理。）

一九八六年，康乃狄克州斯坦福（Stamford）的一家小報《代言人》（*Advocate*）記者正在為情人節尋找撰稿題材。他名叫班耐特，文章裡提到一點是，三十歲單身大學畢業女性結婚的機率是二〇%，但到了四十歲，機率則只剩下很低的個位數。這篇報導占據《代言人》頭版，正好被美聯社（Associated Press）記者看見，並用國內電報發送標題為「耽擱婚事的女性可能永遠無法結婚」的特稿。隔年六月，《新聞週刊》（*Newsweek*）有一期就以此為主題：「婚姻危機：如果妳單身，這是妳結婚的機會。」封面上有一張圖表，顯示女性隨著年齡增長，結婚機率陡降的圖形，內容中有篇報導名為「太晚遇不到白馬王子？」其中的一句話引起眾人騷動：「超過四十歲要找到另一半的機率，還沒有被恐怖分子殺死來得高：她們的結婚機率低到只剩下二・六%。」正如後來以《慾望城市》聞名的布詩奈兒在《紐約觀察家》（*New York Observer*）中所寫的：「那期《新聞週刊》的封面，讓各地的單身女性感到害怕。」

這篇後來舉世聞名的「哈佛－耶魯研究」，引發十年中最煽動的報導。這則多半沒有正確說明研究結論的報導，引發許多受高等教育女性的共鳴，她們正努力在專業目標與個人生活之間取得平衡。事實上，我們都了解五、六十歲卻從未結婚的美國女性只占不到一〇%。如今在美國，未結婚僅同居生子的情侶數量超過已婚者，也有越來越多的同性夫妻出現。

女性的新社經地位造成許多深遠影響，正如在第一章所見，在人口趨勢方面，這些重大轉變主要源於幾個相互影響的因素。越來越多女性追求高等教育，離開家門工作，生的孩子也變少。

此外，另一個有影響的因素是女性往往活得比男性久，至少目前如此。我無法向閱讀這個句子的所有女性保證，但妳的壽命平均會比男性多四至七歲，視居住地區而定。長壽的影響很大，因為這會讓妳工作的時間變長，能在這段時間內將存款拿去投資，累積更多財富，也更可能讓女性從丈夫或男性伴侶處繼承財產，而不是相反的情況。

這是一個對全世界女性說，我有好消息要告訴妳們的迂迴說法。簡單來說，在二〇三〇年結束前，女性將會致富。更精確地說，今日的女性累積足夠財產來享受舒適生活的機率，比她們的母親或祖母高出許多。

同樣地，也有非常不好的消息要告訴包括我在內的男性，男性不僅會變得較貧窮，或是看見自己財富成長的速度較慢。平均而言，同年齡男性死亡人數都比女性多，他們死後，猜猜繼承財產的是誰？

◆從消費到投資的性別差異

女性經濟地位的提升，對於未來二〇三〇年左右的市場真的有重大影響嗎？是的，如果你相信女人來自金星，男人來自火星的話，也就是如果他們花錢的行為模式相去甚遠，確實如此。讓我們檢視一下在消費、存款、投資方面的男女差異。

誰會花費較多錢在奢侈品上，是男性或女性？我在課堂上詢問這個問題時，學生的回答幾乎都是，一半的人說女性，一半的人說男性。但我不斷提醒大學部學生，大部分時候，任何有關男女行為的問題，正確答案都是「視情況而定」，實際上現在大部分問題的最佳解答都是如此。

例如提到奢侈品，大部分國家統計數字顯示，女性喜歡把錢花在流行、珠寶、配飾上，男性則會購買大玩具，如跑車。如果你把跑車列入奢侈品，男性花費的金錢就會超越女性；如果把跑車排除在外，女性花費的金錢就會超越男性，在流行服飾與珠寶方面更是如此。因此男女最大的行為差異，在於後者會花錢購買大量的奢侈品。

把錢花費在昂貴卻重要的服務時，如教育、醫療、保險方面，女性的態度也與男性不同，會比男性更願意花錢在教育上，不是只為了自己好，也是為孩子與孫子好；也會花更多錢在自己的醫療照護，並更可能讓父母、孩子、孫子獲得所需的醫療照護。她們偏好自付額較低的產物保險與意外險，以及較全面的失能和死亡保險，因此必須付出較高的保險費。整體而言，研究指出女性明顯偏好有安全感。

所以女性財富的迅速累積，也帶來大規模的經濟改變嗎？當然如此，別忘了花費在教育、醫療保健、保險上的比例，約高達美國經濟的三〇％。下一個十年中，女性還會累積更多財富，這些部分也將因為花費增加而受益。

提到存錢，確實很難一概而論，說女性存的錢比男性多或正好相反。就單身不婚的人來說，女性存的錢往往比男性多。研究報告顯示，造成這種情形的原因，同樣在於女性追求安全感與獨立。她們知道自己（平均來說）會活得比男性久，所以需要為將來存更多錢。然而，男性在決定結婚的那一刻起，就會開始多存一些錢，主因是社會文化的期待，還有他們嚇壞了：還沒有存夠錢，卻即將擔負養家的重任。在生小孩前，已婚女性往往比同樣背景的男性存更多錢，但在生下第一個孩子後，鐘擺又擺回了。平均來說，母親存的錢比父親少，因為她們花較多時間陪伴孩子，有較多意外的支出，如買點心、褲子、教科書、校外教學等。正如上述例子所示，存錢的行為取決於個人的生命階段和其他環境。

女性累積財富的速度較快，會改變消費與存款的遊戲規則嗎？這會對未來造成重要的水平影響。正如女性主義作家葛羅莉雅．史坦能（Gloria Steinem）曾說的：「我們可以透過看著支票存根了解自己的價值觀。」（翻譯給千禧世代聽：看看你的Venmo交易紀錄。）

說到投資，女性和男性顯然是不同星球的生物。大部分的人認為，女性在投資方面較保守或較會避險，研究結果佐證這一點。正如奧斯卡．王爾德（Oscar Wilde）在《格雷的畫像》（*The Picture of Dorian Gray*）一書中，亨利爵士所說的：「女人想碰運氣；男人則賭上運氣。」對風險的態度，左右我們日常生活中大部分的決定，包括消費與存款在內，也影響我們會進行什麼投資來達到財務目標。如果說雷曼兄弟變成雷曼**姊妹**，或許能避開二〇〇八年金融危機，這種說法一點也不誇張。

上述那句話實際上一點也沒錯，有一份未公開發表的研究報告，比較男性與女性為紐約一家投資銀行進行交易的結果，雙方的教育背景與經驗相當接近。研究人員發現，男性交易的比例較頻繁，願意承受的風險比女性高，但長期來說，女性得到的報酬率會比男性高一些。

那個財富由男性產生、擁有並管理的時代即將結束了，財務市場也出現重大轉變。你可能想知道為何目前有更多人偏好與市場指數連動的股票基金，而非報酬率變動較大的管理基金？你猜對了，我很肯定是因為現在投資人中女性較多。最重要的是，必須了解女性身為消費者、儲蓄者、投資者能為公司帶來龐大的新市場機會。實際上在女性崛起，握有更多全球的財富之際，如果公司無法了解女性的偏好與決定，就註定無法成功。

◆相對弱勢的女性群體

美國蒙大拿州米蘇拉（Missoula）的莎蒂・瑪莉・葛洛芙（Sadie Marie Groff）在二十歲時生下三個孩子中的老大。她沒有大學學歷，也沒有出過國。白天必須照顧孩子，晚上則擔任居家照護員，她的夢想是拿到放射技術學位。相較之下，住在舊金山的愛倫・史坎倫（Ellen Scanlon）快四十歲時才透過試管技術生下唯一的孩子，她在大學畢業後繼續就讀商學研究所，之後從事財務工作，並開設策略顧問公司。她在生小孩的十年前遇到丈夫。「我們當時過得很開心。」她說明自己延後生子的決定。

葛洛芙和史坎倫都是生活在二十一世紀的美國女性，但就她們居住的地區與所受的教育，可說生活在兩個截然不同的世界裡。在追蹤導致重大改變的趨勢時，一個常見的錯誤觀念就是認為某個社群裡的所有人都受到相同影響。女性經驗正在改變固然沒錯，說我們正在見證巨大的分歧也同樣正確，因為有些女性（男性）體驗的生活與父母輩出現天壤之別，但有些人仍維持傳統模式，這種差異有助於說明為何在世界不同地區，尤其是歐美，女性和男性的經濟財富與政治行為變得相當兩極。簡單來說，兩群不同的人能獲得的機會，似乎隨著時間而有差異，政治觀點也是如此。

雖然整體而言，女性的財富增加了，到了二〇三〇年會比男性富有，但仍有兩群女性較弱勢，就是單親媽媽和離婚女性。在許多情況下，這兩個類別是互相重疊的。「我結婚時一切顯然較好。」

一位接受個人財務網站比爾福德（Billfold）訪談的四十二歲單親媽媽表示，她有三個就讀小學的孩子，「我們過去完全是中產階級，曾在財務上遭遇困難，但一切發展得還不錯。我過去有存款和一小筆退休基金，但在離婚時卻必須拿出來付帳。」她在華府郊區一家小型非營利機構擔任主管，年薪四萬美元。和她共享監護權的前夫，每個月會支付一千五百美元。更糟的是，他們過去因為她就讀教育系，貸款方案較優惠，共同以她的名義申請就學貸款。現在她每個月必須花一千四百八十美元租屋、一千三百八十六美元請人照顧孩子，以及四百美元買日常食物，根本無法支付學貸。「我已經算出必須付多少錢，才不會被斷水斷電。」

媒體上充斥許多離婚協議支付女性數十億美元的新聞，如貝佐斯與麥肯齊・貝佐斯（MacKenzie Bezos）、亞列克・威爾頓斯坦（Alec Wildenstein）與喬思琳・威爾頓斯坦（Jocelyn Wildenstein）、魯伯特・梅鐸（Rupert Murdoch）與安娜・托夫（Anna Torv）、伯尼・埃克萊斯頓（Bernie Ecclestone）與斯拉維卡・拉迪奇（Slavica Radić）、史蒂夫・韋恩（Steve Wynn）與伊蓮・韋恩（Elaine Wynn）等。然而，大部分離婚女性卻和這些迷思相反，最後的財務狀況通常會變糟。實際上有份全面的研究報告顯示，對女性來說，結婚對財務狀況的幫助總是比離婚大。即使重新進入職場或再婚等，仍無法讓女性恢復到原本結婚時的狀況，而且即使再婚，經濟狀況還是惡化了；但男性在分居後，卻不會出現同樣的財務困難。總的來說，育有子女的中產階級夫妻離婚率高居不下，是導致歐美中產階級停滯不前的原因。

單親小媽媽的情形也會限制女性一輩子的機會。在美國，每年由十五至十九歲青少女生下的嬰兒高達二十五萬名。黑人、西裔美國人、美國原住民青少女懷孕生子的比例是白人的兩倍、亞裔美國人的四倍。雖然青少女懷孕比例每年都下降六%或七%，但收入與教育程度較低的女性最容易在青少年時期生子。未成年媽媽對自己與父母都是經濟重擔，往往必須輟學，因此陷入貧窮狀態。

在展望二〇三〇年之際，或許沒有什麼比避免高中輟學更能改善女性的經濟狀況，尤其是因為懷孕輟學。「對我來說，一切都在十年級時變調。」潔咪・魯西（Jamie Rush）這麼敘述十五歲懷孕的事，「我和小孩爸爸的關係，就在告訴他，我懷孕後結束了。」父母資助她，幫忙養小孩，但很可惜魯西的例子並非特例，超過六〇%的美國年輕未婚媽媽生活在貧窮中。反過來說，貧窮是青少女懷孕的風險因子。

蘿倫的母親在她十二歲時罹癌過世，父親大部分的時間總是不在家，她在麻州東南部的高中畢業後不久就懷孕了，現在的她無家可歸。

克蕾伊歐娜的母親在她兩歲時死亡，父親撫養她到七歲，就因為毒品案入獄，有一些親戚照顧她，但那裡卻不時有顧客上門買毒品。她在十六歲懷孕，男友和父親都要她墮胎，她卻選擇生下小孩。在孩子出生後，她和孩子就住進庇護所。「儘管如此，她仍比其他這樣的人具有優勢。」《大西洋》（*The Atlantic*）雜誌報導，「她讀完十一年級，沒有當妓女，也沒有犯罪紀錄，沒有精神疾病，也沒有吸毒。」她靠著毅力讀完高中，上大學，並在一家健康診所工作，於是和年幼的孩子搬到簡陋公寓住。

雖然女性能獲得的機會越來越多，但在已開發國家中，職場歧視、離婚、未成年懷孕的問題，每年仍影響數百位女性。儘管少數像克蕾伊歐娜的女性戰勝命運，卻有許多人就此陷入永遠的貧窮與無家可歸狀態。聯邦政府指出，約有四千五百萬名美國人生活在貧窮線之下。貧窮的女性占一六%，相較之下，男性則只有一四%。在獨自扶養孩子的女性中，貧窮的比例驟升到二七%。

還有另一個逐年增加的現象，就是女性（與男性）不願生育。一九七〇年代中期，三十五至三十九歲女性尚未生育的比例僅占一〇%，但是到了二〇一六年數字就翻倍。在四十歲的人裡，沒有子女的女性占一六%，沒有子女的男性則占二四%，會出現這麼大的差異，是因為有些母親仍維持單身。隨著生育率持續降低，世界各地沒有子女的女性與男性會越來越普遍。到了二〇三〇年，三分之一的美國男性與將近同樣比例的女性會在退休之際膝下無子。

大部分決定不生兒育女的女性，都能相當平靜地看待這個決定。「我是退休的女性，現年六十六歲，從未生過小孩。我靠著退伍軍人補助上大學，一直從事白領階級的工作。在二十至四十歲間，像我這樣的女性被視為異類。」有人這麼認為；有人則是起起落落，「我活到六十二歲，曾經歷心碎的事，幸好我沒有小孩！」「暗示女性膝下無子，注定孤單，實在是很無知的看法。有許多老年人的成年子女根本不想和他們聯絡，或是他們想要錢時才會聯絡。」也有人反感地說。「在沒有子女的情況下，創造開心、豐富、充實的生活是絕對有可能的，甚至沒有丈夫也行。」另一人做出這樣的結論。

倫敦政治經濟學院（London School of Economics）保羅・多倫（Paul Dolan）教授利用美國人的幸福感資料做進一步研究。「我們手邊收集到一些追蹤同一群人多年的良好資料，但我要說的正好和科學研究相反：如果你是男性，或許應該結婚；如果是女性，就省省吧！」兩者差別在於婚姻與生子如何改變男性和女性的生活。「你（也就是男性）承受的風險較少，工作時獲得較多報酬，活得也比過去久一點；相反地，她必須忍受那些事，也會比沒結婚時早死。」這是多倫從統計數字觀察到的結果。「較健康、快樂的女性，是沒結過婚或生過小孩的那一群。」

弔詭的是，無子女成年人與父母之間的「幸福感差距」，在美國比其他已開發國家都來得大。社會學家珍妮佛・格拉斯（Jennifer Glass）主導的研究強調，「孩子會讓父母承受各種壓力因素」，但「更慷慨的家庭政策，尤其是帶薪休假和育兒補助，能縮小父母與非父母之間的差距」。在某些國家，父母甚至比非父母來得快樂，或許是因為有較多的育嬰假和育兒計畫，包含法國、芬蘭、瑞典、挪威、西班牙、葡萄牙、匈牙利、俄羅斯。政府給予育兒家庭的補助會帶來重大差異，雖然補助計畫只能為父親帶來幸福感，對單身男性沒有影響，卻能提升所有女性的幸福感，無論是否有子女都一樣。提出新家庭補助計畫的政治人物，受女性歡迎的程度可能高於男性。

到了二〇三〇年，接受更多教育與生育率降低，將會把女性畫分為四個明顯的類別：無子女的女性、單親媽媽、已婚女性、離婚女性。在每一群中，有些人會處於良好的經濟狀況，有些人則會為經濟問題而苦惱。

◆開發中國家女性從法令到創業的新機會

雖然由於中產階級的崛起，女性變得越來越富有，在開發中國家裡，女性的經驗也出現同樣的分歧，如撒哈拉沙漠以南非洲、部分拉丁美洲地區、南亞、東南亞、中東地區等貧窮國家，都市與鄉村的女性深陷痛苦。除了經濟狀況外，還有割禮等這種危害人權的習俗，讓超過兩億名女性活在痛苦中。為女性安排婚事也是一大問題，為這件事代言的女孩不是新娘（Girls Not Brides）組織估計，每五個女孩裡就有一個在十八歲前結婚，約有六億五千萬名女性未成年就結婚，這個習俗在非洲、南亞、拉丁美洲最盛行。南蘇丹女性海倫在十五歲被迫嫁給五十歲的男人，這樣的決定迫使她必須輟學。十五歲女孩的難產死亡率，高於二十多歲的女性。「我很小就被許配給丈夫，不記得是什麼時候了，因為當時我很小。」衣索比亞的卡娜絲說道：「丈夫把我撫養長大。」即使在瑞士這樣的國家，政府也估計每年有一千四百名未成年女性被迫結婚。

儘管面臨許多問題，但許多在開發中國家的女性現在也享受上一代無法想像的機會。在坦尚尼亞，需要冰庫、冷凍櫃、專業烤箱、砂石製作機、曳引機、貨車等設備創業，卻缺乏資金直接購買的女性，可以向維多利亞．齊思詠蓓（Victoria Kisyombe）創立的公司租借。在英國受教育的獸醫齊思詠蓓在丈夫過世後決定創業，開設的賽爾芬納（SELFINA）最後成為全國最大的租借公司，擁有超過兩萬兩千份租借合約。

即使是像齊思詠蓓一樣受過高等教育的女性，也會面臨困難，以及經常遭受到歧視。世界銀行針對一百二十八個已開發與開發中國家進行調查，結果發現法令方面對女性有相當程度的歧視，成為她們創業的阻礙。例如截至二〇〇九年為止，四十五個國家中的女性並沒有和男性一樣從事經濟交易的權利；在四十九個國家裡，女性被禁止從事某些行業；在三十二個國家中，女性沒有和男性相同的繼承權。在法律上同等的權利，有助於提高女性創業或管理事業的比例。

更廣義地說，女性企業家長期以來遭到立法者忽略，也就是說直到一九七〇年代，丹麥經濟學家艾絲特・博塞魯普（Ester Boserup）為聯合國工作時，出版一本極具影響力的書籍《女性在經濟發展中的角色》（*Woman's Role in Economic Developing*），書中詳細分析女性對經濟發展的貢獻與受到的影響。她大力主張女性在家中和家庭外的活動裡，都扮演經濟發展的重要角色。她的著作促成聯合國婦女十年（United Nations Decade for Women；一九七五年至一九八五年），並奠定良好的基礎，帶動一系列提升女性經濟角色的新計畫，做為促進經濟發展的方式。這種新方式不僅著眼於促進性別平等的目標，也探索女性經濟活動造成經濟成長和發展的方式。

最後，立法者了解要是沒有女性企業家存在，各國將會浪費半數的人才或利用人才程度不足。正如聯合國開發計畫署（United Nations Development Programme）署長海倫・克拉克（Helen Clark）在二〇〇九年所說的：「透過揭露女性企業家龐大的潛能，並解決她們面臨的困難，如難以取得信用與融資，以及無法繼承或持有土地，或受益於政府預算，就能減少不公情形，並刺激經濟成長。」這些觀察獲得SRS航空（SRS Aviation）創辦人賽伯恩吉兒・桑博（Sibongile Sambo）的回應，「有史以來，南非的女性，尤其是黑人女性，向來沒有創業與經營事業，並為經濟做出貢獻的機會。」她說：「在SRS航空，我們利用新的政治自由來創造經濟自由，那是我母親與阿姨欠缺的機會，但是我卻擁有，而且想要好好把握。」

對女性而言，企業家精神可能帶來自由，並創造經濟福祉，但也可能因為一路上面臨的阻礙而感到氣餒，有許多都是當地女性才有的遭遇。擁有一百六十五名員工的知名埃及珠寶公司創辦人阿莎・法赫米（Azza Fahmy）觀察到，「對任何保守又居住在傳統環境的年輕埃及女性來說，我嶄新的經驗實在是相當不尋常，但我決定繼續。」或者想想吳環姝（音譯）的例子，她創立製造服飾配件的公司，被認為是中國第一位開設公司的女企業家：「我還記得在東城區辦公室……說我應該申請營業許可，讓公司合法。」法赫米和吳環姝在實現夢想的路上，面臨無數阻礙。

男性和女性創業的方式大為不同，女性往往會進入與之前經驗相關的領域，如個人服務、零售、手工藝品、傳統產業。此外，女性創立、擁有或管理的企業成長速度較慢，多半是由於各種結構性限制問題，其中一項原因是缺乏商業知識與經驗。正如塞內加爾室內設計師愛莎・蒂翁妮（Aissa Dionne）所言：「我一開始連開發票都不會，當時還需要請朋友教我。」

研究人員在成為企業家的動機、面對企業的態度、企業家的社會或生理特質、創業流程、管理或領導方式、持續的融資方面，並沒有發現一致的性別差異，只不過女性在申請創業基金時，確實會遭到歧視。「我最早在聖地牙哥的一家紡織公司工作。」智利企業家伊莎貝兒・蘿亞（Isabel Roa）說道：「接著我開始自己編織，挨家挨戶地推銷。最大的問題是我在創業時缺乏資金，只好透過存款與貸款解決。」

或許女性在創業或拓展業務時會遇到許多困難，其中的一個原因是，她們比男性更可能因為需求而成為企業家。在巴基斯坦創辦學校的娜絲琳・卡素里（Nasreen Kasuri）表示：「我體認到選擇（學校）有限，還有從自己上學時到現在，學校與座位的數量都沒有增加；」她補充說道：「也了解自己的孩子無福享受我曾享有的教育，因應這項挑戰，我唯一能做的就是設立一所學校，為我的孩子和其他孩子提供優質教育。」實際上，針對全球企業活動進行調查的全球創業觀察（Global Entrepreneurship Monitor）寫道，大部分女性創業都是因為缺乏其他維生方式。

在接近二〇三〇年，出現關於女性企業家是否對於打造企業的形象、組織、管理的偏好，以及成功的定義是否為達到全球成就、家庭與工作的平衡、對社會帶來好處，而不是企業的成長、獲利、名聲。針對這一點，盧安達藝品企業家珍妮特・克胡芭娜（Janet Kkubana）就對她的企業能給予面臨困境婦女的幫助而感到自豪，「我們這裡有倖存者、寡婦、丈夫入獄的人，看見她們坐在屋簷下編織，一起做生意，是莫大的成就。」她說道：「這些女性現在一起賺錢，真的很了不起。」同樣地，復活節島社會企業家安妮特・薩摩拉（Annette Zamora）努力保留與推廣這座封閉火山島上的傳統文化，她這麼反省道：「我不知道自己算不算成功，雖然已經獲得大家的認同，卻不知道自已是否清楚『成功』代表什麼。」

◆在工作與家庭間的不可能任務

到了二〇三〇年，世界上將有近半數的新企業為女性創立。想想阿努．安卡亞（Anu Ancharya）的例子，她在美國就讀研究所後，如同第一章看到的人才循環一樣，決定回到印度創辦奧西門生物方案（Ocimum Biosolutions）這家基因外包公司。在經營十五年，且併購三家歐美公司後，現已成為全球生醫外包業界數一數二的公司。安卡亞育有兩位即將進入青少年時期的女兒，必須在事業與家庭之間做出困難抉擇，「現在孩子都很習慣我有大半時間不在的情況。」他們和安卡亞的公婆同住，由兩人幫忙照顧小孩。她的公司讓員工能休三個月的有薪產假。「那裡是很棒的工作場所，對女性來說更是如此，我們工作的時間很彈性。」公司品管系統協理暨創始員工潔絲莉．拉維（Jaishree Ravi）表示，「如果必須參加家長會，可以先參加再回來，只要工作滿九個小時即可。」

安卡亞和拉維不是唯一對擔任職業婦女感覺有壓力的人。「二〇〇七年，我遭遇到困難與（意外）離婚。」梅麗莎表示，她年近五十，有一個就讀大學的兒子，以及十多歲的雙胞胎女兒。擔任學校教師的她休假直到孩子開始上學才工作，接著從事兼職工作，空出更多時間陪伴孩子，她說道：「關於重回職場和平衡家庭生活這件事，我學到的就是不會為了早上送孩子上學而犧牲。」就像其他許多受過教育的同輩女性，梅麗莎必須面對許多衝突與退讓，很多都是男性根本不會遇到的問題。

約七〇%的美國女性從事全職工作，有超過一半的人別無選擇：她們根本沒有本錢待在家或從事兼職工作。海倫．貝琪托（Helen Bechtol）現年二十三歲，有五歲和四歲的兩個孩子，她希望能到北加州就讀社區大學。「現在我週一至週五中午到下午六點在一家小型鄉村酒吧擔任酒保。」她說：「週末則擔任兼職攝影師。」貝琪托和父母同住，雙親都盡力幫忙。「每個月花在托育孩子的費用約六百五十至七百美元，現在靠著食物券過活……每個月從前夫那邊收到約三百美元的育兒費用。」

「我不想讓兒子認為擔任業務助理，每小時賺八．五美元很好。」高中輟學的威蕾蒂．歐提茲（Wileidy Ortiz）表示，她在波士頓普天壽購物中心的零售暢貨店工作，在十九歲懷孕。在歐提茲三歲時，父親在家鄉波多黎各遭到槍殺，母親在搬到波士頓親戚家附近後罹癌死亡。孩子的爸爸不願意支付生活費，因此她靠著食物券與加油券過活，就像貝琪托一樣，歐提茲想待在家裡陪孩子根本是不可能的。

對那些經濟能力許可，可以待在家中的女性來說，要做出決定也不簡單，她們要面臨社會對待在家裡的汙名化，擔心重返職場很困難，或甚至根本不可能。「我無法想像把孩子留給其他人照顧的心裡會有多苦。」擔任護理師的泰芮．史波萊茲．西絲婕克（Terry Spraitz Ciszek）說道，現在她的孩子已經三十多歲了。待在家裡「造成一些自尊與自我的問題，因為我看到別人繼續進步，擁有很棒的職涯……實在讓人感到洩氣，也是相當值得探討的問題。一九七〇年代的氛圍是『女性什麼都能做』，我還記得維珍妮（Virginia Slims）涼煙的廣告。」西絲婕克的丈夫是醫生，因此能享有中上階級只由一個人有收入的餘裕。

在女性職涯中斷後，收入也會出現問題。芝加哥大學企管碩士的一份研究發現，相較於條件類似的男性，離開職場三年以上的女性收入會減少四〇％。如喬安・克里夫（Joanne Cleaver）等一些職涯顧問與作家主張，「離開職涯軌道簡直就是在職涯上自殺，別這麼做。」

令人驚訝的是，嬰兒數量減少讓想要重啟職涯的媽媽擁有獨特機會，原因就在於人口老化，會讓合格勞工數量持續減少。幾十年來，數百萬名受過高等教育的日本女性在婚後離職，現在由於公司迫切希望補滿職缺，因此她們紛紛重回職場。截至二〇一八年為止，日本每個年齡層離家工作的女性都比美國多，只有二十四歲以下的族群例外。現在處於工作年齡的日本女性中，約七一％獲得有薪職位，創下幾十年來最高的比例，也是全世界最高的。有鑑於過去十年的這股風潮，到了二〇三〇年，日本女性的勞動參與率可能相當接近男性，約在八六％左右。然而薪水差異仍相當普遍，媽媽也繼續負責大部分家務與照顧孩子的工作。「男性的自覺仍然很低，我的丈夫沒有性別平等的觀念。」一位有兩個孩子的平面設計師說道。

在世界上許多國家中，工作與家庭平衡已經成為全國性議題，尤其在擔心人口老化及未來福利狀態存續的國家更是如此。一九九六年聯合國報告指出，在生育率過低的國家中，僅有三五％的政府，也就是共約七十個國家具備處理這類問題的政策。到了二〇一五年，這個比例已經增加到五九%。最常見的政策為有薪產假（僅有一個國家沒有）、公共托育（八八%）育兒或家庭津貼（八五%）、有薪育嬰假（六四%）。值得一提的是，聯合國估計女性每天平均花四個小時做不支薪的家事，包含照顧孩子在內，而男性卻僅花一．七小時。

工作與家庭平衡的概念和政策，向來引發許多爭議，或許最重要的是，大家偏好透過結合家庭生活與工作或將兩者分開來解決問題。我在華頓商學院的同事南西．羅斯巴德（Nancy Rothbard）、凱薩琳．菲立普斯（Katherine Phillips）及翠西．杜瑪斯（Tracy Dumas），訪問美國近五百位員工以了解她們的偏好。她們發現，偏好將工作與家庭生活分開的人，在公司提供托育等整合計畫時，感覺較不滿意，投入程度也較低；提供如彈性工時等分隔計畫時，讓她們能改變開始與結束工作的時間，就會感到較滿意也較投入。

另一個很適合思考這個問題的角度，是說明更多女性加入勞動對經濟的好處。正如丹麥經濟學家考斯塔．艾斯平－安德森（Gøsta Esping-Andersen）所言，女性加入勞動市場能促使市場導向的服務活動增加，那些是原本女性在家提供的不支薪服務。如果到了二〇三〇年，開發中世界有更多女性從事支薪工作，非洲、中東、南亞的經濟將會進入更快速成長階段，讓第三章討論的中產階級加速擴大。

◆工作會讓女性的死亡率提高嗎？

越來越多女性把握勞動市場裡的機會，在工作與家庭間找到折衷之道，因此女性和男性的壽命差距正在縮減。一九九五年，女性的平均壽命比男性多約七．八歲；到了二〇一八年，差距縮小到六．八歲。據聯合國估計，到了二〇三〇年，會縮小到六．三歲。如圖七所示，這個現象只出現在一九九〇年代後的多數已開發國家，當時正是大量女性開始就業與追求職涯發展的時間點。

在美國，也就是較多女性投入勞動市場的地方，出現陡降情形：女性壽命與男性差距最大的時間點在一九七〇年代初期，差距為七．七歲，但到了二〇一九年，約為五歲，到了二〇三〇年，將會是四．三歲。

造成差距減少的確切原因是什麼呢？要回答這個問題，就必須先了解為何女性壽命會比男性長。每個年齡層的男性死亡率都比女性高，「女性荷爾蒙及生育的角色與長壽有關。」《科學人》（*Scientific American*）雜誌觀察到這點，「如雌激素有助於讓身體排出不良荷爾蒙，讓女性較不容易得到心臟病；相反地，睪固酮則與暴力及冒險有關。」不僅如此，「女性身體必須做好懷孕與哺乳的準備，這種能力和處理過度進食及排出過多食物有關。」

在過去，另一項讓女性活得比男性久的因素，是女性較不會接觸到所謂的「人為疾病」，包括「接觸到工業工作場所的危險物質、酗酒、抽菸、道路意外等，這些都在二十世紀大幅增加。」但

女性在預期壽命的優勢

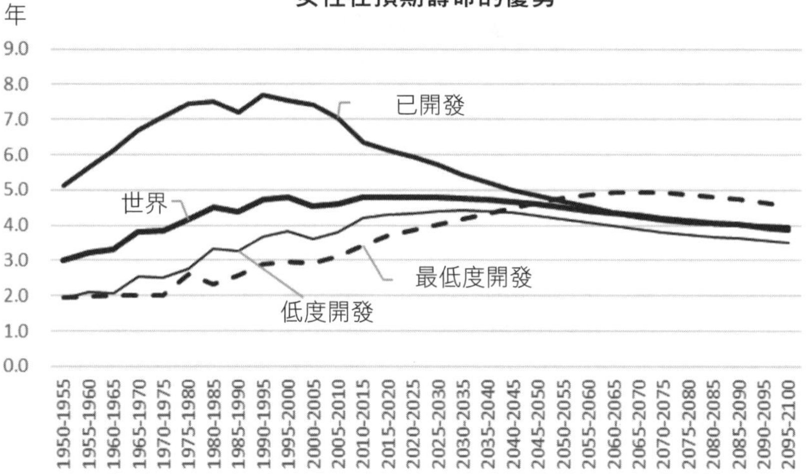

資料來源：聯合國，《世界人口展望》（*World Population Prospects*），二〇一九年修訂。

圖七

現在的女性越來越容易接觸這些，在已開發國家中更是如此。

正如哈佛人口發展與研究中心主任麗莎・柏克曼（Lisa Berkman）所言，美國女性在經濟裡扮演的新角色，已經創造「完美的風暴」：她們接觸到更多工作場所、婚姻、單身媽媽狀態帶來的壓力。「慢性壓力可能讓慢性病提早出現。」加州大學舊金山分校（University of California, San Francisco）精神科教授艾麗莎・艾波（Elissa Epel）表示。她最知名的就是發現壓力會損耗保護染色體尖端部分的端粒，這一點被認為與長壽息息相關。更糟糕的是，女性比男性更容易透過吃來紓壓，以及為了維持工作與家庭生活的平衡而減少運動時間。

對某些女性而言，這種情形每下愈況。

根據教育程度與居住地區不同，女性壽命的演進在美國持續呈現分歧，住在都會區的女性壽命比其他地區來得長。我在賓州大學的同事伊兒瑪．艾羅（Irma Elo）帶領人口學家分析得到的結果，顯示在二〇〇九年至二〇一六年間，全美四十個地區的「白人男性壽命增加速度比白人女性來得快」，這份資料研究對象是針對非西班牙裔的白人女性進行研究。雪上加霜的是，女性壽命有縮短的趨勢，不只是相對於男性的優勢減少，在這四十個區域裡有八個，也就是居住在阿拉巴馬州、阿肯色州、肯塔基州、路易斯安那州、密蘇里州、奧克拉荷馬州、田納西州、德州的非都會區女性，在一九九〇年二〇一六年間，「壽命縮短將近一年」。問題出在哪裡？在於吸菸、心理與神經系統問題及用藥過量。

女性角色的改變，也影響那些高中輟學的人。杜克大學（Duke University）的阿倫．亨地（Arun Hendi）發現，所有教育程度－種族－性別族群的壽命，自一九九〇年起就出現增加或停滯情形，只有教育程度為高中以下的非西班牙裔白人女性例外。」在過去二十年來，這群人的壽命急劇減少二．五年。克莉絲多．威爾森（Crystal Wilson）住在居民多為白人的阿肯色州凱夫城（Cave City），在三十八歲辭世，她是家庭主婦，有肥胖與糖尿病的問題。「她在十年級時因為結婚而輟學。」莫妮卡．帕茲（Monica Potts）在《美國展望》（*American Prospect*）中寫道。「事情就是那樣。」當地校區技術專員茱莉．強生（Julie Johnson）指出：「如果妳身為女性，教育程度也不高，擁有的機會趨近於零，就只能結婚生子……如果妳不工作會過得較好……那是很糟的循環。」至於是什麼造成輟學白人女性死亡？她的回答是，「許多絕望的時刻。我不可能什麼都知道，但殺死她們的就是這點。」

整體而言，二十五至四十四歲美國人的死亡率正在急劇提高。「今日的年輕人在經濟大蕭條時遭遇成年的困難，也就是造成他們成年的時間延後，晚婚及與父母同住的比例增加。」艾羅和其他共同作者提到，「這個年齡層的成人藥物與酒精濫用比例增加，在未來幾十年內，和這些行為有關的疾病與死亡率也會增加。」那些並未從先前討論的經濟榮景中獲利的千禧世代男女，面臨的就是這樣的未來。

◆玻璃天花板的薪資差距

「沒有所謂女性的玻璃天花板這回事。」作家蘿拉・李斯伍德（Laura Liswood）表示，「只有一大群男性。」即使女性全力投入職涯，也會發現自己在過程中遭遇無數的障礙。二〇一五年，《紐約時報》刊登標題為「經營大公司的女性人數少於名叫約翰的男性」。在標準普爾（Standard & Poor's）評等的最大一千五百家公司裡，「每位女性都會對上四位男性，名字分別叫做約翰、羅伯特、威廉、詹姆斯。」儘管女性在教育與工作機會方面都有所提升，但在世界各地經營大公司的人數卻屈指可數。美國《財星》雜誌中收益排名前五百大公司裡，女性執行長不到五%。

其他地方的情形也好不到哪裡，在組成經濟合作暨發展組織的富裕國家中，最大的上市公司裡，女性執行長比例微乎其微：在英國、印度、南非為四%；澳洲與墨西哥為三%；平均而言，在歐盟國家中低於三%；拉丁美洲整體來說低於二%；在歐盟最重要的兩個經濟體德國與法國中，正好是〇%。只有中國的女性執行長比例超過五%，達到五・六%。至於董事會的性別平衡，只有挪威接近平衡（女性占四二%），而有十五個國家女性所占的比例超過一〇%（美國為一七%）。在好幾個亞洲國家裡，有半數上市公司的董事會成員全為男性。

國際勞工組織（International Labour Office）發現，由女性擔任半數以上中高階管理職的國家只有牙買加、哥倫比亞、聖露西亞，這三個國家都位於加勒比海，美國在二〇一〇年代晚期的數字則為四三%。進行調查的國家裡，其中二〇%的國家女性所占的比例不到二〇%；在許多穆斯林國家中，比例則低於一〇%以下。因此可以看到，雖然投入職場的女性數量有所增加，甚至累積財富的速度也比男性快，但公司的高階職位仍由男性主導。

在女性從政方面，統計數字也一樣令人失望。截至二〇一七年底，僅有兩國立法機構中的女性多過男性，分別是盧安達（六四%）及玻利維亞（五三%）；相較之下，有好幾個國家的國會裡完全沒有女性：南太平洋的東加、密克羅尼西亞、萬那杜，以及中東的卡達與葉門。有二十六國的女性少於一〇%，六十四國低於二〇%。全球平均則從一九九〇年的一〇%，增加到二〇一七年的二一%。美國的比例為一九%，略低於全球平均；但令人意外的是，沙烏地阿拉伯反而較高，達到二〇%。在行政體系中，女性閣員過半的只有健康、文化、勞工、貿易、教育、女性事務、環境與能源、家庭與兒童、社會事務等部會，這些都是女性在經濟體和社會中較活躍的領域。

國家體系裡，女性僅在高級文官服務方面占有相當比例。在匈牙利、俄羅斯、立陶宛、愛沙尼亞等國，女性所占的比例為五〇%以上；加拿大、瑞典、斯洛維尼亞、哈薩克等國的女性比例則超過四〇%，這些都是過去為社會主義的國家，或具有良好社會福利的國家。顯然透過競爭激烈的考試選才時，女性的表現較傑出。到了二〇三〇年，大部分政府部門中相關高級文官職位，都會由具大學學歷的女性擔任。

取得工作後，女性還必須繼續面對薪資的差距，即使在長久以來立法禁止歧視的已開發國家中，女性的薪水仍比男性低三〇%，如澳洲、英國、南韓、紐西蘭等；在日本及其他歐洲國家中，薪水的差距為二〇%以上；在美國，兩性在各種工作的平均薪資差距約為二二%，管理職為一九%，高階主管的差距則高達三三%。

在二〇三〇年到來之際，將有更多女性擔任管理職，但仍屬少數。在私人企業裡占的比例低很多，在公部門中則與男性較接近。然而有鑑於過去二、三十年來持續居高不下的比例，兩性之間的薪資差距似乎不可能消失，但是如果發號施令的女性增加，能扭轉這種情況嗎？

◆女性在組織中的「角色陷阱」

已故的英國首相瑪格麗特・柴契爾（Margaret Thatcher）及現任德國總理安格拉・梅克爾（Angela Merkel）有幾項共同特質。兩人都帶領保守黨勝選，並在國家中擔任最高職位。兩人原本都是化學家，柴契爾在牛津大學（University of Oxford）畢業後，曾短暫前往連鎖餐廳約瑟夫・里昂公司（J. Lyons & Company）工作，她和團隊的人共同研發出讓冰淇淋變柔滑的方式，讓霜淇淋成為世界各地小孩都喜歡的食物，她被《大西洋》雜誌稱為「霜淇淋鐵娘子」，這是在她知名的「鐵娘子」暱稱上做文章。柴契爾在從政生涯中也有其他暱稱，如「雜貨商的女兒」、「牛奶掠奪者」、「阿提拉母雞」等，已故的法國總統法蘭索瓦・密特朗（François Mitterrand）甚至稱她是「有卡里古拉（Caligula）[2]之眼，瑪麗蓮・夢露（Marilyn Monroe）之唇」的女人，展現他厭女的一面。

梅克爾的生涯雖然與柴契爾夫人迥異，但同樣招致性別歧視的評論。她在量子化學獲得博士學位，並擔任幾年的研究科學家，在柏林圍牆倒塌時決定從政，一年內就獲選進入德國聯邦議院。她因為政治方面溫和又無明確目標的作風，引發各種批評，有人稱她為「全世界最有權力的女人」、「穆提」（Mutti，德文的「媽咪」），因為在歐元區危機時堅持緊縮政策，又被稱為「不太太」。

讓柴契爾夫人與梅克爾連結在一起的共同點，是兩人都為掌權女性。掌權女性無論個性為何，很不幸地都會先被當作女性看待，且經常被認為相當「跋扈」。禁止跋扈（Ban Bossy）網站指出，「小男孩彰顯自我時，會被稱為『領袖』，但小女孩做同樣的事時，卻必須冒著被貼上『跋扈』標籤的風險。」這種差別待遇的問題在於，「跋扈」這個詞彙傳達一項訊息：不要舉手或公開發言。到了中學時，女孩的領導意願就會低於男孩，這種趨勢會繼續延伸到成年時期。」正如臉書營運長暨暢銷作家雪柔・桑德伯格（Cheryl Sandberg）所說：「那個小女孩並不跋扈，那個小女孩擁有高階領導人的技巧。」

　　但像柴契爾與梅克爾那些（少數）登上權力頂峰的女性來說，還有更深的層面。哈佛商學院教授羅莎貝・摩絲・肯特（Rosabeth Moss Kanter）在一九七〇年代於耶魯大學任教時，社會學家背景出身的她發現，女性處於她們被視為樣板或屬於少數的環境時，行為舉止會有所不同，別人也會用不同的方式看待她們。在那些極少數的範例裡，樣板的女性往往能見度較高，成為多數人模仿的對象，承受更多必須有所作為的壓力，並被期待應該符合既有的性別角色規範。在這種樣板主義的結構力作用下，難怪許多女性在登峰造極前就先放棄了；如果今天真的當上首相或執行長，她們的行為與表現將被另眼相待，與大家看待男性的方式截然不同。

　　肯特在柴契爾與梅克爾掌權前，就指出女性在組織裡的四個「角色陷阱」：寵物、色誘女、

2 譯注：即蓋烏斯・尤利烏斯・凱撒・奧古斯都・日耳曼尼庫斯（Gaius Julius Caesar Augustus Germanicus），羅馬帝國第三任皇帝，被公認為暴君。

戰斧、母親。寵物被視為「可愛、甜美、具有女孩氣息」，鮮少被認真看待；色誘女則是「婊子、女巫、乳牛、吸血鬼或吃掉男人的人」，是男女都討厭的角色；「落入戰斧角色的女性招致最多譴責」，英國阿斯頓大學（Aston University）教授茱蒂絲・巴斯特（Judith Baxter）表示，「這樣的女人具有過去馬克白夫人（Lady Macbeth）的傳統典型，或是近代柴契爾夫人的風範，會被視為恐怖、強悍、卑鄙、跋扈的人，或是就像男人一樣。」梅克爾則屬於這四種刻板印象的最後一種：母親或學校老師，「通常被形容成學校老師、跋扈、乏味或無趣。」

到了二〇三〇年，對女性當領導人的態度似乎出現快速變化。「從蓋洛普開始調查美國人對老闆的性別偏好開始。」這家著名的民調公司在二〇一七年表示，「大部分（五五%）的人表示，老闆的性別對他們來說沒有差別。」二三%的受訪者表示，如果有選擇會偏好男性老闆，二一%則偏好女性老闆，這樣的差別落在正負四%的誤差範圍內。蓋洛普從一九五三年就開始針對這個問題進行調查，當時六六%的人偏好男性老闆，只有五%的人偏好女性老闆，二五%的人則表示沒有差別。耐人尋味的是，二〇一七年，僅有四四%的女性表示沒有差別，男性覺得沒有差別的比例卻高達六八%，顯示正如先前所言，女性會因為年齡、教育程度、居住地區不同而出現重大差異。

雖然這個調查進行的時間，是在哈維・溫斯坦（Harvey Weinstein）性醜聞曝光後的一個月，也正是Me Too活動如火如荼時，但我們絕對有理由相信女性能開始克服樣板主義的詛咒，也就是少數人的暴行。有更多女性出現在更多工作場所，並持續晉升到最高位階時，她們的角色與地位就會快速轉變。到了二〇三〇年，將有大量的女性擔任政治、社會、企業領導者，因此可能摧毀公然歧視的基礎。

肯特的理論也有助於說明婚姻市場的動態。在一九四〇年代，美國女性被教導不應在事業上有太大的企圖心。「小心！請注意不要讓自己看起來比男人聰明。」有一本自助書籍這樣建議，「這是最聰明的做法，就是不要看起來或實際上比他們聰明，那是一大禁忌。」那樣的建議在美國因為戰爭而男丁短缺時大為流行，背後原理是在當時的時空背景下，認為女性如果過分顯現聰明才智，會讓男人避之唯恐不及，反而有利於那些較為「女性化」的人。

想像一下如果短缺的正好相反，像中國一樣的情形又會如何？在中國，擁有博士學位的女性經常被視為「第三性」，意謂很少有男性會想和她們結婚。中國雜誌的文章經常提及「對有能力的職業婦女來說，撒嬌是必要的工具，才不會讓男友覺得太獨立或自立。」甚至還說：「撒嬌讓女性看起來較溫柔、有女人味，不會強硬或強大，有悖傳統對女性的看法。」不僅如此，文章進一步提到，「透過討好男性自我，就能完成近乎不可能的任務：讓她的男人覺得自己像個男人。」

檢視在女性的機會與自由出現轉變時，對性別的刻板印象會造成什麼影響。沙烏地阿拉伯女性在二〇一八年才能開車，她們購車行為卻讓人大吃一驚。「國內的汽車展售中心準備許多認為能吸引該國女性的車輛，如色彩鮮豔的小型休旅車。」《華爾街日報》（*Wall Street Journal*）寫道：「然而她們卻選擇引擎聲大又跑得快的車。」傳統觀念認為，男性偏好馬力與加速度，女性則較注重舒適度和安全性。「我們預期女性會先買小引擎的小車。」奧迪（Audi）展售中心的業務員說道。但是有十六歲孫子的六十四歲祖母莎哈爾・娜西夫（Sahar Nasief），同時也是活躍的女權人士，卻想買野馬（Mustang）敞篷車，她說：「那一直是我夢想的車款。」福特汽車公司聽到她的偏好後，答應提供，她便選擇黃黑相間的車款，那是她心儀足球隊的色彩。「我喜歡這輛車的咆哮聲。」娜西夫表示。

肯特的理論也有助於說明這種行為，在沙烏地阿拉伯開車的女性仍為少數，最早買車的沙烏地阿拉伯女性想要打破刻板印象，讓自己與男性平起平坐。

◆二〇三〇年會由女性統治全世界嗎？

越來越多研究發現，女性在社會中得來不易的新地位，可能導致權力結構改變，或許能減少醜聞、貪汙、暴力事件；也可能造成分歧，只有少數女性享受好處，其他女性則被排擠到邊緣，導致社會出現更多衝突。無論在管理職或公職方面造成何種影響，女性仍會控制較多的財富，也可能在嬰兒減少，人口日益老化的世界裡，將財富導入讓她們擔憂的領域，如教育和醫療照護。

隨著有影響力女性人數量增加，女性領導人是否會成為大家能接受的新常態？有鑑於目前趨勢進展緩慢，以及許多女性仍遭歧視，或遭到剝奪機會的情形，達到性別平等的烏托邦理想，在二〇三〇年可能還言之過早。

然而，最難以預期的因素與兩性權利及地位的平衡無關。隨著都市的發展，女性獲得新的機會。但是隨著都會區的擴張，全球暖化也日益加劇，正如在第五章看到的，氣候變遷對女性與兒童帶來的傷害往往最嚴重。

第五章

城市首當其衝

四十三個超大城市，帶來災難性的社會與氣候危機

任一城市，無論規模多小，其實皆一分為二，一為窮人之城，一為富人之城。

——柏拉圖（Plato）

隨著二〇三〇年逼近，城市將變成未來趨勢的縮影。前面章節討論的趨勢，在市區會加速進行：生育率更早且更快下降；千禧世代的行為模式本質即是都市典型；新中產階級大量群聚生活；女性的機會與行為在人口越密集的地方演化得越快。城市已成為推動改變的巨大引擎，催化你我熟知的世界邁向終結。

城市占據全球土地面積的一％，卻容納五五％的全球人口；換句話說，地球總陸地面積為一億九千六百九十萬平方英里，其中約有兩百萬平方英里為城市。納入四十億的都會人口計算，城市中每平方英里平均住了兩千人，群體規模可不小。七五％

的能源消耗與八〇%的二氧化碳排放都源自城市。除了對全球暖化不成比例的影響外，城市中密密麻麻的建築與柏油及水泥地面，會更有效地鎖住熱能，形成俗稱「熱島效應」的現象。

這些還只是目前的數據。

放眼未來，都市化趨勢持續上升。全球都市人口每週增加一百五十萬人，帶來新一輪的建案、汙染及溫室氣體排放。二〇一七年，全球共有二十九個規模超過一千萬人的城市，到了二〇三〇年，這個數字將增加到四十三，其中有十四個城市規模超過兩千萬人。城市中，不平等趨勢大多更劇烈，隨著這樣的發展遍布全球，人類將逐步邁向具災難性潛力的社會與氣候危機。關於都市貧困和全球暖化，有什麼是我們能做的？城市是否該試著自產食物？歐洲與美國鐵鏽帶地區內衰退的城市能否扭轉命運？

◆城市處處「燙」手山芋

二〇一八年十月，聯合國召集的跨政府氣候變遷專家小組在新報告中提出警告：若想避免慘烈氣候變遷，「全球人為二氧化碳淨排放量必須在二〇三〇年前減少到二〇一〇年基準的四五%，並在二〇五〇年達成『零淨排放』。」換句話說，必須在二〇三〇年前果斷展開行動，避免沿岸地區水災、降低極端氣候事件頻率、預防各處農業活動遭受干擾破壞，否則……

「往後幾年大概是人類歷史的關鍵。」黛博拉．羅伯茲（Debra Roberts）表示，她是參與該份報告製作中一個工作小組的共同主席。二〇一九年五月，聯合國提出另一份悲觀的報告，預測如果氣候變遷趨勢持續，全球將有高達一百萬種現存動物與植物種類（目前共八百萬種），會在短短數十年內絕跡。隨著全球溫度上升，都市生活將有如煉獄。「氣候變遷趨勢殺傷力龐大，且影響所及的都市人口將越來越多。」比利時科學家亨德利克．瓦特斯（Hendrik Wouters）表示，「高溫將帶來高死亡人數、住院人數、能源消耗與經濟損失，此趨勢又因都市熱島效應而加劇。」

按照這個暖化的速度，人類不僅未來岌岌可危，連過去也將遭到抹滅。埃及學家莎拉．帕爾克（Sarah Parcak）表示，全球目前還有五千多萬個未經定位的考古遺址，其中至少有一半將隨著城市擴增帶來的洗劫行動、氣候變遷及違法建設而遭受破壞，這些都會在二〇三〇年前發生。為求因應，帕爾克設立群眾外包平台GlobalXplorer。尼克．柏格頓（Nick Paumgarten）在《紐約客》中描述該平台的民主精神，並提到「人人可透過此平台成為印第安納．瓊斯（Indiana Jones），仔細檢視衛星地圖，找出潛在遺址……平台理念是要招募更多的目光（當然還有更多的善意挖掘者），加入人類對抗二氧化碳與貪婪的競賽。」

城市受到氣候變遷與海平面上升的影響，比鄉村和無人地區更顯著。全球約有九〇%的都市地區位於沿海地帶，到了二〇二五年，全球將有七五%的人口住在沿海或鄰近地區。亞洲是全世界中產階級成長最快的地區，占全球六〇%的人口，屆時如雅加達、馬尼拉、胡志明市、曼谷、大阪、達卡與上海等大都市，將極易遭受海水入侵。亞洲以外風險最高的，則包括紐奧良、邁阿密、威尼斯和埃及亞歷山大港等地。

都市化還會導致另一個二〇三〇年全球關鍵趨勢更惡化：不平等，該問題由來已久。「任一城市，無論規模多小，其實皆一分為二，一為窮人之城，一為富人之城。」兩千五百年前，柏拉圖已如此寫道。一九二七年，德國導演佛列茲・朗（Fritz Lang）預測未來的電影默片《大都會》（*Metropolis*），把柏拉圖這段話搬上大銀幕。該電影描繪一座城市被分成兩半，工人在地下揮汗工作，富人則在上方地面城市享受無盡輝煌的城市生活，銀幕上只見未來感十足的汽車、火車、飛機、摩天大樓、高架橋及陸面通道。兩位主角一是有錢的城主之子佛列德，另一則是受工人愛戴的瑪麗亞，兩人極力在坐擁一切與一無所有的兩群人之間架起橋梁。該片的整體美學、視覺主題和圖像，受立體主義、表現主義及裝飾藝術啟發，正如當今許多城市一樣。片尾結語發人深省：「調節頭腦與雙手者，唯有心。」雖然上映後評價不一，當今社會仍視《大都會》為開創性經典電影，預測大城市的最終樣貌，以及層疊於其中的光鮮和齷齪。

當今目睹的都市大量成長潮流，是相對現代的現象。想想一九二〇年代，世界上沒有哪個城市住了一千萬人，只有少數幾個城市擁有一百多萬居民。一九六九年，人類首次登陸月球後，全球只有紐約、東京與大阪這三個城市人口超過一千萬人。進入二十一世紀，都市化加速，都市生活成為新典範。這些改變是否皆為好事？正如希臘哲學家亞里斯多德，也是柏拉圖最有影響力的弟子所說的：「偉大的城市與人口稠密的城市不可混為一談。」

事實上，世界上許多大城市變得失去人性、缺乏靈魂且疏遠冷漠。二十一世紀義大利形而上畫派藝術家喬治歐・德・奇里訶（Giorgio de Chirico）畫筆下荒涼的未來都市景觀精準描繪此情況。現代主義建築師與都市規劃家引用二十世紀的知名建築師路德維希・密斯・凡德羅（Ludwig Mies van der Rohe）的名言，宣稱「少即是多」，將流線型設計發揮到極致，把城市變成幾何與重複性的練習，放眼只見無盡的街道、街區、方塊狀建築、柱子、窗戶等。簡約現代建築很快退化為粗野主義中不修邊幅的水泥與玻璃叢林。「沒有比高樓大廈和籠罩其上的天頂間彼此抗衡，來得更詩意與可怕的事。」詩人費德里柯・賈西亞・羅卡（Federico García Lorca）在一九二九年住過紐約後如此寫道。直到數十年後，羅伯・范裘利（Robert Venturi）才以幽默的「少即乏味！」扭轉現代主義建築潮流。

事實是隨著大城市逐漸發展，人類的問題也跟著增生：從交通堵塞、空氣汙染、廢物丟棄，到貧窮與不均等，無一倖免。都市是對抗全球暖化和貧富差距擴大戰役的重災區，但我們不能被這些問題擊垮。狄更斯曾說過：「成功的首要關鍵，就是停止說『我希望』，改口說『我將要』。」沒有什麼不可能的事，以水平思考來應對都市面臨的問題，並視或然為將然。

◆城市的光輝與暗影

衛星攝影拍下「明度地圖」如圖八所示，捕捉晚上點亮燈光的城市，照片由美國太空總署提供。

霞光（skyglow）密度與各國生活水準高度相關，研究人員利用霞光進行三角測量，驗證官方透過傳統做法蒐集的數據是否準確。但衛星無法告訴我們的是，振奮人心的城市亮光下，暗藏著因所得水準提升與貧富差距擴大導致的貧窮黑洞。英國下議院圖書館（UK House of Commons Library）提出悲觀預測，二〇三〇年，全球三分之二的財富將集中於最富裕的一%人口手中，而這些人大多住在城市。二〇一八年，香港超級富翁人口高達一萬人，平均每人身價高達三千萬美元，首度打敗紐約當年的九千人紀錄，加上東京、洛杉磯、巴黎、倫敦、芝加哥、舊金山、華盛頓特區及大阪，為該年全球超級富翁人口數量最多的前十大城市。然而地方

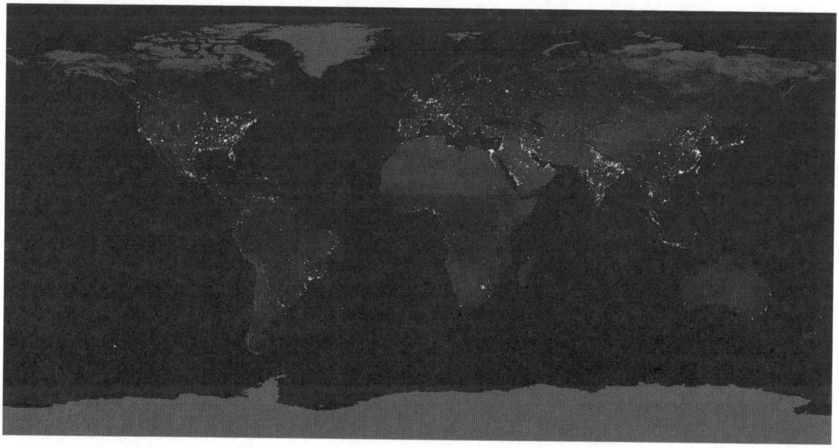

圖八

政府數據指出，香港也有一些人口（二〇％）活在貧困中，紐約亦然（一九％）。

二〇一九年，美國聯邦貧窮線標準落在四口之家年收入兩萬八千一百美元，以此標準來看，德州麥卡倫（McAllen）－愛丁堡－米申（Mission）都會區中，有三〇％的居民都是窮人。喬治亞州瓦爾德斯塔（Valdosta）的貧窮人口則有二六％；加州維塞利亞（Visalia）－波特維爾（Porterville）則將近二五％；印第安納州布盧明頓（Bloomington）則是二三％。二〇一七年，全美各地平均貧窮人口占一二．三％。回想詹森總統對貧窮宣戰，至今已過五十年。當時全美貧窮人口比例為一九％。窮人和富人一樣，都不成比例地集中在城市。關鍵在於，都市擴大生活的高潮與低潮，也將你我推向極端，一邊是機會無窮，另一端則是備受剝奪。

◆世代不斷循環的貧窮困境

距離國會山莊幾個街區外，是全美最貧窮的都市社區。一九三二年，蘿莎．李．康寧罕（Rosa Lee Cunningham）的佃農祖父母從北卡羅萊納州里奇史奎爾（Rich Square）搬到這個位於華盛頓特區的社區。「她這輩子在窮困潦倒的社區中，度過半世紀的艱苦生活。」《華盛頓郵報》（*Washington Post*）調查記者利昂．達許（Leon Dash）如此描述，「不遠處就是一棟棟雄偉的建築，決策者在裡面偶爾嘗試打破貧困循環，卻一再失敗。」康寧罕首度懷孕是在十三歲，最後共生下八個孩子，她十六歲結婚，幾個月後因丈夫開始對她動粗而搬回家中與父母同住，數年後才搬進自己的房子，展開新生活。「康寧罕的貧困、不識字及罪行，構築出她所屬的世界。」達許如此描寫。孩子中有兩位最後找到穩定工作，他們住在狹小的公寓裡，大兒子也住在這裡，平常睡在客廳；另一個兒子在肯德基（KFC）負責清理烤箱，工時很長，下班後吸食快克。康寧罕和另一個女兒同住一間臥室，女兒的兒子曾在青年罪犯之家待過一陣子；另一個女兒曾因持有古柯鹼而坐牢十一個月，與三個孩子住在剩下一間臥室裡。這個三代同堂之家共住了九人。

「康寧罕是她多數子女的安全網。」達許寫下觀察心得，這些孩子「過著形同流浪者的生活，一再流連於朋友家、監獄裡、街頭，以及康寧罕的家中。」在國家首都圈的四十五年中，康寧罕搬了八次家。「她是家裡唯一收入穩定者，不過並非所有收入都合法，她每個月能從社會安全生活補助（Supplemental Security Income）計畫領取四百三十七美元的低收入戶身障補貼……剩下的則來自變賣從商店偷來的贓物。」她在一九八八年確診罹患愛滋病，一九九五年過世。「貧窮困境雖然不分城鄉地重創全美各種族，但是內陸城市裡的非裔美國窮人卻高得不成比例。」

康寧罕有兩個兒子試圖翻身進入中產階級，艾瑞克是其中之一，他駕駛吉普車，住在華盛頓特區市郊。八個子女裡，只有艾瑞克和艾爾文不曾吸毒或坐牢，兩兄弟都曾從軍。母親過世時，艾爾文是公車司機，艾瑞克則是重機操作員，並兼做好幾份短工。「藥物濫用已經變成家族中無人能跨越的鴻溝。」達許寫道：「艾爾文與艾瑞克不和其他兄弟一起過節，也記不得上次其他兄弟姊妹登門拜訪是什麼時候的事，見面時通常都是艾爾文或艾瑞克為了處理什麼問題而來到母親的公寓。」

在都市窮人與拮据的中產階級苦命掙扎時，富人則過得十分舒適。「我週六晚上都會到紐約，因為他〔傑．蓋茲比（Jay Gatsby）〕閃耀炫目派對留下的印象是如此鮮明，至今依然能聽到當時從他花園傳出的樂聲與喧笑餘音繞梁，還有往來於車道上的車聲。」史考特．費茲傑羅（F. Scott Fitzgerald）如此描述，「一晚，我聽見真實的車聲，車燈照亮前門台階，但我並未深究。也許是哪位姍姍來遲的賓客，因為遠在天邊而不知道派對早已結束。」富豪在他們遙不可及的世界裡彼此爭鬥，追求社會地位。托斯丹．范伯倫（Thorstein Veblen）在一八九九年寫道：「隨著財富增加，有閒階級在功能與結構上進一步發展，產生階級中的階級……靠近有閒階級的上層與頂層者，其出身或財富，或兩者皆是，都遠優於出身較低和財力不及者。」

◆沙發馬鈴薯與社群媒體

但中產階級才是形塑都市未來樣貌的主要族群，不斷擴張的都市中產階級已成為第三章討論的現代消費經濟骨幹，他們過著和鄉下人截然不同的生活，大多偏好把錢花在休閒娛樂上，製造的碳足跡與數位足跡也很多。都市居民及其生活型態塑造科技和消費的未來，正是因為他們已成為都市人口的多數。公司依據他們的行為開發新產品、設計行銷花招。都市消費者增加，引來更多的都會型態消費，如此形成不斷自我強化的循環。

隨著都市成長，「都會沙發馬鈴薯」現象也跟著擴散。二〇一七年，全球因飢餓受苦的人口（八億兩千一百萬）多過苦於肥胖的人口（六億五千萬）。但到了二〇三〇年，肥胖人口預計將成長到十一億人，遠多於飢餓人口，由於亞洲與非洲中產階級擴張，屆時飢餓人口保守估計為兩億人。肥胖問題惡化是因為都市人口爆炸，且大家普遍習慣久坐，飲食習慣改變、攝取加工食品也是原因。肥胖人口一多，苦於心臟疾病、糖尿病、關節肌肉疼痛等各種毛病的人口也跟著增加，社會對大尺碼服飾、加寬座位、健身及飲食指引的需求也因而提升。

世界衛生組織定義身體質量指數（Body Mass Index, BMI）介於二十五至三十之間為過重族群，肥胖族群則是超過三十。自一九八〇年代起，全球肥胖盛行率至今已增加一倍以上。二〇一六年，全球有十九億以上的成人過重，其中六億五千萬人已達肥胖標準，兩族群共已占全球人口四分之一。更糟的是，有四千一百萬學齡前兒童過重或肥胖。該年全球各年齡層至少有兩百八十萬人死於因過重引發的健康問題，還有更多人因此無法過著正常又有生產力的日子，他們失業、被社會放逐，或受其他疾病所苦。經濟合作暨發展組織指出，「成人肥胖率最高者為美國、墨西哥、紐西蘭及匈牙利，日本與南韓則最低……預計到了二〇三〇年，成人肥胖率將更高。」女人比男人更受肥胖所苦，窮人也比中產階級更受其害。

肥胖普及現象在美國特別嚴重，美國人口只占全球人口四％，總人口體重卻占全球近一八％。美國國家衛生統計中心（National Center for Health Statistics）數據顯示，高達七〇％的美國人過重（三二％）或肥胖（三八％），相較之下，這兩個族群的全球平均分別為三九％與一三％；換句話說，美國人超出的體重約相當於十億地球人口的體重總和。到了二〇三〇年，預估有將近一半的美國人是肥胖人口。重度肥胖是指身體質量指數超過四十，全美有五．五％的男性和高達九．九％的女性為極端肥胖。美國兒童與青少年中，有一七％為肥胖，六％為重度肥胖。每五個美國青少年中就有一人肥胖，將近一人重度肥胖，這個趨勢只會越演越烈。

中國、印度及其他亞洲與非洲（過去營養不良的威脅都遠高於肥胖）新興經濟體的經濟成長，帶來高蛋白和精緻飲食、久坐生活型態，以及其他都市生活不健康的一面。不過肥胖率最高，有時甚至逼近八〇％人口比例的是南太平洋島國，包括美屬薩摩亞、諾魯、庫克群島、托克勞群島及東加。Healthcare Global網站報導提到，「一般原以為太平洋島民是先天基因容易導致肥胖。」然而近期研究卻指出，西方飲食才是罪魁禍首。「島嶼傳統飲食，如鮮魚、肉類與土產蔬果，被米飯、糖、麵粉、肉類罐頭、蔬果罐頭、軟性飲料和啤酒取代。」

匆忙的都會經驗也形塑城市生活型態，交通方面尤其如此。美國主要大城市的市中心裡，人們駕駛時間中有三分之一都是在尋找車位。研究結果發現，全球各地中產階級成長顯著的都會地區裡，人們清醒的時間有二〇％至三〇％都花在交通上，無怪乎有這麼多城市已成為霧霾或嚴重空氣汙染的代名詞。

都市生活也是各種智慧型手機應用程式的代名詞，更擴大都市與鄉村居民行為模式的差距。社群媒體是最常使用的應用程式。二〇一九年一月，美國、拉丁美洲與東亞的十三歲以上人口中，超過八〇％的人經常使用臉書、推特（Twitter）、Instagram或微信（WeChat）等數位社群媒體。該比例在歐洲與中東為七〇％以上，相較之下，撒哈拉沙漠以南非洲則不到二〇％，印度則約為三〇％（這兩個地區的智慧型手機用戶並非人人使用社群媒體）。這些國家龐大的都市人口，說明為何社群媒體用戶人數依然相對算低，因為即便能取得數位網路與使用應用程式，小村落居民依然偏好面對面交流。撒哈拉沙漠以南非洲住在鄉村地區的人口約為五九％，在印度則為六五％，相較之下，美國的鄉村人口僅占一七％，但是隨著人口不斷往城市遷移，上述比例正快速下降。

◆用「推力的科學」翻轉地球

人們總是質疑，若不嚴令整體經濟遵守零碳模式，要如何改善全球暖化現象？事實上，小幅且平常地調整日常生活行為，就能聚沙成塔，扭轉災難。遵守兩大基本原則，即可讓都市生活對環境更友善、對更多人口更包容且更舒適；若不執行，則難以對付汙染、環境退化及氣候變遷。這兩大基本原則都有賴水平思考。

第一項水平思考原則是「卓越的平凡面」，也就是傑出表現通常並非來自瞬間大躍進或天縱英才，而是來自一連串微小的進步。社會學家丹尼爾．錢布利斯（Daniel Chambliss）針對競技游泳選手展開跨人種的大型量化分析後，提出上述詞彙，並做出結論：「頂尖表現其實是多項微小技巧或活動的綜合結果，透過逐項學習或試誤而得。」獲得三次奧運金牌的選手瑪麗．米格爾（Mary Meagher）表示：「大家不知道成功有多麼平凡。」成功是同時做好一長串的小事，累積而成的優越結果。錢布利斯表示：「這些活動中沒有哪一項特別優異或超乎常人所能，祕訣就是持之以恆地做對每件事。」換句話說，卓越的本質極其平凡。步驟如下。

選手的進步來自於學習做出「確實的滾轉」，接著要「流暢地踢離牆面，雙臂緊貼過頭」，將「雙手擺在水中適當位置，避免任何空氣竄入手中」，並利用健身房啞鈴「適度提升力量」、「吃對的食物」、「穿最適合競速的泳衣」等。史上最有影響力的管理顧問彼得．杜拉克（Peter Drucker）曾撰文提及，要成為成功的執行長「並不需要特殊天賦、特質或訓練，有效管理需要的是做幾件相當簡單的事。」之後會談到，微小的自我行為調整能積少成多，延緩氣候變遷速度，為未來世代保持環境。

第二項原則是行為科學家所說的「推力」——透過正向鼓勵或間接建議來影響群體或個人的

動機、誘因及決策，以達成行為修正的效果。「推力的藝術」一詞首見於英國科學家史都華（D. J. Stewart）於一九九九年發表的文章《當愛因斯坦遇上馬格利特》（*Einstein Meets Magritte*）。理查．塞勒（Richard Thaler）與凱斯．桑思坦（Cass Sunstein）於二〇〇八年的著作《推出你的影響力：每個人都可以影響別人、改善決策，做人生的選擇設計師》（*Nudge: Improving Decisions About Health, Wealth, and Happiness*），提出引發全球關注「推力的科學」。在他們看來，基本問題在於人類行為不僅傾向危害公眾利益，更有害個人利益。這本著作讓塞勒贏得諾貝爾經濟學獎，他與桑思坦在書中主張，推力最棒之處在於能帶來有益大眾，也對個人有利的行為改變。推力無關法規、強制執行或逼迫。塞勒與桑思坦稱推力為「自由家長主義」，寫道：「能被輕鬆躲開的介入力量才能算是推力，推力不是命令，把水果放在（收銀台旁）視線高度的位置就是一種推力，禁止垃圾食物則不是。」

推力就是透過微小、巧妙而不費成本的改變，發揮影響力。例如，阿姆斯特丹史基浦機場設計師在男廁小便斗中刻上一隻蒼蠅，「改進使用者命中率」，降低廁所清潔成本。推力在行銷、人才管理、醫療照護、各式療法，甚至政治中都有廣泛運用，候選人以此技巧提升募款成效、選民互動和投票當天的投票率。

與各位分享一個實際的例子，我每天在費城的通勤時間不一，一切視當天遇到的紅燈次數而定，有時時間可能增加到兩、三倍，碳足跡也會跟著增加。燈號快變紅燈時，我有強烈誘因要加速通過路口，這是非常危險的行為，會提高意外事故的風險。但市政府可以在紅綠燈上裝設面板，讓用路人知道下一個路口燈號的狀況，如果眼前路口要轉黃燈，而下一個路口也即將變黃燈，我就比較不會想搶在紅燈前闖過，因為下一個路口還是要停下來。再舉另一個例子，在路面漆上線條與箭號，有時能幫助駕駛行車更順暢，在轉彎時尤其如此。同樣地，多年來零售商都知道，店內人潮擁擠時，播放節奏較快的音樂有助疏散排隊潮，提升銷售業績。

研究顯示，平凡的小調整與自由家長主義在解決城市汙染、塞車及氣候變遷等問題上，比罰款、碳稅或金錢誘因來得有效。人們覺得自己有道德責任為氣候變遷盡點心力時，就會對各種支持環保的行動產生廣泛回響，如選擇汙染較低的交通方式、動手做回收，或使用環保清潔劑等。固然有必要讓大家有感問題的嚴重性和可能後果，鼓勵善盡個人責任，並給予動力採取行動，但研究結果也顯示，支持環保行為主要都是來自習慣。從有意響應到付諸實行，中間的差距就要靠推力，鼓勵人們培養良好習慣。例如，恆溫空調應顯示讓房間從當下溫度升到暖房，需要支付多少電費。在電費帳單上並列比較該用戶的電費與社區平均電費，也已經證實可有效減少能源用量，這種做法似乎能鼓勵大家向好人好事模範看齊，而不只是單純避免耗能過度。簡化公車收費，接受信用卡扣款或行動支付等，也能鼓勵提高公共運輸使用率。

◆「井水枯竭，方知水貴」

本節標題取自班傑明・富蘭克林（Benjamin Franklin）的作品，格言本意是勸人勿看待世事為理所當然，不過在這個年代，字面意思正好再妥適不過。水幾乎算是永久的可再生資源，但世界各地的水資源品質與分布，卻是歷經諸多摩擦和衝突後的結果。城市特別容易一再面臨水資源短缺。不只如此，平均每四個都市居民中就有一人家裡無自來水可用，也就是全球有十億人家裡沒有自來水。人口成長的地理分布狀況持續變動、都市化、中產階級增長，以及氣候變遷等因素，都將徹底重塑水資源的經濟與政治現實。正如我在賓州大學的海洋學家暨氣候模型專家同事艾琳娜・馬里諾夫（Irina Marinov）所說的：「過去兩百年，人類對自然系統的改變，比大自然在過去十萬年循環間造就的還多。」

到了二〇三〇年，水資源問題會更層出不窮。國家水資源協會（National Water Resources Association）聯邦事務主任伊恩・萊爾（Ian Lyle）說道：「美西地區有句俗話說，威士忌是拿來喝的，水是拿來開戰搶奪用的。」麥肯錫顧問公司（McKinsey & Co.）調查指出，未來基礎建設發展裡，水是僅次於交通與能源之後，重要性和成本排名第三高的。水的儲存與長程運輸不易（且成本高昂）。未來城市興衰端賴有無新的水資源基礎建設，以及包括消費者、農夫、製造業者及能源生產者等所有社會成員，是否認真看待水資源的使用。

水資源及其管理是大規模人類城市的重要根本，所有包括埃及、美索不達米亞、印度河流域文明、中國、羅馬等古文明，都曾發展管理水資源的基礎建設與技術，以餵飽城市地區的稠密人口，維持發展。綜觀歷史，大型災害都肇因於缺水。根據聯合國統計，約有近九成的天災和水有關，幾波主要的難民危機都是因為旱災，或為了搶奪水資源而爆發，如二〇一一年索馬利亞與二〇一二年蘇丹和馬利難民潮都是例子。經濟合作暨發展組織曾預測，到了二〇三〇年，將有約四十億人口（屆時全球預估人口數的一半）生活在水資源嚴重短缺的地方，多數都在東亞、南亞及中東等地區，恰好是城市成長最快速的地區。

想想這是多大的挑戰，地表有超過三分之二的面積被水覆蓋，但其中九七．五％是不可飲用的水，只有二．五％可供人類使用，其中約七成左右不易取得，凍結在冰層、冰山、永凍土中，或在永久積雪層覆蓋之下；近三成則是地下水，至於河川、湖泊、濕地及其他儲水地形中的水量只占不到一％。目前約有十二億人口無法取得乾淨的飲用水，還有約二十八億人每年至少有一個月要忍受缺水窘境。水資源之所以稀少，可能是物質條件或經濟因素所致，有些地區就是沒有足夠的水資源能支持當下與未來的人口數量，有些地區則是因為缺乏基礎建設、資源管理不當或其他經濟因素，才導致無水可用，撒哈拉沙漠以南非洲與部分南非地區更是如此。在有些地區，當地人（大多是婦女或兒童）在乾旱季節，一天可能要花費五個小時，才能為家人取得所需用水。

這個問題在南亞尤其嚴重，「就連清奈（Chennai）、邦加羅爾、西姆拉（Shimla）和德里等地，也要實施限水令，印度的糧食危機正面臨威脅。印度都會地區正求水若渴，數百萬計的人民及其生計受到影響。」印度全國婦女委員會（National Commission for Women）的一份報告指出，「舉例來說，邦加羅爾每週限水兩次，波帕爾（Bhopal）則每天限水三十分鐘……孟買每年一月至六月間老是缺水，海得拉巴（Hyderabad）有些地方則是每三天才來水一次。」上述引述中提及的城市，都位於世界上成長速度最快的地方。

◆老裝置，新設計

在世界上最窮苦的地區，婦女與女孩得長途跋涉為家人取水，考慮到水的重量，這真的是非常艱辛的工作。世界衛生組織建議每人每天用水量約在五．三至一三．二加侖（約二〇．〇六至四〇．五六公升）間，包含飲用、下廚及清洗等用途。在部分亞洲與非洲地區，婦女每天平均要走上三．七英里，每趟背負約三加侖（約一一．三六公升）的水量。

辛西亞．寇恩（Cynthia Koenig）決定解決這個問題。她在密西根大學取得全球永續碩士學位與企管碩士學位後，創立社會企業組織 Wello Water Wheel，專門生產能輕易在各種地面上滾動運輸的塑膠水輪桶，並加以分送。她的目標是要取代印度傳統的二．二加侖（約八．三三公升）頭負式水桶，新發明的二十四加侖（約九〇．八五公升）塑膠大桶像圓滾滾的大輪子，搭配長長的U型推把，看起來像是購物車。新裝置運水量是原本的十倍多，也讓幾英里的運輸路程走起來省力許多。

寇恩的發明並不算創新，但產品定價卻創造市場地位。「水輪桶的創見，來自在缺水環境居住多年的個人生活與工作經驗。」她回憶道：「我以前曾在墨西哥偏鄉地區駐點，每天都要煩惱如何取得生活所需用水。」日後踏上探索印度拉賈斯坦邦的旅途時，她開始苦思解決之道。「一開始真的是天馬行空，從載水汽球，到人體工學設計驢子用馱籃，無奇不有。」到了二〇一六年底，已有超過一萬個水輪桶進入孟加拉、印度、肯亞、馬拉威、巴基斯坦及尚比亞人民的生活中，城鄉地區都因此受益。

擴大規模來看，水資源面臨的最大威脅來自不良農法，畢竟全球人類消耗水量中，約有七〇%都用在農業，工業用水約占二〇%，剩下的一〇%則是家戶用水。第一章曾討論非洲的工農革命潛力，若是無法改善水資源管理，這樣的轉變無法成真。

◆水與能源間的連結

城市取得水源的機率較高，前提是你我能更留意水在能源生產上扮演的角色。提取、洗淨、分類原物料與化石燃料、冷卻火力發電機、培養生質燃料，以及推動水力發電渦輪，以上所有工作都需要用水。根據聯合國統計，約有九成的發電過程需要大量用水。那麼當能源需求與節約用水衝突時該怎麼辦？採礦活動與水力壓裂導致的含水層汙染現象越來越嚴重；氣候變遷也可能是另一個破壞因素；城市人口增加，導致對能源和水資源的需求雙雙增加，這個趨勢帶來的限制與風險，在決策制定與規劃過程中都得一併納入考量。根據奇異電力、水與處理科技（GE Power, Water & Process

Technologies）行銷長羅夫・艾克斯頓（Ralph Exton）的說法，「水－能源連結」及「水－能源－食物連結」由此而生。我在賓州大學電機工程學院的同事諾恩・里歐（Noam Lior）曾說：「水是世界上最過度使用、濫用且價格過低的資源，其中有很大一部分無法再生使用，或是以無法飲用的狀態返回（流域中）。政府不願介入，沒人想徹底進行成本分析，並以此為政策的制定依據。」

氣候變遷將無可避免地以我們無法事先預料的方式影響水循環，擴大不定期來襲的水災與旱災規模。除了這些一再出現的水資源管理挑戰外，全球暖化還帶來新威脅和立即的後果。高溫導致蒸發增加，瓜分原本該注入溪流、湖泊及嘉惠城鄉居民的水源。植被改變也將改變降雨模式。暖化導致冰河倒退，最終消失，剝奪溪流仰賴的穩定水源。灌溉用水越來越稀少。暖化地區的偶發性豪雨將導致暫時性積水，成為蚊蟲孳生溫床，形成重大的公共衛生挑戰。

◆貨櫃農耕

如果城市是二氧化碳主要排放源，也是氣候變遷與水源短缺的最大受害者，也許就該採用水平思考，並把那些讓鄉村地區相對友善環境的做法帶到都市。目前社會正引領期盼，到了二〇三〇年，城市將自給自足，滿足不斷成長的人口飲食需求，成為「綠島」而非熱島。這個發展趨勢也能降低二氧化碳排放量，因為進口食物需求下降，且在都會種植蔬菜，也能吸收部分汽車與能源生產廠排放的二氧化碳。

「垂直農法」的概念在多數已開發國家成形，這是迪克森．戴波米耶（Dickson Despommier）在哥倫比亞大學提出的想法，提倡在兩層樓以上的建築種植作物。垂直農法專家拉文德拉．克什納莫西（Ravindra Krishnamurthy）提到：「現在老工廠、廢棄倉庫、工業大樓等各種想不到的地方都能種植糧食。」黃順和在新加坡打造全球首座大型可商業運轉的垂直農場——天鮮農場（Sky Greens），在三十英尺高的A型塔架上種植萵苣、波菜等蔬菜。塔上三十八層生長槽以每秒一公釐的速度旋轉，「確保日照平均、空氣循環良好及灌溉徹底。」這項科技突破能有效運用資源。每座塔架每個月的營運成本只有三美元，而且碳足跡極低，因為所需能源「僅相當於點亮一盞四十瓦燈泡所需」，園內的用水會循環使用，「所有有機廢物都做為堆肥並重複利用。」

垂直農法可望復興衰退中的城市。《底特律新聞報》（*Detroit News*）報導：「創業人士改造底特律便宜的舊倉庫與工廠，做為生產在地食物的農業場所。」例如，「綠領食品（Green Collar Foods）在四百平方英尺的塑膠溫室內，採用氣耕系統，將羽衣甘藍、芫荽及胡椒裸根置於螢光燈下以氣霧培植。生長系統將植物垂直地層層疊起。」傑夫．亞當斯（Jeff Adams）則於二〇一五年，在一座七千五百平方英尺的空倉庫中建立Artesian Farms。他種植一顆萵苣所需的用水量，是加州競爭對手的二十分之一。更重要的是，在都會地區實施垂直農法能確保減少交通運輸所致的碳排放量，也能縮短運送時間。「你現在口中的那些食物，要花費七至十天才能送達密西根州。」亞當斯提到，但是他的農作物卻「只需一天或頂多四十八小時，就能從產地送達市場……更加美味、營養。」

無論垂直與否，都市農業將扮演關鍵角色，決定能否滿足非洲快速成長都市所需，因為該地從鄉村到城市的長程運輸，對供應鏈造成一大瓶頸。例如，烏干達首都坎帕拉（Kampala）與肯亞首都奈洛比的市政府官員，多年來持續鼓勵發展都市農業，最後各地成效不一。有些研究指出，「全球已有八億人投入都會農業，產量占全球糧食的一五％至二〇％。」其中多數都位於開發中國家。在非洲，有高達三千五百萬至四千萬人口大多取食自都會生產的農作物。

為了滿足非洲糧食需求，農夫想出各種創新做法。「我們在貨櫃屋裡種菜。」創辦 Fresh Direct Produce的奈及利亞創業家歐露薇米卡·安裘·阿德拉加（Oluwayimika Angel Adelaja）這麼說道。她把農場搬到奈及利亞首都阿布賈（Abuja），降低運輸成本，並確保大部分作物抵達市場時仍處於完美狀態。貨櫃屋農法同樣節水，並使用太陽能板做為電力來源。非洲靠著發展都會農作法，一步步邁向解決二〇三〇年與未來人口成長帶來的各種糧食挑戰。

◆從畢爾包到匹茲堡等文青城市

我們還需要以水平思考來扭轉已開發世界的另一項重大都市挑戰：去工業化過程造成貧窮人口增加、重創中產階級，因而導致城市衰敗。

一九九七年，古根漢畢爾包博物館開幕，館址位於西班牙北部巴斯克自治區（Basque Country）內一座沒落的工業城市，該區在十九世紀後半葉曾為煤礦業與造船業重鎮，興衰過程和歐洲與美國棄置的鐵鏽帶區域內上百座城市如出一轍。博物館出自大名鼎鼎的建築師法蘭克・蓋瑞（Frank Gehry）之手，曲線豐盈的銀白色外觀驚豔全球，一炮而紅。「畢爾包近日成為朝聖之城。」知名的建築評論家赫伯特・穆舒普（Herbert Muschamp）在《紐約時報雜誌》（*New York Times Magazine*）中如此評論。「人說世界上仍有奇蹟，而且眼前就來了一個絕妙奇蹟……近兩年內，人潮絡繹不絕地湧入畢爾包，只為親眼目睹博物館架構成形。『去過畢爾包嗎？』這個問題已經變成建築圈裡的起手式，有看到那個光線嗎？看到未來的模樣嗎？行得通嗎？有效果嗎？」一般參觀者看到博物館，大多是受到其不規則的複雜造型所吸引。友人拉斐爾・德皮諾（Rafael del Pino）是承包該博物館建造工程的法羅里奧（Ferrovial）營建公司執行董事長，他曾向蓋瑞的一位夥伴開玩笑說：「如果當初我們興建得和設計圖稍微不一樣，你會發現嗎？」

古根漢畢爾包博物館化身為都市復興的全球象徵之作。「過去曾出現工業體系衰敗、高失業率（介於二五％至三〇％之間，部分大都會區域甚至高達三五％）、環境和城市架構退化、人口停滯與移出，以及社會排斥等問題。」伊本・阿羅索（Ibon Areso）回憶。阿羅索本業為建築師，曾擔任畢爾包副市長、都市規劃長及（短暫的）市長，主導畢爾包的轉型工作。「現代社會中，文化活動、藝術、運動及休閒已成為衡量社會集體活力的指標，決定一個城市的吸引力與國際形象。」他如此表示，「我相信未來沒有哪個城市不是同時擁有健全財經實力和文化重要性，這兩個特徵早已是現今許多大型城市具備的條件，倫敦、巴黎、紐約都是如此。」

古根漢畢爾包博物館造價高達一億三千兩百萬歐元（約一億五千萬美元）。當地人罵聲四起，認為還有更多亟需處理的市政需求與項目，無法理解政府何必為一座博物館下重本。阿羅索回憶當年道：「可行性調查估算一年至少要有四十萬訪客，才能打平投資開銷。開幕後一年內，博物館共接待一百三十六萬訪客。」目前館內每年平均接待約一百萬名訪客。博物館直接與間接帶動的經濟活動，共創造四千個工作機會，約等同當年造船業全盛時期，城內最重要的造船大廠提供的工作數量。為了城市轉型打造的基礎建設——動用巴斯克自治區、西班牙及歐盟的各方經費，都集中在嶄新閃亮的市中心區。然而，「這些數字並未納入許多要素，如興建博物館為城市帶來的正面公共形象，以及吸引其他投資案等效應。」博物館一舉成功，同時「為畢爾包重建自信」。

這些再活化案例在美國同樣引發激烈辯論。「後工業時代美國『傳奇』城市正逐一復興」，主打創業社群的《快公司》雜誌在二〇一八年一篇評論中提到，「但低收入、主要人口為黑人的社區卻更陷困境。」

來看看賓州匹茲堡的例子，也就是安德魯・卡內基（Andrew Carnegie）與安德魯・梅隆（Andrew Mellon）這些工業時代「強盜男爵」的家鄉。長達五個世代間，匹茲堡供應全美各地建造高樓、公路及跨洲船艦所需的鋼鐵，成就遠為第一次工業革命時代的畢爾包所不及，但最後也因工業衰退而遭受打擊。不過目前城內莫農加希拉河沿岸一塊空地，成為Uber測試自駕車的基地。附近一棟過去曾為鋼鐵廠一部分的廢棄大樓，現在也搖身一變，成為製造先進機器人機構（Advanced Robotics for Manufacturing Institute）。卡特彼勒（Caterpillar）也來到城內，在這裡開發自動建築重機和採礦設備。數十億美元的創投基金湧入匹茲堡，長住居民發現低迷數十年的房地產市場開始回溫。「從事人工智慧與機器人科技領域的年輕新面孔，讓城市煥然一新。」卡內基美隆大學（Carnegie-Mellon University）計算機科學學院院長安德魯·摩爾（Andrew Moore）表示，「不過較偏向仕紳化發展，尚未達到充分的社區融合。」

想扭轉數十年的破舊都市並非易事，這也是許多城市邁向二〇三〇年與更長遠未來時的主要挑戰。「匹茲堡現在很潮。」《快公司》在二〇一八年如此觀察評論道。然而，「舉例來說，看仔細點，你會發現對匹茲堡的興趣都集中在少數幾個區域。」《分裂的城市：美國城市的貧窮與繁榮》（*The Divided City: Poverty and Prosperity in Urban America*）一書作者艾倫·馬拉赫（Alan Mallach）提到，在巴爾的摩、克里夫蘭、底特律及匹茲堡等城市，「城市復興潮流遺忘了窮人。」他的結論是，「一座座傳奇城市都是如此，城內部分區域朝向仕紳化發展，而其他許多社區，包括實力曾頗為堅強、直到近期都以工作穩定的勞工階級或中產階級為主的地方在內，逐一跌落社會與經濟懸崖。」《新都市危機》（*The New Urban Crisis*）一書中，作者理查·佛羅里達（Richard Florida）提到城市的雙元本質，「城市究竟是樂觀派所說推動創新的偉大引擎、經濟與社會進步模範，還是悲觀者批評的擴大不平等差距、造就階級差異區域？其實兩者皆是。」到了二〇三〇年，越來越多城市將走上類似的分歧道路，一邊居住具有向上流動力的高教育水準專業人士，另一邊則是沒有識字能力的族群，這些人約占成年人口的一五％。城市該如何解決兩者間逐漸擴大的鴻溝？

◆沒落城市的復興之路

「孩子，請問那是查塔努加喬喬飯店嗎？」美國最紅的一首歌以此開頭，這是格倫・米勒（Glenn Miller）及其交響樂團在一九四一年錄製的歌曲，是電影《太陽谷小夜曲》（*Sun Valley Serenade*）的主題曲。該首歌曲登上排行榜冠軍，也是首張榮登金曲寶座的唱片，發行九週就狂銷一百二十萬張。田納西州查塔努加（Chattanooga）是當時紡織品、家具及金工發展繁榮的城市，位於鄰接喬治亞州田納西河岸，有「美國南部地區發電機」之稱，所有南向列車都會在此停留。

當地人口在一九五〇年代全盛時期約有十三萬人，但即便當時，中產階級白人也已開始搬往郊區。不久後製造業工作機會開始減少，一九六九年聯邦政府認定該地「空氣品質是全美最糟」，工業汙染物質全被環繞四周的美麗山丘困在山谷內。一九七一年，往查塔努加的載客火車正式停駛。

一九九〇年代，查塔努加經歷同樣戲劇性復興過程。多虧當地慈善家自掏腰包，為田納西河岸坎坷的重建計畫注入活水：一九九二年，全球最大的淡水水族館開幕，接連帶來公園、學校及建案。一九九〇年代，全美只有十八個城市人口有所成長，查塔努加便是其中之一。旅遊、金融與保險業都呈現兩位數成長，城市已迎向進步，而後福斯汽車（Volkswagen）又於二〇〇八年宣布投資十億美元，在當地建立組裝大廠。

不過查塔努加地方官員及其祕密金主採行的各項決策裡，最有遠見的莫過於投資架設全市高速光纖網路，成為美國先驅（全美不到兩百個城市有這種建設）。他們稱城內每秒傳輸量高達十億位元（Gbps）等級的高速網路為The Gig，是全美速度最快的網路。「查塔努加本來可能成為下一個失敗的中型城市，但成功轉型為新創重鎮，迎接一批批逃離曼哈頓、舊金山及奧斯汀的新居民。」*Vice*雜誌的傑森．科博勒（Jason Koebler）如此評論。田納西大學（University of Tennessee）查塔努加校區經濟學家班多．羅伯（Bento Lobo）在研究結論中提到：「二〇一一年至二〇一五年間，光纖建設產生的經濟與社會利益，價值高達八億六千五百三十萬至十三億美元之間，更創造兩千八百至五千兩百個新就業機會。」總部位於諾克斯維爾（Knoxville）的Claris Networks和許多公司一樣，決定在查塔努加開店，因為「在諾克斯維爾，AT&T每秒傳輸一億位元的服務一個月要價一千四百美元，同樣流量在查塔努加透過當地光纖網路提供，只要三百美元，現省一千一百美元。」十億位元等級的服務則更便宜：「透過AT&T，這種流量一個月大概要五千至七千美元，在查塔努加（透過當地網路）則只要一千四百美元，每個月可節省三千六百至五千六百美元。」第六章將會談到，查塔努加的The Gig網路還幫助當地，吸引無數依賴高速網路的新創公司。

◆城市裡的五〇％「創意階級」

說到創意之都，首先想到的通常是矽谷或曼哈頓的矽巷（Silicon Alley）。查塔努加在許多方面很不一樣。查塔努加一家新創加速器總監捷克．史塔德（Jack Studer）說：「看看那些新創社群通常都位於民主黨州，很自由又很年輕的地方，通常是這樣。我們這裡是南方城市，像Bellhops（這家搬家公司多虧科技而能將總部設在查塔努加）的員工，他們都會打獵、釣魚、看東南聯盟（Southeastern Conference, SEC）足球賽。你不會在臉書看到這種景象，我們就是不一樣。」

舊金山和紐約市這種國際城市在經濟中扮演不一樣的角色，借用曾針對這個主題進行開創性研究的社會學家莎士奇亞．薩森（Saskia Sassen）的話來說，這些城市「負責推動全球化」。國際城市吸引所謂的「創意階級」（Creative Class），這個詞彙是多倫多大學（University of Toronto）教授暨暢銷書作者佛羅里達發明的，用來形容知識專業者現象，如科學家、工程師、藝術家及設計師等職業。城市競相吸引並留住這些人才，創意階級則接著吸引各行各業前來，形成良性循環，最重要的是許多城市因此成為創意之都。

目前創意階級約占美國勞動人口的三分之一，估計到二〇三〇年將提高到五〇％。創意工作者「廣泛運用各領域的知識來解決特定問題」，佛羅里達總結認為，一個城市要發展出活躍的創意階層需要所謂「三T」：人才（Talent）、包容力（Tolerance）及科技（Technology）。

三者中，「包容力」引來不少注意。佛羅里達主張，在他所說的「同志指數」（Gay Index）與「波西米亞指數」（Bohemian Index）上取得高分的城市，表現都較好。他定義包容力是多元族群的大熔爐，包含LGBTQ族群、藝術家、音樂家等。更廣義來說，整體創意階層特有的生活方式都能促進開放心態。佛羅里達寫道：「對多元價值的包容與開放，是整體文化邁向後物質主義時的核心要素。」這些能力「帶來額外的經濟優勢，能與科技和人才結合。」三T相互合作，吸引推動知識經濟的人群前來。佛羅里達的其中一個論點與都市更新有關，提出「街道文化」（street-level culture）一詞代指「沿街林立的咖啡店、街頭音樂家、小藝廊和小酒館，你在這裡難以分清誰是參與者、誰是旁觀者，或是何為創意產出結果、何為創意生產者。」

創意的重要性日益攀升，在許多職業領域都是如此。哈佛大學教育研究院經濟學家大衛．德明（David J. Deming）發現，越來越多職業需要非例行性分析能力。更重要的是，社會越來越重視協調、談判、說服及社交覺察力等能力。德明的研究結果指出，到了二〇三〇年，多數工作都會需要這些社交能力與創意。

佛羅里達和同事列出全美前三十大創意之都。二〇一五年名列前茅的分別是加州庫比蒂諾（Cupertino）與帕羅奧圖（Palo Alto）、維吉尼亞州麥克萊恩（McLean）與馬里蘭州貝塞斯達（Bethesda）（查塔努加沒上榜）。值得一提的是，加州是全美創意得分低的城市數量最多的兩州之一（另一州是紐澤西州），也就是「創意階級比例超高與超低的城市並肩共存」，佛羅里達的

CityLab報告指出，「可見區域間逐漸擴大的經濟落差，還比不上美國最繁榮的經濟重鎮裡，坐擁一切與一無所有者間的分歧。」

CityLab把全球各地城市和都會地區分為三類：紐約、洛杉磯、倫敦、巴黎、東京與大阪－神戶屬於「國際巨人」（global giant）；聖荷西、波士頓、西雅圖、聖地牙哥、華盛頓特區、芝加哥、奧斯汀、達拉斯、亞特蘭大、波特蘭、丹佛、阿姆斯特丹、斯德哥爾摩及蘇黎世則是「知識之都」（knowledge capital）；還有幾個地方屬於「亞洲錨點」（Asian anchor）：香港、新加坡、首爾－仁川、上海、北京和莫斯科。布魯金斯研究院都會政策計畫（Metropolitan Policy Program）主任劉艾美（Amy Liu）觀察發現，持續成長的國際都市將面對一大共同關鍵，她寫道：「諷刺的是，所有的都會活力與進步都要面對當今的新環境：大家對國際貿易抱持懷疑、移民和難民趨勢引發擔憂，並看衰全球經濟將成長遲緩。城市該如何加倍努力，保持與國際接軌及競爭力，同時正面解決全球融合帶來的絕境和負面效應？」還記得嗎？康寧罕藥物成癮的子孫大多住在華盛頓特區這個被歸類為國際知識之都的都會區，這裡的勞動人口中有四五％都是創意階級。

佛里利達的創意階級理論，與密西根大學社會系教授在世界價值觀調查中提及的，社會從傳統價值逐漸演化為世俗理性價值的理論不謀而合。雖然各地社會在文化價值與規範上並不完全逐漸趨同，但調查顯示人類確實逐漸重視世俗化、理性、自我表達和後物質主義等相關價值，也較能接受離婚、墮胎、安樂死、自殺、不同的性傾向及兩性平權。不過請別誤會，根據調查結果，在文化價值演化上，全球至少仍有半數國家的人民大多遵循傳統價值，或以生存為導向的價值。有一小群人在傳統價值與生存導向價值的得分均顯著偏高，多位於南亞、中東及北非地區。

◆二〇三〇年城市是否宜居？

電影《大都會》、畢爾包復興、匹茲堡的仕紳化趨勢，以及許許多多的美國城市，都展示都市生活的好與壞。康寧罕和那些住在國際大城市的高教育水準工程師、藝術家、醫生與財經人士的故事也是。到了二〇三〇年，全球將有四百個城市人口超過一百萬人。這些龐大的都會聚落將擁有二元化本質，居民多為過重或肥胖人口，成天盯著螢幕，收看最愛的串流節目、玩社群媒體應用程式，導致社交孤立現象加劇，有害社會參與。屆時許多城市將擁有一群活躍的創意階級，從事知識密集工作。多數城市得面對汙染、交通阻塞及安全等重大挑戰。受氣候變遷影響最大的城市，會同時苦於淡水資源不夠、水災導致鹹水資源過剩的問題。人類為求適應而改變行為模式，能否減緩上述衝擊？垂直農法發展速度能跟得上改變嗎？第六章至第八章，就要探討發明與創新帶來的改革浪潮，以及是否有潛力改善未來都市和其他地區的生活水準。

第六章

手機比馬桶還多

電腦多於人腦，傳感器多於人眼

創造性破壞是……因為企業突變，導致經濟結構一再從內部革新，舊結構不斷瓦解，創造新結構的過程。

——經濟學家約瑟夫．熊彼得（Joseph Schumpeter）

發明家與創業者隨時丟出新概念、產品及科技，但其中只有少數成為潮流，至於能帶來改變者更是少之又少，想想馬桶的例子。

維吉尼亞．賈迪娜（Virginia Gardiner）取得史丹佛大學比較文學學位後，在設計雜誌社開始人生第一份工作，負責撰寫廚衛產業。「我為雜誌社撰寫的第一篇文章主題是馬桶——關於馬桶的缺乏變化。」

根據英國泌尿外科醫師學會（British Association of Urological Surgeons）的資料，已知人類史上最古老的馬桶出現在西元前三千年，位於蘇格蘭的新石器時代聚落。希臘克諾索斯皇宮（Greek Palace of

Knossos，西元前一千七百年）遺跡中能看到陶器便盆，根據推測應該是在使用後用水桶舀水沖淨。賈迪娜在文中提到，附帶離地水箱的現代沖水馬桶，是英國朝臣約翰．哈林頓（John Harington）爵士於一五九六年（或早幾年）發明的，他的教母正是為英國奠定立國基礎，成為歐洲強權，最終稱霸全球的伊莉莎白一世（Elizabeth I）。防止臭氣逸散的S型管線（又稱存水彎）則是鐘錶師亞歷山大．卡明斯（Alexander Cummings）在一七七五年的發明。從此以後，馬桶設計一直沒有太大的改變，不過身在已開發世界的我們也沒有什麼好抱怨的，因為真正的創新來自下水道系統。

此時就要來看看一位四十七歲母親伊莉歐諾．蕾雅拉索妮歐（Eleonore Rartjarasoaniony）的故事，她住在馬達加斯加首都安塔那那利佛（Antananarivo），擁有一家小店。蕾雅拉索妮歐家中並未連通下水道，所以沖水馬桶毫無用處。幾個月前，她把家裡的旱廁換成全新的無水馬桶，這種系統用白色生物分解封裝排泄物後，會儲存在馬桶下（加分補充：馬桶不會臭）。新馬桶的製造商每週收取一次排泄物。她表示：「我們一家四口都用這個，還有住在隔壁的三個房客也是，費用都包含在房租內，就連我的兒子都能用。」蕾雅拉索妮歐與非洲各地及其他開發中國家的母親一樣，老是擔心孩子哪一天會溺死在堆滿人類排遺的糞坑裡。

蕾雅拉索妮歐的馬桶製造公司是位於倫敦的Loowatt。公司創辦人正是賈迪娜。待過雜誌社後，賈迪娜到倫敦皇家藝術學院（Royal College of Art）就讀，以無水廁所系統為題撰寫碩士論文。她在二〇一〇年成立公司，一年後取得比爾與梅琳達．蓋茲基金會提供的廁所改造大挑戰（Reinvent the

Toilet Challenge）贊助獎金，該計畫鼓勵大家提出永續衛生創新想法。一位住在馬達加斯加的加拿大人得知賈迪娜的新事業後，成為第一位投資人。短短一年內，賈迪娜就啟動前導計畫，興建一座小型處理廠把排遺轉化為生物沼氣，用來發電，你大概猜到是做為手機的電力來源。無水廁所還為葛洛莉亞．拉薩芬迪米薩（Gloria Razafindeamiza）等住在馬達加斯加的婦女帶來另一項好處，過去她們必須與鄰居共用戶外茅廁，現在「新廁所用起來安全許多，讓我覺得安心」。

「非洲許多社區裡，人人都能拿手機通話，卻無法開燈或開水龍頭，沖廁所就更別提了，現在他們可能越來越渴望滿足這些需求。」奈洛比大學（University of Nairobi）發展研究學院主任維妮．米圖拉（Winnie V. Mitullah）這麼說。「說到許多我們視為理所當然的基本服務，例如水、汙水處理、電力、道路等，有一大票人的生活還停留在十九世紀的水準。」米圖拉主張，缺乏可靠的電力與自來水，不只是不方便，「孩子生病死亡，只因為沒有足夠的乾淨水源可以清洗身體，也沒有安全的汙水處理系統。晚上讀書沒有燈光，除了手機外，與外界缺乏連結，導致他們幾乎沒有機會享用教育資源、邁向成功。」

聯合國大學（United Nations University）水資源、環境與健康學院主任札法．阿迪爾（Zafar Adeel）提出警告：「輕視（衛生）這個議題避而不談、覺得這是骯髒而不體面的話題，或認為有衛生需求者不值一提的人，都應該下台換人做，這是為了全球一百五十萬名兒童，以及每年因為水汙染或衛生條件不佳而死亡的無數受害者著想。」總體來說，全球有十五億人擁有**或**與人共用手機，並且只能在光天化日下便溺，或與人共用戶外茅廁。這樣的差距正持續擴大：在撒哈拉沙漠以南非洲與南亞各地，手機電信產業投資金額一再飆升，基礎衛生投資卻不斷縮減。舉例來說，印度家戶所得最低二〇%的人口中，擁有手機的人數是擁有廁所的三倍之多。

對身處已開發世界的我們來說，衛生與手機都是理所當然的存在。手機遠距通訊因為恰巧是相對便宜的可使用科技，才會在撒哈拉沙漠以南非洲快速傳開，由於當地高達六〇%的人口住在鄉村地區，設立行動通信基地台遠比架設電話線便宜，汙水下水道和沖水馬桶就更不用說了。另外，也因為多數撒哈拉沙漠以南非洲國家，僅不到一〇%的人口有銀行帳戶或信用卡，手機就成為收付款項的工具。事實上該區域中使用手機付款平台的人口，還比東亞、南亞、歐洲或美洲來得多，甚至有許多人根本不使用實體貨幣。

科技變革深入全球各地經濟與文化，也扭轉許多做法和規則，這並不令人意外。手機與無水馬桶的例子都證明，科技擁有改善數十億人口生活的潛力。然而說到消費者應用新科技，影響最深遠的層面並非科技能達到什麼成果，而是科技如何與人口和社會趨勢相輔相成，創造出人意表的模式與成果，其中有好也有壞。

不過在深入探討這個面向前，想先與各位分享手錶的故事。

智慧型手機的前身

如果你覺得手機已經隨處可見，其實手錶更無所不在，全球擁有手錶的人口比擁有手機者更多。現代手錶的歷史〔包含勞力士（Rolex）和Apple Watch在內〕顯示，一波波新科技不斷革新手錶產業，從製作、販售到使用，無不一再翻新花樣。領導無線通訊科技潮流的馬丁・庫柏（Martin Cooper），在一九七〇年代任職於摩托羅拉（Motorola）時發明史上第一支手機，靈感取自一九四六年連環漫畫「至尊神探」（Dick Tracy）中，狄克・崔西警探配戴的二合一無線電手錶，那是人類第一次想到這樣的創意〔巧合的是，類似裝置在同年廣播劇《超人》（*Superman*）中「會說話的貓」（The Talking Cat）也有亮相〕。

在「瑞士製造」一詞成為手錶的同義詞前，英國曾擁有最創新的鐘錶業。可攜帶式時鐘首次在十五世紀亮相，至於懷錶則是直到十七世紀才逐漸普及。第一波重大鐘錶科技突破大概是一六五七年，當時是羅伯特・虎克（Robert Hooke）或克里斯蒂安・惠更斯（Christiaan Huygens）靈光乍現，想到在鐘錶的平衡擺輪上加裝游絲，因而大幅增進報時準確性（在要求分秒準確的今日，我們都忘了這曾是多大的創舉）。究竟是誰提出這個想法的，目前尚無定論。虎克是英國的自然哲學家、建築師及博學家；惠更斯則是來自荷蘭的物理學家、數學家與天文學家，土星最大的衛星——泰坦（Titan）（或稱土衛六）就是他發現的。惠更斯也是科學革命時期的偉人之一，他發明擺鐘，且被世人視為數學物理之父。（一九八四年成立的印度公司 Titan Watches Limited，就以公司名稱向惠更斯致敬，該公司碰巧也成為當今全球最大的手錶公司之一。）

巴西人嫌事情還不夠複雜，也來湊一腳，宣稱該國航空先驅英雄亞伯特・桑托斯－杜蒙（Alberto Santo-Dumont）才是發明將懷錶掛在胸前或手腕上的人。不過這項天才科技在歷史上的發展大多要歸功於瑞士，該國軍隊需要使用協調戰略技術，在地形艱困的阿爾卑斯山區間順利移動。

撇開手錶的起源謎團不談，最後稱霸鐘錶業的，並不是英國、荷蘭，也不是巴西，而是瑞士，瑞士碰巧有一群傑出的珠寶商與工匠，這要感謝為逃離迫害而遷移到此的法國胡格諾教徒（Huguenots），這些信徒多半有雙巧手，能製作精密的機械裝置。他們少量製作豪華的手錶，販售到歐洲各地。瑞士鐘錶業如日中天，連一九〇五年在倫敦發跡的勞力士，都決定在一九一九年搬到瑞士，善用日內瓦北方美麗汝拉山谷的精良工匠。

而後革命降臨，美國公司依據第二次世界大戰時期發展的技術，想到大量生產手錶。只要把原本的貴金屬換成合金、以電池取代彈簧做為電源就好了。這項科技最後的霸主（也賺進大筆財富）是天美時（Timex）。多麼與「時」俱進啊！美國的大規模生產潮流定義該年代，什麼東西都要多多益善，從冰箱、洗衣機、汽車到手錶，全都想要。價格比品質與耐用還重要，勞力士時代過去了，天美時成為當紅炸子雞。

第二波衝擊鐘錶業的科技變革則發生在一九六〇年代，一位瑞士工程師想到能簡化設計、降低生產成本的絕妙機制，這個想法取自敲擊後會震動的金屬音叉，震動頻率能轉化為精準的時間度量，比原先靠著精密裝置運作的擒縱結構準確多了。這項創意由另一家美國公司寶路華（Bulova）率先採用，並因此得利。相較之下，瑞士人依然無動於衷，持續自傲於以手工慢慢製錶，畢竟這是一門藝術。

後來日本人決定加入製錶行列，因而掀起第三波革命浪潮。他們透過以石英為底的技術，進一步簡化鐘錶設計。這次又是一名瑞士工程師的功勞，他發現電波通過石英時，這種天然晶體會產生震動，恰好能用來當作絕佳的精準度量。到了一九七〇年代，精工（Seiko）與星辰（Citizen）、卡西歐（Casio）等公司搶盡風頭，天美時與寶路華已成過去式。從一九七〇年代至一九八〇年代晚期，多數的石英錶都是日本製造，而非瑞士或美國製品。

面對這一波波的科技轉型，瑞士人直到一九八〇年代晚期才終於有所行動，推出不僅能準確報時，更能當流行首飾與收藏品的手錶Swatch。他們廣招名人拍攝廣告宣傳行銷，當時幾近全員失業的瑞士手錶業，靠著Swatch崛起而敗部復活。突然之間，日本手錶又顯得頗為無趣。

隨後手機出現。什麼樣的激進破壞式發明能讓手錶淪為無用？想必就是可報時**又**能打電話的可攜式裝置。手錶突然成為奢侈品，純為社交場合或好玩之用。後來人類繞了一大圈，蘋果（Apple）、三星（Samsung）、小米等為你我帶來智慧型手機的科技公司，又開始試著賣起智慧型手錶。

這段歷史演進的要旨是，每當有新科技取代舊科技時，便創造新工作、淘汰舊工作，各國鐘錶業有人樓起、有人樓塌，新的消費模式也隨之興起。手錶只是眾多例子之一，冰箱取代冰塊成為冷卻新科技；電話遠比電報好用許多；白熾燈取代瓦斯燈；電晶體淘汰真空管；噴射引擎把螺旋槳遠遠拋在後頭；CD的發明讓黑膠唱片成為純粹收藏品；文書處理器上市後，打字機便成為骨董；數位影像推翻底片沖洗時代；以及電玩的高度娛樂效果也讓傳統玩具相形失色。我們用「破壞」（disruption）一詞來稱呼這些無所不在的劇烈變革，手錶只是其中一例。

◆創造性破壞的新寒武紀大爆發

科技改變產品概念、製作過程、販售方式、使用對象、使用方法，或是人與人之間的互動關係，透過上述任何一種或多種改變對現況造成破壞。標準普爾五百指數中，公司的平均生命週期在僅僅半個世紀間就從六十年降為區區十年。到了二〇三〇年，科技變革將帶來全新現實，世界上有數十億台電腦、感應器與機器手臂，工廠、辦公室、學校、家戶、交通工具等任何基礎建設中，都能見到它們的影子，這是史上首次電腦數量超越人腦數量，感應器多過人類雙眼、製造業中的機器手臂也多於勞工數量，我們將經歷科技界的寒武紀大爆發。五億四千一百萬年前，寒武紀大爆發來臨，約持續一千三百萬至兩千五百萬年之久，這段期間出現複雜的陸上動物，並發展出海洋生態系統。在此之前，多數有機體仍是單細胞生物。複雜程度有如當今動物的小型生物體在寒武紀時期終於出現，包括有五隻眼睛的肉食性動物，以及有完整頭部、脊椎、胸節、腳及一對觸角的馬瑞拉蟲。

從虛擬實境到三D列印，從人工智慧到奈米科技，將今日的科技革新比擬為寒武紀大爆發實不為過。這些新科技保證將解決各種原先棘手的問題，如貧窮、疾病、環境退化、氣候變遷與社交孤立等。新科技也推動新族群崛起，這些年輕有抱負的創業家大多才二十幾歲，在沃爾夫作品中的說法，他們自詡為「宇宙的主宰」。

一波波的科技破壞一再激發幻想，人們以為大小問題從此迎刃而解。事實上，這股破壞力量不只帶來解決辦法，也會產生新問題。舉自動化為例，人類獲得解放，不用再苦於無聊又有害身心的重複性工作，這種場景在查理・卓別林（Charlie Chaplin）的經典電影《摩登時代》（*Modern Times*）中刻畫得再傳神不過。但是自動化也導致部分勞工失業，再也無法像過去數十年來靠著可靠的工作，穩定步入中產階級生活。如果勞工缺乏彈性或資源轉入其他行業，就可能在沒有備案的情況下失去飯碗，並因年紀或四處移動找尋新工作的能力高低，導致問題更複雜。在一向依賴人力勞作、監督或執行專業的職業領域裡，只要有人推出發明或創新，就可能擊垮整個職業類別或整體業界。

奧地利經濟學家暨社會科學家熊彼得針對上述討論的現象核心，提出史上最貼切的比喻——「創造性破壞」（Creative Destruction）。他主張市場經濟傾向包容新科技與隨之湧現的一連串衝擊，取代舊時無效率做法，這樣的傾向有危害也有強大之處。他在一九四二年曾寫道：「啟動並維持資本主義引擎運作的基礎動力，來自於新的消費者商品、新的製造或運輸方法、新市場，以及資本主義企業創造的新企業組織。」他形容這種動態為「經濟結構一再**從內部**革新，舊結構不斷瓦解，創造新結構的企業突變過程。」最後做出結論：「這種創造性破壞過程，正是資本主義的核心本質。」

熊彼得提醒我們，破壞是既正常又隨處可見的事，從一萬兩千年前的農業革命開始，人類的生活便因破壞而獲得重塑。雖然這已不是新現象，卻隨著時代進步而越來越頻繁又快速地出現。這股破壞力量改造的不只是經濟，而是生活的各個層面，從政治到人際關係，無一不受到改造。

◆成為幫手，或導向滅絕？

科技破壞來臨時（歷史證明會一再發生，手錶業已見證），創造性破壞的惡魔那一面將隨之而至，人類流離失所、職業脫離常軌、社會被擊潰瓦解。

如果想了解破壞的潛在後果，人工智慧領域的發展很值得研究分析。在手錶的例子裡，各方利益與理念相互衝突，產業現況究竟何在？未來又要何去何從？大家莫衷一是。《經濟學人》曾在一九九二年刊登一篇社論，探討「人工愚笨」，主張「創造與人類智慧無差別的機器智慧毫無實質意義」，因為「人類供應不缺」，同時觀察指出：「要是出現人力短缺，也有已經實證又受歡迎的方式能提高產量。」（這建立在人類有意願繁殖後代的前提上，但我們現在知道這是一九九〇年代一廂情願的想像。）馬斯克最近也在推特上提到：「特斯拉過度自動化的決定是一個錯誤。」還說：「人類的價值被低估了。」畢卡索也曾評論：「電腦沒什麼用，它們只會回答你的問題而已。」

實際上，人工智慧創造各式各樣的可能，這也是世界即將邁向終結的一大原因。人工智慧有各種應用方式，能完成原本要靠人腦才能執行的工作，如語音辨識、視知覺及制定決策等，也應用在自駕汽車與卡車、高效率又可迅速回應趨勢的基礎建設，以及智慧醫療與生活系統。人工智慧在這個世代有了長足發展，一九九七年，IBM的深藍（Deep Blue）超級電腦打敗西洋棋冠軍蓋瑞・卡斯帕洛夫（Gary Kasparov）。一年後，Tiger Electronics推出裝載語音辨識技術的機器人玩具。二○○○年，本田（Honda）推出人形機器人ASIMO，可提供多功能個人祕書服務。二○一一年，蘋果在智慧型手機裡內建虛擬小幫手Siri。從精準廣告投放到標註照片人物等，人工智慧早已充滿你我生活。中國國家安全裝置就是透過以人工智慧為基礎的臉部辨識技術，監控小鎮居民的日常生活，該計畫稱為雪亮工程，目標是要根據日常生活行為替每個人評分，這個令人毛骨悚然的計畫不禁讓人回想起歐威爾著作《一九八四》（*1984*）中的老大哥。

有些人預測，當「奇點」（Singularity）來臨時，世界將走向盡頭。奇點是指當人工智慧已臻至成熟且聰明，開始能取代人類工作，讓人類變得徹底無用時，屆時將由機器來設定並控制其他機器。如電腦科學家歐文・古德（Irving Good）在一九六五年所說的，這將是「需要由人類來做的**最後**一項發明」。他的同事艾倫・圖靈（Alan Turing）努力解開德軍在第二次世界大戰使用的恩尼格瑪（Enigma）密碼，並曾開拓計算機的開發工作，圖靈在一九五一年公開表示，人工智慧將「勝過你我的微弱力量」，並「接手掌控局面」。理論物理學家史蒂芬·霍金（Stephen Hawking）也提出看法，表示人工智慧「可能帶領人類走向滅絕」。

撇開這些末日理論不談，人工智慧無疑帶來劃時代的劇變。在我們討論的同時，全球有數十萬工程師仍持續強化智慧機器學習與應用的發展和實力。

◆智慧機器對現況的衝擊

與此同時，讓我們回到陸地，位於美國心臟地帶某處的卡車休息站，聯結車司機在此稍做休息，他們為經濟提供重要服務：將商品運往全國各地。聯結車司機工時長、工資低，若是跑單幫，情況則更嚴重。這些長途送貨的司機很難融入任何社區。在全美五十州，貨車司機在二十九州都是最大的職業族群，唯一例外是大部分的新英格蘭地區、中大西洋地區、加州與德州，這些地方以軟體研發工程師、小學老師、農夫、祕書、照護員、零售店員、客服人員或律師為主。根據歐巴馬總統時代白宮委託的研究統計結果，高達一百五十萬至兩百二十萬的輕重型貨車司機，都因為自動車科技可能面臨失業命運。這個數字是二〇一五年全美受僱司機總人數的六〇%至九〇%。若再加上公車司機、計程車司機、私人司機與自僱駕駛，自駕車科技的衝擊規模可能高達三百萬個職缺。

現階段的自駕車實驗顯示未來一片光明，因為人類是懶散、不可靠的動物，我們會分心、無聊或倦怠。電腦則能讓複雜的旅程最佳化，並適應交通路況，還能省油。最重要的是，電腦能和其他電腦溝通。我們開車上路時，只能透過車燈、喇叭及手勢等原始方式和其他駕駛交流，相較之下，自駕車則能與鄰近車輛彼此合作，透過協調共同管理車流（並減少非刻意事故）。

故事到此尚未結束，在製造業中，一台機器人平均能取代五至六個勞工。全美受僱從事重複性手動工作的人口，在一九八三年有兩千八百萬人。到了二〇一五年，數字只些微上升到三千萬人，在此期間則有三十萬台機器人上工，貢獻相當於近兩百萬名勞工的生產力。在第三章曾討論，美國重複性手工、非手工或用腦力的認知工作類中產階級之所以停滯不前，科技要為此負起部分責任。現在每年有三萬五千台機器人裝設上線，可預見未來十年中，衝擊將來得更快。到了二〇三〇年，製造業僱用的工程師和作業操控員將比臨時工還多。

同樣地，重複性認知工作職缺從兩千八百萬增加到三千三百萬，大多是坐辦公室的白領勞工與店員；相較之下，非重複性手工工作，如技藝精巧的機械師等，則從一千四百萬增加到兩千七百萬；非重複性認知工作，如老師、設計師、工程師及健康照護員等，更從兩千八百萬一舉躍升到五千七百萬人。至少在目前看來，還是有某些工作不會受到創造性破壞影響。

但辦公室與行政職缺這類重複性認知工作，被人工智慧取代的那天並不遙遠，屆時受影響人數不會比大數據本身來得少。執行重複步驟的外科醫師、幫忙備案的菜鳥律師、教入門學科的教授等，工作都有可能會被智慧機械取代。下一步，也可能是最後一步，就是要縮減某些非重複性工作，尤其是如果奇點到來，勢必會走向這一步。

想想外科醫師的工作，這是世界上數一數二複雜又技巧成熟的工作，至少需經歷十年的進階學習與在職實習才能培養完成。電機電子工程師學會（Institute of Electrical and Electronics Engineers）在二〇一六年曾報導：「機器人手術技術已有突破，一台機器人成功靠著機械視力、工具和智慧，順利縫合豬小腸。」更重要的是，「這台智慧組織手術自主機器人（Smart Tissue Autonomous Robot, STAR）縫得還比執行同樣工作的外科醫師好。」與機器人的作品相比，外科醫師的縫合手術結果較不一致，也較容易出現滲漏的情形。正如參與該研究的小兒科外科醫師彼得・金（Peter Kim）所說：「雖然我們外科醫師以自己的執業手藝為傲，但有台機器在旁邊協助改進結果並確保安全，還是幫了大忙。」他認為機器人一開始只是從旁協助外科醫師，就像自駕車「一開始只是停車，接著演化為告訴駕駛別走錯路的科技」；同理，機器不見得會取代勞工，卻能幫助勞工增進表現。

機器人的另一個吸引人之處是沒有批判性，至少目前還沒有。記者蘿拉・西德爾（Laura Sydell）主張：「我們花了那麼多時間跟Alexa和Siri講話。想像一下，如果這些虛擬人物被裝進可愛討喜的機器人裡會是什麼樣子。」麻省理工學院研究人員亞歷山大・雷本（Alexander Reben）用紙箱做了一個名叫Boxie的機器人，某天他看到一個男子在對Boxie吐露心事，他「就這樣把這個東西當成另一個人說起話了。」雷本決定與藝術家暨導演布蘭特・赫夫（Brent Hoff）合作，打算設計出一台能鼓勵人敞開心扉的可愛機器人。赫夫表示：「它擁有完美的微笑，而且心胸開放，還能和人互動，我們會確保它具備該有的批判能力，又盡量沒有威脅性。」初期結果顯示計畫行得通。麻省理工學院人機互動專家雪莉・特克（Sherry Turkle）表示，要人類對機器人敞開心扉並非難事，「我們就像酒量很差的人，三兩下就開始掏心掏肺了。」

◆人工智慧時代的電車難題

科技帶來好處，也造就道德兩難。想像有輛無人駕駛車行經十字路口，正打算右轉，車上感應器謹慎地監控右方的自行車騎士，突然有一個剛會走路的幼兒掙脫母親的手，跑向路口。電腦必須在短短幾秒內決定要保住自行車騎士還是嬰兒，沒有時間蒐集更多資料，做更精確的計算讓傷害降到最低，或思考該如何排序生命，幼兒優先或自行車騎士優先？電腦該怎麼辦？

這是俗稱「電車難題」這個經典思想實驗的改編版本，在傳統難題中，在鐵軌上奔馳的電車即將撞上五個人，若能把電車送往另一條有一個人的鐵軌，就只會撞死一人，你會這麼做嗎？電車難題揭露的是無法光靠簡單道德倫理做判斷的難題。在電影《蘇菲的選擇》（*Sophie's Choice*）中，梅莉・史翠普（Meryl Streep）飾演有兩個孩子的波蘭母親，協助抵抗德軍占領。她被抓進奧斯威辛（Auschwitz）集中營，那裡的納粹軍官逼她做出慘無人道的選擇，被迫決定送她的哪一個孩子進入毒氣室、哪一個到勞改營。蘇菲必須在分秒之間做出可怕的決定，上述舉例的駕駛也陷入同樣困境。這種道德困境有助解釋，為什麼無人機駕駛經歷的創傷後壓力症候群比例比傳統駕駛來得高，無人機駕駛是在舒服的控制中心裡，決定遠在千里之外的生死抉擇；傳統駕駛則是賭上自己的性命。《紐約時報》一篇文章介紹無人機駕駛亞倫，作者伊爾・普雷斯（Eyal Press）寫道：「在亞倫眼前展開的景象是那樣駭人而熟悉：無人機攻擊後，人們抬著棺材越過馬路。」雖然亞倫已是經驗豐富的軍事無人機操控軍官，卻依然開始身體不適、情緒低落，出現噁心、皮膚腫塊、慢性消化問題等虛弱症狀。「我非常、非常不舒服。」亞倫這麼告訴普雷斯，他的工作時常要決定殺誰、留誰一命，這些抉擇讓他糾結。

二〇一六年至二〇一七年間，一群麻省理工學院召集的國際研究人員做了一項稱為道德機器（Moral Machine）的實驗，評估不同文化的人如何應對這類困境。他們利用線上平台，蒐集近四千萬個駕駛決策，一共有來自兩百多個國家領域的兩百多萬名受試者參加實驗。受試者要在十三個不同情境裡，決定誰無法逃離死亡的命運。有些決策確實比其他決策容易，例如駕駛該救寵物還是救人類？人多與人少哪邊優先？但其他情境則牽涉極困難的道德和倫理辯證，身體健全者與身障者是誰優先？換成罪犯和守法公民呢？在這個實驗中，受試者傾向重視人類多過寵物、人多勝過人少、年輕人優於長者。研究人員解釋道：「這三項偏好可能會成為建構機器道德的基礎。」

一如預期，回答分布有些差異。無論男女都傾向優先救女性，其中女性受試者的偏好程度又稍高一些；有宗教信仰者較傾向捨棄動物，救人優先。研究結果也顯示，不同國家間有高度差異。「留下年輕人、放棄老人的現象，在東方地區（亞洲的孔子思想國家與幾個穆斯林國家）較輕微，在南方地區（拉丁美洲和法語非洲國家）則較明顯；以地位崇高者優先的偏好分布也一樣。」南方地區的人們「救人優先、捨棄動物的偏好較輕微」。有趣的是，「只有（輕微）偏好救行人勝過救乘客，以及（中等）偏好救守法者勝過違規者，在全球各地的偏好分布情況大略相同。」在偏重個人主義的國家，人們較偏向以年輕人優先；較貧窮的國家中，大家對違反道路規則的人則較包容。另外，還有一個惱人的情況是，經濟不均的國家裡，人們較傾向以地位崇高者優先。

研究團隊作者之一的伊亞德·拉萬（Iyad Rahwan）表示，該研究透露一個令人困擾的現象，就是「大家想到機器道德，總以為我們能為機器人制定一套完美的規則。」另一名作者愛德蒙·艾瓦德（Edmond Awad）則提到，「越來越多人意識到，人工智慧對不同族群的人可能會有不同的道德後果。看到大家開始參與這個議題討論，我覺得滿有希望的。」正如奧迪在德國的自駕車經理芭芭拉·韋濟（Barbara Wege）說道：「我們應該針對大家願意承擔哪些風險，取得社會共識。」

電車難題中的道德兩難，只是人工智慧崛起帶來的諸多困境之一，我最近和Sonata Software執行長斯里卡爾·雷帝（Srikar Reddy）在世界經濟論壇（World Economic Forum）網站上共同發表一篇文章，主張我們應該分清楚義務論倫理（Deontological Ethics）與目的論倫理（Teleological Ethics）這兩套道德標準，前者著重立意和手段，後者則著重結果。究竟哪一套較好，要看科技與當下情境才能判斷。「在自駕車的例子中，高效率又對環境友善的零錯誤交通系統這個結果，應該足以用來合理化大規模蒐集不同情況下的駕駛資料，以及人工智慧應用實驗。」相較之下，以大數據為基礎的醫學實驗，就很難通過目的論倫理的檢驗，特別是歷史上那些針對不知情受試者進行的駭人醫學實驗。在這種情況下，著重立意與手段的義務論倫理標準可能較說得通。

自動化、人工智慧及大數據帶來的道德倫理困境已越來越難忽視。「人類歷史上從未允許機器自主決定誰生誰死，而且是在短短幾秒內未經及時監督的情況下。」這是道德機器研究團隊的結論：「我們即將準備跨越這道分水嶺。」如果你問我如何預測，我認為這將發生在二〇三〇年之前。「在允許汽車做出道德抉擇前，我們要先進行討論，讓世界各地的人們說出自己的道德偏好，提供設計道德演算法的公司與制定規範的決策者參考。」重點是自動化機器的道德倫理標準本身不能靠自動化制定，也不該被簡化為一套死板的演算法。

◆「有了三D列印，誰還需要巴黎氣候協定？」

這個帶有挑釁意味的問題，是達特茅斯學院（Dartmouth College）塔克商學院教授李察・達凡尼（Richard A. D'Aveni）提出。新的三D列印機以超薄材料序列印出薄膜，並層層堆疊，立體成形，製作出三維立體物品；技術性說法稱為「積層製造」（Additive Manufacturing）。這種技術無論製作任何物品，從塑膠零件、假牙，到置換手術用的人體組織等，都只使用最精確的材料分量，因而能減少浪費。三D列印技術與傳統製造業一樣，需要使用能源，但「排放的廢氣量和其他有毒煙霧卻少了很多」。最大的優點是，「隨著列印機廠房與迷你工廠距離消費者越近，公司的運送需求也大減。」我們太輕易接受低價商品必定要出於規模經濟的概念。迷你工廠和彈性生產方式在一九八〇年代帶領潮流，而三D列印能加速這個趨勢並發揚光大，對整體環境有利。達凡尼預測：「我們將脫離二十一世紀對待物品用完即丟的思維，大家會買得少一點，並對到手產品更滿意，這正是環保人士一直以來要我們做的。用較少材料製作較少商品，就能大幅減少排放到大氣中的二氧化碳。」

換句話說，三D列印能帶動潮流，前提是經理人與消費者能揚棄陳舊觀念、改變習慣，如果他們能踏出舒適圈，嘗試想像新的可能性；如果他們能採用水平思考就有機會。公司不應再製造倉儲產品（把製造成品堆積在倉庫裡等待被使用），該學習如何因應需求來即時生產；企業消費者也該學習等到確實需要時才採購。「貨品運輸……在富裕國家約占二氧化碳排放總量的四分之一。」達凡尼提到運輸大廠優比速就仰賴廣泛的倉儲網絡來滿足企業客戶需求，「該公司最近在路易維爾（Louisville）總部裝設一百台三D列印機，希望能縮減倉儲空間與運輸距離。未來有越來越多零件會等到需要時才生產。」優比速在二〇一七年與德國顧問公司SAP啟動夥伴計畫，為客戶所需的備用零件提供隨選即印的需求。優比速正採行有效措施，讓公司定位「從貨運企業轉型為物流企業」。

三D列印科技非常適合客製化商品，但也別讓想像局限在假牙上。面對淹水風險越來越高的城市（參見第五章）就能利用三D列印技術製造堤防，「複雜的水泥彎曲表面能把波浪能反射到不同方向，分散能量。」瑞典富豪汽車（Volvo）已和澳洲雪梨的當地組織合作，協力製作仿造紅樹林的人工珊瑚礁，能如同真珊瑚礁一樣提供海洋生物活動空間，如此增進生物多樣性，就能排除水中重金屬與塑膠等微粒物質，正是使用三D列印製成的模具製作工程所需的水泥磚瓦。

還有許多其他應用，能幫助人類未來避免走向慘烈的氣候危機。建築師普拉特．波伊德（Platt Boyd）越來越不滿傳統建築材料的限制與建築業的浪費情況，決定投入新興的三D列印領域自行創業。二〇一五年，波伊德把公司Branch Technologies遷移到位於田納西州查塔努加的一處新創加速器，因為那裡是唯一全市區都有十億位元網路可用的地方，如同第五章所說。波伊德驕傲地說明道：Branch Technologies使用的「革命性科技結合企業機器人、發展純熟的演算法，以及新興的自由擠壓成型技術，讓材料在自由空間中固化成型，這種科技名為C-FABTM（Cellular Fabrication），靈感取自大自然創造形體結構的方式，目標是讓建築業改頭換面，達成前所未有的設計自由與資源管理。」三D列印有諸多優點，「本公司讓設計自由民主化，目的在開發新建築商品，提供更輕巧堅固、能快速現場生產的產品，零廢物的製造過程更容許比過去好上十倍的設計自由〔積層製造相對於減法製造（Subtractive Manufacturing），目前幾乎所有建築方式都朝著此方向發展〕。」Branch Technologies公司總部擁有全世界最大的三D列印機，也是目前製造出全球最大三D列印結構的紀錄保持者，在納什維爾（Nashville）公園內興建一座半圓頂結構，向聯合國永續發展目標（Sustainable

Development Goals）致敬。

王安妮（Annie Wang）和札克・辛姆勤（Zach Simkin）也認為機不可失，決定投入三D列印產業。兩人是賓州大學華頓商學院企管碩士同學，王安妮本來和其他同學一樣，打算畢業後遵循傳統職涯路徑，為大公司或銀行效勞，札克則只想創業。他們對三D列印所知甚少，第一次聽到是在二〇一三年畢業前不久的創新課程上，他們認為如果結合人工智慧和機器學習，有潛力利用三D列印機幫助企業客戶設計所需零件。王安妮於是放棄令人垂涎的雅詩蘭黛（Estée Lauder）全職工作，決心投入這個有遠見卻也頗為冒險的計畫。七年後，美國國防機構、美國海軍及諸多工業公司都成為他們公司Senvol的客戶。除了他們外，還有上百家公司、新創企業與計畫正在推動美國製造業復興。

三D列印的另一個革命性應用則涉足醫療照護業，包括牙醫與移植手術所需的「列印組織」；中國公司則列印出整棟房屋，在氣候變遷導致天災頻仍與劇烈之際，可能有助於加速颶風肆虐等事件的災後救援和重建速度。或許最讓人期待的三D列印應用領域，是太空探索與殖民，想像人類駐紮在火星上，不需依賴地球運送設備用品和零組件，而是靠著三D列印機，利用當地材料製造出所有需要的東西，這不只能省錢，還能省時，畢竟從地球航向火星需要七個月。

三D列印能帶來廣泛的好處，但可能威脅到部分技藝精良和高薪的藍領職業，特別是與部分供應鏈相關的產業。對政治的影響可能也不小（想想現在連基本武器都能以三D列印製造）。自動化、人工智慧和三D列印的核心重點，是都徹底改變遊戲規則，自動化重新界定人與工作間的關係；人工智慧以智慧學習取代人類心智活動、以自然語言處理取代人類語音；三D列印科技則重塑買賣雙方在經濟中的互動本質，也重整當今的交通運輸生態系統。

◆讓保險更刺激，也更公平

保險公司做事理當力求安全可靠，謹慎計算風險、小心過濾選擇保險客戶。保險公司很無趣，因為在經濟中扮演的角色，就是要確保大家與萬事萬物無須承受災難性損失。保險業和製造業不同，幾乎從未經歷革命性轉變。幾個世紀以來，保險公司針對如吸菸者、三十歲以下男性駕駛，或極限運動狂熱者等「高風險族群」收取較高保費，這種分類方式往往導致偏見與對弱勢族群的公開歧視。但是邁向未來，有了即時數據蒐集技術，保險公司就能根據用路人上路後的實際行為，制定出隨駕隨付費率，而不再需要再依賴「風險族群」這樣以偏概全的刻板印象。無論是男是女、年輕人或老人，只要是不良或高風險駕駛就要多付一些保費。這不免讓人聯想到《一九八四》中的老大哥，但如果即時監測駕駛行為能換來較便宜的保費，很多人也許會同意。

諸多科技促成這些可能的進展，它們統稱為「物聯網」（Internet of Things），包含所有相互連接的感應器，以及推動工廠、礦場、能源系統、運輸系統、零售機構、交通工具、家庭、辦公室，甚至人類工作進展的裝置。物聯網科技不僅有潛力為保險業改頭換面，甚至能革新整體經濟與社會。到了二〇三〇年，全球將有約兩千億台裝置和感應器與物聯網連接。工廠、城市、醫療照護、零售及運輸將會是成長最快的領域。打造完整物聯網所需的生態系統所費不貲，不只需要裝置本身，還需要資料傳輸和倉儲設備、分析中心及回饋迴路。可預期接下來會出現大量的工作機會，支持如此龐大的基礎設施，這波創造性破壞勢必會同時淘汰舊工作，並產生新工作。

◆從生理到心理都更健康的大腦訓練

直到幾年前，我仍認為虛擬實境只對沉迷電玩的人有吸引力，結果其實這種技術非常實用，還能帶來劃時代發展。醫療方面，外科醫師與助手已經開始戴上虛擬實境眼鏡，預演複雜手術的最佳執行手法；心理醫師利用虛擬實境技術，治療懼高症、眩暈、焦慮症與創傷後壓力症候群患者；牛津大學兩位研究學者則是以虛擬實境，幫助被害妄想症這種偏執症患者，他們解釋道：「最有效的做法，是幫助個案體會本來害怕的情境其實很安全。隨著安全感增加，妄想便會逐漸消散。」他們的病人進步神速，有些人甚至只做過一節治療，就已經大有進步。他們提到，「虛擬實境不是只能用在遊戲產業，我們相信虛擬實境技術有潛力在未來心理健康療程和評估中扮演關鍵角色。」虛擬實境也能在牙醫診所內或磁振造影檢查時，用來降低病人的焦慮情緒。

實際經驗證實，虛擬實境技術能有效刺激大腦特定區域病變患者的動作功能。南韓研究人員發現，「虛擬實境設備能為個人的神經系統提供重要且適當的刺激，因而發揮神經可塑性，刺激動作與認知系統。」同樣地，虛擬實境也能幫助一些兒童因應自閉症。VR Fitness Insider網站專門把虛擬實境技術應用到保健產業上，網站中提到，「小孩與成人都每天使用智慧型手機、電腦、智慧手錶、電視與遊戲科技等，並以為這些都只是娛樂休閒。有些患有自閉症的兒童和成人表達能力有限，或根本不能說話，他們每天使用iPad或語音應用程式來代替自己說話，或當作教育工具。」醫生利用虛擬實境監控大腦活動，研究有自閉症與沒有自閉症的兒童在認知和社會行為上的差異。接著治療師能幫助病人練習臉部與身體訊號，克服社交障礙。虛擬實境也能幫助自閉兒建立在校社交技巧，以增進學習成效和容易度。到了二〇三〇年，虛擬實境技術及醫師與治療師數十年來累積的經驗相輔相成下，可望讓心理失調的普遍率降低好幾倍。

◆以奈米科技延緩氣候變遷

氣候變遷最大的來源之一是成衣業。據估計，全球有八％的二氧化碳排放都來自於成衣業，比國際空運加上海運的總排放量還多。新興的奈米科技能幫助我們大幅降低依賴以化石燃料製成的合成纖維。用聚酯纖維製作一件T恤排放的二氧化碳量，是棉製T恤的兩倍。「快速時尚」潮流下，市場每幾週就推出新設計，讓問題變得更嚴重。《自然》（*Nature*）科學期刊在二〇一八年的一篇社論中提到，「每年新衣服的人均生產量是二十件，而消費者的購買量也比二〇〇〇年多了六〇%，每件衣服被丟棄前的穿著次數比以前少，生命週期變短也造成製造過程碳排放量相對較高……隨著中產階級持續擴張，人口變遷趨勢帶動購買量增加，成衣製造將持續成長。」此外，購買二手衣有時還會被人另眼相看；相反地，聰明的手機用戶反倒不追求新機，選擇購買「整新品」。

奈米科技提供另一個途徑，舒緩成衣業助長的氣候變遷趨勢，這些科技是從原子、分子與超大分子的規模來操控物質，這裡討論的是設計十億分之一英寸這麼微小的粒子，以製造出更堅固、便宜或對環境更友善的材料。奈米科技最普遍的應用，就是能依據環境訊號或感應，改變形體、密度、傳導性等物理特性或光學特性的可程式化物質。等到二〇三〇年，我們可能不用換季整理衣櫃，也許同一件衣服就能冬天保暖、夏天排汗，甚至可以根據戶外溫度變色。麻省理工學院自行組裝實驗室（Self-Assembly Lab）認為，「什麼天氣都能穿的衣服再也不是科幻夢想。」研究人員已經創造出「運作有如人類皮膚毛孔的智慧材料，會根據環境溫度張開或收縮」，這種材料冷天時會緊縮以利絕緣，氣溫升高時則張開以利空氣對流。

奈米科技還能提升能源效率，可望幫助人類避免在二〇三〇年逼近氣候臨界點。目前強度較高的合成物質已廣泛應用在各種商品上，從飛機、汽車到滑雪板與網球拍等都是例子，過程中的能源用量較少。使用較耐久又節省能源的材料也將為建築業帶來改變。近期研究指出，「奈米科技的溫度隔絕效果會更好，也較不需仰賴非再生資源，是我們邁向綠色建築時的重要策略。使用奈米絕緣材料減少牆壁厚度，無論是現存建築或歷史古蹟，都有潛力透過這個方法大量節省能源。」

可程式化物質也能用來做為「通用備用組件」。美國國防高等研究計畫署（Defense Advanced Research Projects Agency, DARPA）負責研究軍事應用，計畫經理人米契爾・札金（Mitchell Zakin）解釋道：「以後士兵的車後會放一個像油漆桶的東西……裡面充滿各種大小、形體與功能的粒子，從小型電腦、陶瓷到生物系統等功能都有，基本上使用者想怎麼用都可以。」如果戰爭中，「士兵需要某種大小的扳手，只要把訊號傳到這個裝置桶，粒子就能自動組合一支扳手。扳手用完後，需要槌子，把扳手放回桶子裡，就能自動解體，重新組裝變成一把槌子。」同樣地，可程式化物質也能讓飛機改變外形、密度或機翼彈性，以適應各種不同的飛行狀況，提升能源效率，這些奈米科技應用想必能減緩氣候變遷的速度。

新興產業「奈米醫療」崛起，能診斷與治療各種疾病。美國國家癌症研究基金會（National Foundation for Cancer Research）在二〇一八年宣布一項技術突破，能非常精準地將藥物運送到癌細胞。研究團隊由中美雙方共同組成，其中一位成員表示：「這種奈米機器人經過程式化設定後，能運送分子酬載量的藥物，讓腫瘤輸血受阻，導致組織死亡，從而縮小。」奈米科技也能用來對付卵巢癌，在只有一百個細胞受癌症影響時及早偵測確診；還能製作比塑膠更便宜且能生物分解的替代材料，避免漁獲受到微小有害的粒子汙染，這些塑膠汙染物不僅有害野生動物，還可能進入食物鏈。

◆哪種數位商品才有可能成功？

近期的科技演化史看似一串冗長的進化勝利清單。新聞（實體報紙）、音樂（唱片）或電影〔願你安息，百視達（Blockbuster）〕的傳統消費模式都被數位選項取代。巴格斯樂團（The Buggles）在一九七九年的歌曲〈錄影帶殺死了廣播明星〉（Video Killed the Radio Star）就悼念這個過程。相較之下，電子書在美國和其他已開發國家則尚未取代實體書籍。所以究竟是什麼讓可能由約翰尼斯．古騰堡（Johannes Gutenberg）在五百年前發明的形式如此有韌性？

你可能猜測電子書之所以還沒有取代實體書，是因為千禧年世代已經不讀書了，但是根據皮尤研究中心調查，這個世代群閱讀的各種格式書籍比其他年齡層都還多。一個可能性是因為出版社都受「結構慣性」（Structural Inertia）所困，結構慣性會阻礙個體、組織及社群順利地從原本的做事方法轉向另一種成效更好的做法。有了既定習慣、常規與程序後，慣性便造成心理、認知和組織上不情願追求新模型。瑞士鐘錶業者就是因為這樣錯失音叉與石英技術的商業潛力，儘管他們明明才是發明始祖。另一個可能性則與印刷書籍的獨特格式有關，這種特質讓書本適合拿來當禮物或居家裝飾品（愛書人士抱歉）。

所以為什麼影音串流大獲全勝，電子書卻一敗塗地？我們到底能不能找出一套通用原則呢？科技評論家暨暢銷書作家愛德華．田納（Edward Tenner）主張，有幾個原因導致人類有時不願意放棄某些舊科技、擁抱新科技。第一個是新事物的潛在弱點，如傳真機現在已是博物館骨董，但曾有一段時間，大家出於保密原因，還是較喜歡用傳真機，而不用電子郵件寄送掃描檔案。另一個可能原因則是基於美感與懷舊，雖然黑膠唱片銷售量遠遠不及音樂CD和串流服務，但在小眾樂迷市場中依然持續成長；儘管自動變速技術不斷精進，不過某些車迷就是較愛手動換檔的感覺。

要了解格式為何具有韌性，關鍵也許在於理解科技是整體生態系統的一部分，所以興衰起落是跟著大環境一起變動，很少自行波動。生態系統需要透過開放創新達到快速演化，以吸引新世代使用者，並在過程中塑造新的光景。電子書平台基本上依舊保持封閉，不歡迎外來創新者，尤其是軟體界人士，結果導致電子書的功能性至今依然很有限。而且研究指出，同樣一本書籍內容，閱讀實體書會比使用電子書或平板更能有效吸收資訊。英國劍橋微軟研究院（Microsoft Research）的科學家兼工程師艾碧嘉爾．瑟倫（Abigail Sellen）認為：「你讀到一本實體書籍的哪個段落，這種隱約的感受會比我們原本以為的重要，但是只有在你用電子書後，才會開始想念這種感覺。使用者如何視覺化自己讀到一本書的哪個段落，我認為電子書製造商對這部分想得不夠多。」

《科學人》雜誌的一篇文章指出：「螢幕和電子書會干擾閱讀文字時的兩個重要層面：機緣感與掌控感。讀者表示喜歡在某個句子喚起回憶時，翻回紙本書前面某個讀過章節的感覺。」電子書的互動性不如電子雜誌。二〇一一年，YouTube上一支標題為「雜誌就是一台壞掉的iPad」（A Magazine Is an iPad That Does Not Work）的影片瘋傳各地，「一個一歲女童伸出手指在iPad觸控螢幕上滑來滑去，輪流按下各種按鈕。」接著她對著紙本雜誌頁面又滑又抓又戳，對於什麼事都沒發生很不滿意。爸爸觀察數位原生世代的女兒表示，「對我一歲的女兒來說，雜誌就是一台壞掉的iPad，她這輩子都會這麼想。」第二章曾討論「數位原生」世代，電子書對他們來說不太有趣，因為與印刷書本差不了多少。如果創造文字的過程能有所演變，或許能提高電子書的吸引力，《科學人》提到，「有些作家開始和電腦工程師合作，想做出技術更純熟的互動式小說與非小說文學作品，讀者的選擇會決定接下來讀到、聽到及看到什麼內容。」

電子書雖然在美國和其他富裕國家發展受阻，但在開發中國家卻可能變成老天適時送上門的大禮，只要我們勇於水平思考就有機會。非洲接下來的一項重大挑戰是，如何教育快速成長的人口。在第一章已討論，二〇二〇年至二〇三〇年間，非洲將有四億五千萬名新生兒，占全球人口三分之一。南非新創公司Snapplify是非洲最大的數位教育內容整合平台，目標是將書本送往附近沒有圖書館與書店的地方，目前服務範圍包含幾百所學校和十七萬名學童，還有很大的成長空間。總部位於舊金山的非營利組織Worldreader則採用另一種做法，透過電子書和手機，讓開發中國家學童免費使用數位圖書館資源；在無電網的偏鄉地區則提供太陽能板、USB連接埠、LED燈具、電子書與數位圖書館帳號等整合服務。

非洲有可能成為全球電子書的主要使用地區，就像目前引領行動支付潮流，這個快速演變地區最有違直覺和令人驚奇的特色之一是，「低度開發」國家與區域往往提供通往未來的最全面窗口，相較之下，那些被歸為「已開發」的地方反而與既定思維和做法難分難捨，遲遲難以揮別過去。「跳蛙模式」（Leapfrogging）讓落後者能直接跳過昔日創新逐步累積的階段，急起直追，跟上隊伍。

除了書本外，還有其他例子能展現老格式的韌性。葡萄酒總銷售量中，除了酒吧與餐廳外，網路銷售額在各國只占一小部分，美國占有微不足道的一・八％，德國與日本占三・三％，法國則占四・三％，唯一的例外是中國，也是全球的最大葡萄酒市場，其中有一九・三％是透過網路出售；另外，只有兩個國家超過一〇％：澳洲（一一・三％）和英國（一〇・三％），以兩國對葡萄酒的熱愛程度來說，也不是太令人意外的數字。

究竟為何消費者不喜歡在網路上買葡萄酒？這個問題並不無聊，相較之下，許多國家的衣鞋銷售有超過五〇％都是線上購物貢獻的。從表面上來看，會覺得這很奇怪，服飾店鼓勵消費者試穿各種款式，看看哪件合適；酒品專賣店偶爾才會開放試喝店內架上的酒款，而且選擇有限。也許平均來說，消費者對酒的認識有限，所以喜歡請店員推薦；可能因為他們怕在網路上買的酒會在運送過程中打破；可能大家較缺乏耐性，想要買來就能馬上喝；另一個更有說服力的理由則是，多數人都在最後一刻才買酒，像是為了特殊場合或在前往派對的途中才購買。上述所有原因無疑都阻礙線上葡萄酒販售的成長潛力，但是沒一個能解釋為什麼中國、澳洲及英國是例外。

中國目前的實體葡萄酒專賣店開設速度，很難跟上中產階級的急速成長趨勢，這在第三章已討論。澳洲和英國又要怎麼解釋？答案是某些酒是以酒標（較精緻昂貴的「地域型」葡萄酒）來裝瓶與販售，有些則是依據「品牌」（較便宜）來販售。舉例來說，法國總共有兩萬七千座酒莊與同樣數量的葡萄酒標，每種酒標都有獨特的口感和特色。與依據品牌販售的標準葡萄酒相比，以酒標販售的地域型葡萄酒較不容易打進線上通路，澳洲的黃尾袋鼠（Yellow Tail）葡萄酒就是最著名品牌之一。許多澳洲、英國和中國的消費者選擇葡萄酒時，偏好認品牌而非認酒標，原因是這些地方的大眾市場崛起時間較晚，約在一九八〇年代，新加入的消費者沒有時間慢慢探索複雜細膩的地域型葡萄酒。《飲品》（*Beverages*）期刊近期一篇研究中，作者茱莉．波爾（Julie Bower）提到：「英國成為目前全球最大的葡萄酒市場，有很大一部分要歸功於……老品牌和一九九〇年代成立的新品牌成功，澳洲也已取代法國，成為大眾市場的主要來源。」如同電子書的例子，數位選項只有在特定條件下才能成功捕捉消費者的想像，少了這些條件，再方便或便宜的科技都無法成功。

◆哪種科技值得發展與重新設計？

人口老化、環境退化與氣候變遷等挑戰一齊攻來，我們要仔細想想哪些科技最應該趕在二〇三〇年前推動發展。我個人認為提供無水馬桶與電子書給缺乏傳統做法可用的人最重要，以虛擬實境療法幫助病患克服慢性心理或認知障礙也應該優先發展；奈米科技可以幫我們脫離對環境有害的材料；三D列印則能減少浪費。但是上述每項科技也可能帶來危難，如摧毀職業、危害隱私或引發假新聞氾濫等。

我們也可以思考如何為舊有科技創造新的應用方式。說到舊技術新應用，有一個耐人尋味的例子，恰好就是「飛輪」[3]。一千年來，陶藝旋轉盤上的飛輪這種天才裝置讓轉動更平順，以利陶藝家做出最精緻滑順的作品。飛輪最可能的發明者是史前住在現今伊拉克所在位置的蘇美人。瓦特在一七七〇年代為飛輪找到另一項用途，在他著名的蒸汽引擎轉軸上加上輪盤，這麼一來，即便活塞不規律地上下震動，轉軸也能保持固定轉速。

在二〇一〇年代，麻州一家公司以飛輪為基礎設計出能拯救地球的新裝置，這種裝置把原本被浪費的多餘能量儲存起來，讓電廠電流更加穩定、產電更有效率。他們的第一座設備興建在紐約斯蒂芬鎮（Stephentown），裡面共有兩百個飛輪，能儲存高達二千萬瓦能量，足以供應全州單日用電量的十分之一。為了達到該目的，他們不再使用石頭或鋼料做飛輪，而是改用輕量的碳纖維，並利用磁力讓飛輪懸掛在真空艙室，以減少摩擦力。這樣的設計讓飛輪能轉得和噴射引擎一樣快，而且儲存的能量多到足以保持動能。加上剎車設計後，即可隨時把飛輪的動能轉換為電能。有了這項技術後，即使太陽能板遇到陰天、風電廠在風力微弱甚至靜止時，效能也能大幅提升。飛輪技術就這樣在能源稀少、環保意識抬頭的時代有了新應用，因應新潮流讓輪子有了新的發明用途。

總結來說，科技如果能呼應社會與經濟中的現存潮流，就可以順利獲得應用，發揚光大。新科技若能帶動成長、供應人群需要即可勝利，一如非洲的手機和電子書應用、中國與英國的線上葡萄酒市場。想要真正改變世界、帶動真正的革命，創新科技必須順應人口和經濟劇變潮流，進一步詳見第七章。

3 譯注：原文為reinventing the wheel，重新設計輪子，形容白費力氣的創意。

第七章 共享消費勝過個人資產

八十五億則連結網絡的力量

想像沒有私人財產
你是否做得到
無須貪婪或飢渴
望諸四海皆兄弟
想像所有人類
共享這個世界

——小野洋子與約翰·藍儂（John Lennon）

琳希·霍爾德（Linsey Howard）沒有一份朝九晚五的工作，也沒有汽車。她願意在非正規時間工作，只要一有工作機會就做。但她並不是社會適應不良或低薪打工族，工程師出身的她，生活都圍繞在TaskRabbit這類數位合作平台上。她利用這種平台挑選世界各地公司張貼在上面的工作，這稱為零工工作（gig work），如果她能正確快速地完成工作，薪酬就會提高。交件後，她常常到雜貨店採買，就和我們一樣，只不過她前往的方式較不是你我熟悉的：她騎共享腳踏車，再叫車把大包小包雜貨帶回家。全美現在有超過四千萬和霍爾德一樣的勞工，在二〇一八年時還只有兩千萬人左右。有些人做發傳單、幫人跑雜務等勞力工作，其他人則像霍爾德一樣專注在認知型工作上。二〇一八年《經濟學人》的一篇社論，曾以回憶過去的口吻描述未來想像：「職業社群網站LinkedIn從二〇二六年起，保證能在六小時內為職缺找到合適員工，並且多虧與Uber的合作計畫，還能在一個工作天內把人送到辦公地點。」到了二〇三〇年，我們如住宅、汽車與工作等分享的物品，數量可能無窮無盡。

各界對合作經濟在短期未來的規模與影響預測不一，布魯金斯研究院預估到二〇二五年將成長二十倍；資誠（PwC）認為成長率最高的領域是群眾募資、線上人力、P2P（peer to peer，對等網路）住宿、交通共乘及影音串流等。線性外推結果顯示，按照這個趨勢，到了二〇三〇年，合作經濟將占所有勞動與消費的三〇%。

最先掌握數位合作平台潛力的，是Uber與Airbnb這些新興公司的創業者。二〇〇九年一月十九日，華盛頓特區國家廣場湧入近兩百萬人，參加歐巴馬總統歷史性的就職典禮，特區內的旅館顯然尚未準備好因應這些蜂擁而至的外地人潮。布萊恩．切斯基（Brian Chesky）、喬．傑比亞（Joe Gebbia）及奈森．布萊克奇克（Nathan Blecharczyk）這三位互為朋友的初試啼聲創業者，從中看見絕無僅有的機會，宣傳Airbnb網站提供的服務，他們的願景是每天有人釋出家中空房接待旅客。三位創業者負責架設服務機制，讓潛在旅客與房東聯絡彼此。iPhone於二〇〇七年上市，一年後有著五百個應用程式的App Store隨之上線。與此同時，Google正忙著透過地圖（Maps）工具，讓大家移動時更便利。只要採用一點水平思考，就能把上述所有元素整合在一個平台。

Airbnb在二〇〇七年十月問世，當時首位旅客入住舊金山市場南（South of Market）的連棟住宅。現在Airbnb已經在全球一百九十一個國家，六萬五千個城市、鄉鎮及村落中，擁有超過四百萬筆登錄住宿，公司市值高達將近四百億美元。如暢銷書《Uber與Airbnb憑什麼翻轉世界》（*The Upstarts*）作者布萊德．史東（Brad Stone）所說：「如果想開一家真正偉大的公司，就要乘上真正了不起的浪潮。觀察市場趨勢與科技趨勢時還要獨具慧眼、不落俗套，並且洞燭機先，早人一步。」在這個例子中，了不起的浪潮來自手機技術，與新世代對旅遊和體驗的態度轉變（詳見第二章），兩者交會而成。Airbnb這樣的雙向平台，就連結年輕旅客和擁有房屋的年長世代。

Airbnb的價值主張在於，將親密感當作體驗的一部分。共同創辦人暨執行長切斯基曾說過：「我認為成就Airbnb的關鍵，在於我們不只是商品，而是一個社群。」二十三歲的紐約自由工作者瑞佛．塔德利（River Tatry）表示：「我旅行不是為了放鬆，而是為了創造全新又有趣的體驗。對我來說，把自己融入一個地方、學習新事物、結交之後還會回頭拜訪的當地朋友，以及建立社群等，來得更有意義。」這就是水平思考改造經濟與你我習慣的一個絕佳例子。

◆從共享到協作經濟，用評價獲取市場地位

協作消費（Collaborative Consumption）與資產共享絕非史無前例，事實上歷史紀錄約有高達九成的時間，人類社會在沒有私人財產時，不僅得以存活，還欣欣向榮，土地共享制尤其如此。根據農業革命前的人類社會考古紀錄，以及人類學對非洲近代狩獵採集者的研究，科學家主張沒有私人財產者通常比有財產者來得快樂。《人類大歷史》（*Sapiens*）作者尤法．諾亞．哈拉瑞（Yuval Noah Harari）認為：「舉例來說，農業的出現讓人類社會的集體能力增加好幾倍，但並不見得會讓許多人活得更好……農夫的飲食品質通常比採集狩獵者來得差……人類雖然能力大增，快樂程度卻沒有等量增加。」即便某些定居農業社會也拒絕私有財產制，採行共享牧地。到了二〇三〇年，協作消費會再次勝過私有財產制。

現在的年輕人逐漸不再累積個人財產，偏好付費使用別人的東西，他們視財產為共享品，就連某些我們最私密的所有物都為了互利互惠而和他人共用，其他年齡層也開始習慣以租代買的概念。就連忠實反映文化演變潮流的《辛普森家庭》，都把美枝．辛普森（Marge Simpson）變成Uber駕駛〔郭董（Mr. Burns）也搭乘Uber〕，共享的影響才剛起步，到了二〇三〇年，我們將近一半的開銷都花在「協作」或「共享」消費上，從汽車、住宅、辦公室、用具與個人物品等，包羅萬象，擁有已過時，分享才是王道。

《我的就是你的：協作消費的興起》（*What's Mine is Yours: The Rise of Collaborative Consumption*）作者瑞秋．波茲蔓（Rachel Botsman）表示：「我們這個世代正從『我』文化轉為『我們』文化」。關鍵在於，「在事物永遠互相連線的年代，透過手機來分享物品。」千禧世代創業家卡倫．麥歐（Caren Maio）在二〇一六年主張：「十年內，擁有自宅的美國夢將會黯然失色。」相反地，「一直被視為只是權宜之計的租屋做法正悄悄興起，成為新的美國選擇。」《金融時報》提到，「從紐約與倫敦，到新德里和上海，各地千禧世代對住宅、工作與玩樂間的分界都越來越模糊，他們透過共享空間省錢、省時及結交新朋友。」《富比士》雜誌稱為「擁無」（NOwnership）。柏納德．馬爾（Bernard Marr）主張：「以前雙車家庭（或甚至三車、四車）曾是有地位的象徵，現在許多千禧年世代則覺得家裡只有一輛汽車，或甚至無車，改用Uber、Lyft、CarGo等服務，才是有地位的表現。」

美國千禧世代讓許多人大為驚訝的，不只是不願意擁有汽車，有些人甚至根本沒考駕照。二〇一五年，二十至二十四歲的美國人中，只有七七%願意花心思取得駕照，相較之下，在一九八三年卻有高達九二%。但是與此同時，十五至三十五歲的人口在種族和語言上越來越多元化，因為近代移民有較多子女。我們知道移民及其子女較嚮往結婚、擁有自有住宅，以及駕駛自己的車輛，所以這群美國與部分歐洲地區的年輕消費者到了二〇三〇年到底樣貌為何，目前尚無定論，一切取決於移民後代的行為模式而定，因為他們總共占同年齡層人口的三分之二。

全球調查發現，至少有三分之二的成年人（包含所有年齡層在內）願意將自己的住宅與汽車登入共享應用程式，新興市場的比例更高，這對於共享經濟存續發展是好事。共享經濟讓消費發展到極致，而且便利性增加、成本減少，因而有利消費者，但是也為個人與公司帶來極大挑戰，他們追求生活品質所仰賴的傳統企業，如旅館、計程車等，都因這波劇變而被顛覆。

更重要的是，面對共享經濟的未來成長趨勢，我們要記得密切關注第二章提及的跨世代動態。例如，Airbnb回報網站上六十歲以上的房東名單成長最快，同樣趨勢也出現在Uber與Lyft等共乘應用程式，而且在駕駛端和乘客端都是如此。這些平台創辦人的成功並非全靠運氣，他們有敏銳的水平思考直覺，成功把千禧世代與年長族群拉進同一個平台的對應兩端。

接著放眼國際，在亞太、中東及非洲，願意透過共享平台使用服務與商品的千禧世代，比例高於全球平均；至於拉丁美洲、美國和歐洲則顯著低於平均。這樣的差異並未出現在沉默世代、嬰兒潮世代、X世代或Z世代中，顯然千禧世代不一樣，至少目前還是如此。

共享經濟以不只一種方式挑戰數個世代，甚至是數千年來的基本假設與期望。畢竟若是剔除擁有東西的盼望，「美國生活」還剩什麼呢？每個四十歲以上的美國人，都是在視建立資產為理所當然的世界中長大，至少在所謂的自由世界是如此。整體經濟都致力於確保你我取得與保有資產，並從中獲利，泰半的法律體系也都與保護資產有關。歷史上許多著名作家和煽動者，費盡心力關注誰擁有哪些資產。許多劃時代的想法與宣言，還記得卡爾・馬克思（Karl Marx）嗎？都推崇透過廢除私有財產制來解決各種社會問題。私人財產一直是社會階級地位的架構依據、是導致不平等的最大來源，也是引發各種犯罪行為的動機，尤其是戰爭。資產是市場經濟與經濟交換的基礎核心，房貸之於美國人，就如蘋果派一樣再普遍不過了。拿破崙．波倫巴（Napoleon Bonaparte）曾形容英國是小店主之國，那麼美國就是屋主之國了。史丹佛大學社會學家安德魯．沃爾德（Andrew Walder）曾寫道，財產權「是國家、政治、法律及文化等多重角色的具象化表現，財產權是塑造社會不平等樣態與經濟表現的關鍵核心。」

定義一個人所屬的社會階級，以及相應的成就與快樂時，以前是根據他的所有財產（或沒有財產）：地主菁英、店主、商業與工業資產階級、擁有住宅的中產階級、無產階級、佃農等；現在科技帶來新的社會階級分類：「共享階級」，看的是生活方式，不是財產。科技（及變遷的文化價值觀）在這個轉變趨勢背後扮演很重要的推動力。英文uberize（Uber化）這個及物動詞甚至已經變成常用詞彙，還收錄到《柯林斯英語詞典》（*Collins English Dictionary*），釋義為「使（企業）採用如下商業模型：在客戶與供應者間建立直接連結（通常是透過行動科技），隨時隨需求提供服務。」

如果數位平台推動的巨變僅限於共享住宅與汽車，衝擊潛力尚不至於引發改革。資產共享經濟只是廣泛「協作經濟」中的一部分，還有諸如網路借貸、群眾募資、群眾外包、轉銷、共同工作、共同自由接案等各種線上合作。所有可歸類為協作或零工經濟的新興平台間共通點，就是「它們都透過評價機制來爭取市場地位，而且平台上就有自己的付費系統」，《紐約客》作家海勒評論道：「它們提供機會讓人可以按照自己的時間計畫來賺錢，而不是靠著職務收入，在僵化的產業中找到立足點。」

這些協作與共享形式，很多早已存在數百年，但有別以往的是，參與其中的公司「提供的不只是全新的思考方式或新服務，而是全新又有效的資訊使用方式，在人有需要時，把服務送到他需要的位置」，暢銷書作家馬爾表示。少了應用程式和背後的資料處理演算系統，Uber或Lyft永遠不可能興起。事實上，許多加入共享經濟領域的公司扮演的角色，以促成者來形容最合適，它們並不是自己製造或遞送服務，平台做的是降低交易成本，讓參與協作變得更方便又便宜。創業家凱特琳・康納斯（Caitlin Connors）說：「我認為我們已經進入新一波的人類文明，人類現在能以個人對個人的方式來做事，無須中介就能彼此分享想法與事業。」二〇三〇年的水平思考大哉問是：協作經濟會使世界更平等或更不均？現在熟知的工作屆時會消失嗎？環境危機能否獲得解決？

◆共享經濟促成亞洲發展利基

二〇一四年，臉書支付一百九十億美元買下WhatsApp，當時這個訊息應用程式根本沒有實體資產，旗下員工也不到六十人，吸引併購的原因是擁有龐大的十五億用戶。WhatsApp成立於二〇〇九年，兩位創辦人布萊恩・艾克頓（Brian Acton）與楊・庫姆（Jan Koum）是前雅虎（Yahoo）工程師。庫姆從烏克蘭搬到美國定居（又是一個在第一章提到的「移民創業家」例子），艾克頓則在密西根州出生。艾克頓曾說：「我們做的不是讓你隨便找怪人亂聊的搭訕軟體，那不是我們想做的，我們做的是親密人際關係。」庫姆的野心更大，「直到地球上每個人都能透過便宜又可靠的方式和親友、愛人聯絡前，我們絕不停止。」馬克．祖克柏（Mark Zuckerberg）曾提出引發爭議的解釋，他主張人類喜歡與人保持聯繫，因為「和所有人保持聯繫感覺較好，生活較豐富」。

網絡效應（Network Effect）嘉惠許多不同的企業，事實上整個共享經濟都憑藉於此。當任一參與者的網路價值隨著參與人數提高而增值時，就會創造正向的網絡效應，市話就是一個例子，越多人裝設市話，我的電話就越有價值，因為能打給越多人。電話是單向網路，所有用戶都能撥接電話。相反地，雙向網絡效應則發生在群體參與者增加，導致其他群體參與者的價值提升時，協作經濟正是如此，越多人在Airbnb上刊登空房、公寓或住宅，平台就會吸引越多旅客使用，反之亦然。

二〇三〇年的關鍵問題，不再是網絡效應是否會主宰經濟，而是哪一種網絡效應才是主流，其中很重要的面向是，網絡效應是否能於在地、全國、區域及全球等不同層級運作良好。多數人以為所有的網絡效應本質上都是全球性的，但這其實只占其中極少數。例如，叫車服務依賴的關鍵是在地性網絡效應，乘客在乎的是想坐車時附近有多少駕駛；同樣地，多數的交友平台靠的也是在地性網絡效應。相反地，配對應用程式的規模則大多都是全國性質。有些特定平台主要的是仰賴區域性網絡效應，如Airbnb早就明白大部分的國際旅遊其實並非國際性，而是區域性（就是以歐洲、拉丁美洲、非洲或亞洲為旅遊範圍）；在某些幅員廣闊的國家，如美國與中國，多數旅遊則是全國性。

所以，Uber需要在每個地點累積足夠多的駕駛與乘客數量，而Airbnb則需要以地區為單位突破最低門檻。純屬全球性的雙向平台相對非常稀少。

美國人會偏向支持Airbnb、Uber、Lyft、WeWork及eBay等公司，因為它們主導美國市場，不過該開始拓展視野了。例如在中國，在地公司才是主流，而且與美國競爭者相比，這些公司更大，在國際上也拓展得頗快。滴滴出行（叫車與單車共享）、微信（社群媒體）、途家（共享住宿）、優客工場（共同工作空間）等都是當地業界龍頭。二〇一七年，亞洲的共享經濟獨角獸比美國還多。在第三章已談過，到了二〇三〇年，情況會對亞洲更有利，根本原因是區域內的中產階級急速成長，只不過共享與協作經濟正在創造截然不同的消費者和勞工群。

◆零工族將更自由，還是更卑微？

馬克思及其共同作者暨金主弗里德里希・恩格斯（Friedrich Engels）呼籲勞動階級團結，推翻既有階級，並為自己謀福利。零工族過得到底比傳統勞工好或差？共享階級崛起究竟是弭平或加深社會不平等？根據比爾・柯林頓（Bill Clinton）時期的勞工部長羅伯特・萊許（Robert Reich）的說法：「Uber駕駛、Instacart送貨員和Airbnb房東，包括TaskRabbit接案者、Upcounsel律師及Healthtap的線上醫師，還有亞馬遜土耳其機器人（Mechanical Turks）的微工人」都是零工族，這些人總是在網路上滑來滑去，等待工作降臨。萊許表示，這些「工作」既貶損勞工價值又低薪，「說『共享』經濟是委婉了一點，更精確的講法應該是『共享碎屑』經濟。」

萊許視共享經濟為公司企圖降低全職薪資支出的集合成果，這些公司轉而僱用臨時工、臨工仲介、候召勞工、獨立承包人和自由接案者。整體零工經濟的成長，與非典型勞工人數上升息息相關，在平台供應端的獨立承包人也屬於非典型勞工。經濟學家羅倫斯・卡茲（Lawrence Katz）與曾是歐巴馬總統的經濟諮詢委員會主席亞倫・克魯格（Alan Krueger）估計，二〇〇五年至二〇一五年間，這些勞工的比例從一〇%上升到近一六%。

發出批評的不只萊許，英國經濟學家蓋伊・史坦丁（Guy Standing）創造「飄族零」（Precariat）一詞來指稱這群勞工，結合precarious（不穩定、任人擺布的）與proletariat（無產階級）兩個英文字。史蒂芬・希爾（Steven Hill）在二〇一六年於*Salon*評論網的文章中，提到共享新創企業的演變模式，「它們熱熱鬧鬧地問世，背後有上千萬創投資金支持，宣稱將讓人類的工作方式與社會組織對等經濟交易改頭換面，最後多數公司都變形成傳統的零工仲介（其他則根本徹底崩垮，淪為黑洞般的虛無）。」希爾的暢銷著作書名已道盡一切，《剝削——Uber經濟與逃跑資本主義如何惡搞美國勞工》（*Raw Deal: How the Uber Economy and Runaway Capitalism Are Screwing American Workers*）。全國就業法律計畫（National Employment Law Project）副主任瑞貝卡・史密斯（Rebecca Smith）觀察發現，零工經濟似乎把我們拉回多數工人都是「仲介工」的年代，昔日散作制度下，仲介工就在自家製作商品，而不是在工廠。在她看來，零工經濟平台「就和以前的農業勞工承包、成衣家庭代工及短工集散中心差不多」。撇去任由勞方呼來喝去的缺點不談，研究人員發現，共享經濟對收入分配最底層階級確實有益。紐約大學經濟學家山穆爾・富赫柏格（Samuel Fraiberger）和亞倫・桑德拉真（Arun Sundararajan）分析汽車共享平台Getaround的資料後，發現P2P租賃市場對消費者有利，尤其是低收入者。「這群人較可能從擁有轉為租用，對P2P的需求程度較高，也較有可能參與供給端，坐享明顯較高的盈餘收入。」簡言之，兩人的結論是共享經濟有幫助經濟弱勢者的潛力，無論他們扮演的是消費者（需求方）或勞動者（供給方）。

不過也有證據指出，對大多數人來說，透過零工經濟活動賺取的收入是補貼收入，而非支撐開銷的主要來源。波士頓學院（Boston College）社會學教授茱麗葉・修爾（Juliet Schor）決定查出像Airbnb、RelayRides和TaskRabbit這樣的應用程式到底嘉惠哪些人，她的質性研究結果指出，「供給者都是高教育水準人士，而且很多人擁有高薪工作，他們利用這些平台來增進收入。」修爾研究期間的對象，包含「一位律師、一位政治工作者、幾位管理顧問、科技專業人士、醫療研究人員、老師、一位會計師、一位大學教授，以及一位業務員」，在共享經濟中擔任供給方。

修爾認為其中有排擠效應，也就是「許多人加入體力勞動工作的行列，動手做打掃、搬運等以前都是由教育程度較低勞工負責的工作。」Airbnb房東常常要在房客退房後負責做房務、清潔整理等工作；TaskRabbit應用程式讓使用者付費請人幫忙跑腿做雜務，像是清潔、開車、組裝家具、整理房間、修理物品、代買雜貨等，並且發現在這個平台上，有全職工作的高社經地位專業人士也做體力工作，她訪問到一名律師、一名生技科學家及一位會計師。維蕾瑞拉是一名學生，在TaskRabbit上為人打掃家裡，她觀察指出，「一開始我掃得很爛，有夠爛，一直被留負評……因為我平常在家根本連自己的床都不會整理，妳懂嗎？我們家裡就有專人打掃。」修爾的研究結論指出，這個趨勢最終導致收入更不均，因為一方面教育程度較高者藉此獲得業外收入，另一方面低技能勞工則發現被這些應用程式搶走飯碗。

另一個收入不均的原因則是，如果細究零工經濟本質，擔任Airbnb房東確實可做為主要收入來源，但前提是你要夠有錢，擁有足夠的資產。「錢才能滾錢。」修爾訪問的Airbnb房東奇倫這麼說。身為年輕單身女性的席菈靠著一棟出租公寓，一年有三萬美元收入，根據她的說法，這筆錢「多得不真實」。修爾發現在研究樣本中，多數人在Airbnb的出租收入都比本業薪水還高。

這些房東賺外快的欲望通常都立意良善，修爾發現許多年輕的零工族「靠平台收入來還債，有一對在Airbnb上賺了一萬一千美元的年輕伴侶，拿這筆錢來償還丈夫的學貸。」不過最驚人的發現莫過於，許多人覺得自己在做「科技先進、新穎又酷的事」。根據修爾的研究，有些人認為「自己在促進環保、建立社會連結、幫助他人或促進文化交流。」海勒在《紐約客》中也提到有位房東表示：「Airbnb讓我能重回校園當全職學生，同時兼職攝影師。」誠如桑德拉真所言，零工經濟提供的服務，「因為能有效運用大家的時間，因此得以成功，倒不如說大家在利用閒暇時間賺錢。」

許多零工族純粹想避免自己變成像《呆伯特》（*Dilbert*）連環漫畫中，整天困在小房間裡的辦公室動物。「我有故事想透過寫作與大家分享，Uber能幫我達成這個目標。」在加州聖塔芭芭拉開Uber的六十七歲駕駛卡菈．奧（Kara Oh）這麼說，她早上寫小說，下午和傍晚出門開車載客。Uber共同創辦人暨前執行長特拉維斯．卡拉尼克（Travis Kalanick）曾說：「駕駛重視個人獨立性，只要按鈕而不必打卡，能同時使用Uber和Lyft，以及一週幾乎天天接案、能只開幾個小時的自由性。」這是其他分析師認為零工經濟的最大優點。考夫曼基金會資深研究員，也是巴布森學院（Babson College）講師的黛安．穆卡伊（Diane Mulcahy），在著作《零工經濟來了》（*The Gig Economy*）中寫道：「傳統全職工作讓人沒有安全感，機會也更稀少，身在其中的員工總夢想自己的人生能做一些別的事。」穆卡伊相信，數位平台「相較於企業小辦公室，能提供具吸引力、有趣、彈性，甚至報酬優渥且安全的另類選項。」在她看來，「當前趨勢逐漸轉向著重時間和經驗，而不是物質生活，新美國夢的重點是生活品質，而不是擁有多少東西。」

當然，也有人覺得零工經濟的工作內容讓人難堪。法律系畢業的凱蒂沒有從事與學歷相襯的工作，她表示在TaskRabbit接的案子「非常、非常卑微」。她在個人簡介中提及自己的學歷，其他人「留言內容幾乎都是可憐我必須為他們清掃房間，畢竟都拿到法律學位了，我討厭這樣……他們就是一副『噢！你還得做這個真是太糟了』。拜託，『對啊！我知道糟透了，用不著你提醒我。』」擁有科學碩士學位的薇若妮卡就曾拒絕以八美元的代價幫人到星巴克（Starbucks）買咖啡，「我才不要，給我站起來自己去買……我又不是僕人。」

隨著雙向平台日益發展，二〇三〇年的勞動市場樣貌將大為不同，也許紐約大學的桑德拉真說得沒錯，有人擁有其他人想要的東西，或有些人有錢、有些人則是有時間，而市場能有效率地對這個事實做出回應。「許多傳統經濟公司最後可能會以我們無法預料的方式，適應以應用程式為發展基礎的勞動市場。」希爾在*Salon*評論網上寫道：「但這意謂著我們要想辦法為所有美國勞工建立普遍且可攜式的安全網。」

◆改革勞動市場，甚至影響政治行為

「我們處在一個由私有財產制主宰的世界。」朱立安・布雷夫・諾斯卡特（Julian Brave NoiseCat）這麼說，他是加拿大英屬哥倫比亞卡尼姆湖部落（Canim Lake Band）的賽克維派克（Tsq'escen）原住民族成員，也是促進美洲原住民族權益的社運人士。「美洲、非洲、亞洲、愛爾蘭和澳洲各地，數十億英畝的原住民土地遭到強奪豪取、四分五裂，這些土地孕育的農穫與果實，餵養出兩個英語帝國，首先是英國，接著是美國，終至稱霸世界。」其他幾個歐洲國家，從丹麥到比利時和義大利，從荷蘭到葡萄牙與西班牙，也加入分食大餅的行列。帝國主義者離開後，他們的當地後代繼續持有大批土地，主導政治體系。

美國人和世界各地多數人一樣，發展出與財產所有制緊密相依的社會。諾斯卡特主張：「財產衍生出名為美國夢的烏托邦幻想，人們以為只要勤奮工作、擁有土地與自宅，人生就有無限可能，或至少能逃離資本控制。」在第三章曾談過，擁有自家住宅與汽車，曾是美國中產階級的象徵標誌，選舉和政府政策常以擁有財產者（或嚮往擁有者）的利益考量為導向。

歐洲與美國舊中產階級停滯，財富不均日益加劇，前一%的富人擁有的財產比剩下九九%的人加起來還多，社會開始質疑昔日視為理所當然的財產權保障限度，其中又以稅收最引人爭論。「從前的世代為解決這個問題，轉向支持共產制度。」諾斯卡特說：「但現在馬克思、列寧與毛澤東的理論再已無法大斧一揮，乾脆地斬斷資本主義的千頭萬緒。」面對壓力，人們轉而參與共享經濟，他們缺乏足夠資源保護財產，並直覺地偏好以新穎、合作及公共模式，來使用住宅、汽車等資產。

長久以來，人類因持有住宅和其他昂貴資產，而影響政治行為，不過目前還不確定人類是否因而更支持保守的經濟或社會政策。研究發現，擁有住宅者較可能投票和參與政治。如果到了二〇三〇年，這些資產多數都是與人共享，而非私人擁有，可預測人民可能會更冷漠，傾向不參與政治或出門投票。考量到分享平台上處於需求方的人大多較年輕，該年齡層的政治參與度可能更低。

然而，共享經濟之於政治另有一項更驚天動地的效應。耶魯大學政治社會學家雅各．哈克（Jacob Hacker）在著作《風險大轉移》（*The Great Risk Shift*）中主張，數十年來，政府與企業不斷推諉對人民和員工的承諾，改口強調人要為自己負責。個體責任制依循的是傳統價值，更直接衝擊到經濟大蕭條後為歐美國家築起社會安全網的重要進步價值。家事服務平台Zaarly創辦人暨執行長博．費許巴克（Bo Fishback）曾說，零工經濟創造出「想工作就能工作的終極勞動市場，你再也沒有藉口說：『我不知道要怎麼找工作，不知道如何開始。』」

分享階級的崛起，重新點燃關於歧視的政治辯論，桑德拉真提到傳統旅館做比較，「Airbnb房東也許會說：『這裡是我家，我家空房只歡迎特定旅客。』」零工經濟挑戰傳統上我們認為什麼構成歧視，只不過是透過另一種方式質疑，不再遵守原先的遊戲規則。

如果工作分享平台改革勞動市場，群眾外包與群眾募資則是重塑政治宣傳活動。二〇〇八年，當時還是參議員的歐巴馬，在競選總統期間成為第一個有效使用這些工具的政治人物，他最成功的地方是透過簡訊和網路招募組織上百萬名志工，那時候數位社群媒體甚至還沒有蔚為風潮。有來源指出，當時歐巴馬在MySpace上約有八十五萬個好友，相較之下，對手約翰．馬侃（John McCain）只有二十二萬個；歐巴馬在推特上有十二萬人追蹤，馬侃只有五千人。「對約翰．甘迺迪（John F. Kennedy）來說，關鍵在於電視；對歐巴馬而言，則是社群媒體。」最重要的是，歐巴馬透過群眾募資手段，在競選期間從四百萬名支持者手中募得八億美元。一份研究結論指出，「歐巴馬在二〇〇八年的競選創造出全國性虛擬組織，成功鼓勵三百一十萬人參與，並動員五百萬名志工發起草根運動。」競選期間前所未有的成就，是他們綜合運用各種新手法達成多項目的。「歐巴馬競選期間顯然善用這些工具，超越原本教育大眾和募款的功能，進一步達成動員基層、強化政治參與，終至催票成功。」之後二〇一六年的選舉則帶來「假新聞」，透過操弄廣大的社群媒體網絡，四處流竄。

不過共享階級興起可能帶來的另一項重大政治變革是，越來越多勞工也許不會退休，至少不會完全停止工作。想想零工勞動與退休間的水平連結。如果以政治行為分類，尤其是投票時，退休族是獨特的一群人，經驗顯示他們比其他年齡族群更容易出門投票。許多人相信零工族普遍化，將會加劇退休基金不足的問題，卻忘了很多人過了退休年齡仍繼續工作，職業彈性者尤其明顯，原因是他們樂在其中。所以和全職勞工相比，共享階級零工族有更高比例可能延後退休或半退休。許多長者在Airbnb當房東，是因為喜歡認識新的人。

在預期壽命持續延長、公保與勞保財務吃緊的年代，零工經濟有可能適度緩解壓力。分析師曾撰文提到，「以零工經濟做為預備退休計畫」；另一個可能性則是，「從事傳統朝九晚五工作的勞工，利用業外收入補足退休存款。」

共享階級中的消費者，與零工族對於歧視、平等薪資、退休金、社會安全網等主要政治議題，很可能抱持不同觀點。因為工作時間彈性，所以他們出門投票的比例可能比全職勞工還高，他們對自主與獨立的看法，可能同時呼應自由派的經濟價值觀，也較貼近傳統派對社會議題的主張。如果到了二〇三〇年，美國、歐洲及世界其他地區的勞動力中有超過一半的零工勞動者，屆時的政治環境鐵定會和現在大相逕庭。但主宰市場的壟斷式數位平台，最後是否也會走上剝削勞工與消費者的道路呢？

◆大到禁不了的危險

某次《華爾街日報》專訪中，詢問Uber共同創辦人卡拉尼克看似無傷大雅的問題，並請教他有關加州公共事業委員會（California Public Utility Commission）與舊金山交通局在公司叫車服務上線四個月後所發布的禁制令。

「你們停止營運了嗎？」

「沒有。」

「終止服務了嗎？」

「沒有。」

「所以你們就是直接忽略禁制令？」

「這麼說吧！禁制令的意思是說：『嘿，我覺得你們該停止。』而我們的態度是：『我們不覺得該停。』」

卡拉尼克依循的其實是矽谷的老規矩：「與其取得允許，不如請求原諒。」

共享經濟的爭議點之一在於，幾乎不受規範管制。新穎創意的服務內容導致現存法條似乎都不適用，你我所熟知的世界之所以正逐漸瓦解，這就是其中一大重要因素。

成立於二〇〇九年的Uber提供雙向平台，把自有車駕駛和乘客連結在一起，彼此互利。公司在全球七十三個國家，將近九百個城市與大都會地區都有營運。雖然公司惡名昭彰，但有一個值得注意的重點是，全球共有四千五百個城市擁有十萬以上的居民，所以公司的營運涵蓋範圍其實只占其中五分之一。Uber想在各地累積達到足夠多數的駕駛數量，保證將有看不見盡頭的里程等著累積，乘客則喜歡使用手機應用程式的便利、車子隨叫隨到，以及合理的價格，評價制度則確保透明度。

唯一意料外的障礙是，多數城市針對市區交通運輸都有嚴格的牌照管制，計程車駕駛與車行是最堅決抵抗叫車服務的反對者之一。Uber一開始的策略是直接忽略牌照限制，有些城市選擇睜一隻眼，閉一隻眼，因為公司承諾提供居民可負擔又便利的服務，還能減少塞車問題、增加稅收；但是有許多城市則承受來自計程車業沉重的遊說壓力而無法隱忍，Uber必須同意接受管制或克制擴張力道，因而在某些地區乾脆收手不做。矽谷記者馬庫斯．沃爾森（Marcus Wohlsen）曾把Uber比喻為亞馬遜，比較之下，儘管兩大巨頭有顯著的差異，他主張：「可是這兩家公司的經歷很相似，都是由自傲又有魅力的執行長領導的新創公司，趁其不備時殺向搖搖欲墜的舊產業。公司成長快速、瞬間竄紅，品牌名稱幾乎成為破壞式服務的同義詞。」面對競爭者與執法者的反彈，兩家公司都選擇繼續進行，只是各自的方式不同，它們究竟有什麼盤算？

幾乎所有深具野心的矽谷新創公司都求快又求大，求大是因為規模越大，獲利越佳；求快則是避免商業模式被其他新進者仿效。在Uber的例子中，公司策略為「大到禁不了」，就是號召所有受益於公司服務的人，協助公司抵禦業界根深柢固的利益方，與試圖控制城內交通運輸的市政府。《紐約客》記者席拉．寇拉克爾（Sheelah Kolhatkar）寫道：Uber的成長「部分來自於把障礙（無論是來自其他叫車服務競爭者，還是政府規範）視為無物，碾壓過去即可的態度」。來看看倫敦的例子，這是Uber最成功的一戰。Uber於二〇一二年開始在當地營運，期待迎接夏季奧運人潮。公司目前在倫敦共有四萬名線上駕駛，以及龐大的三百五十萬用戶。公司尋求成長的路上，面對來自各方的不同競爭壓力，卡拉尼克表示：「這個行業由技術精良的工會司機主導，他們隨時能在街上攬客，還有業餘接案者和私人司機在一旁默默賺錢。」二〇一四年六月，倫敦的黑頭計程車（該地有牌照的計程車暱稱）首度對Uber抗議。根據《衛報》報導：「到了下午，約有四千至一萬輛黑頭車停止載客……他們把車開上蘭貝斯橋，整個西敏寺交通大亂，一路塞到皮卡迪利圓環……Uber下載次數暴增八五〇％。此次計程車抗議行動就像業界過氣的典型無謂掙扎，計畫粗糙，反而為Uber做了宣傳。」

Uber的策略背後完全是依靠在地網絡效應，在檢視該公司侵略性成長策略時，必須依循此脈絡來談。平台上某個城市的駕駛與乘客越多越好，所以基本上就是要快速讓支持群成長。《衛報》寫道：「Uber改革全球計程車產業的願景建立在一套理論上，就是大量增加某市場內的乘客與駕駛數量（即流動性），計程車會更便宜，駕駛還能賺更多。」正如沃爾森所說：「Uber能吸引越多乘客坐上他們的車，並習慣把這種按鍵叫車方式納入選擇，政治人物就越沒有動機繼續關注Uber。」這裡的重點是：「透過大幅降低價格，Uber做的不只是增加用戶群，而是培養出死忠支持者……如果Uber能撐過一波波政治鬥爭，就有機會成為龐大又非常值錢的全球企業。對投資人來說，投入幾十億美元非常值得。」二〇一七年，倫敦市決定禁止Uber營運後幾天，近八十萬人簽名連署聲援Uber，當局別無選擇，只好允許Uber繼續營運到請願案獲得解決的那天為止。就是這樣的水平思考，讓Uber能成長到這麼大的規模，他們賭駕駛與乘客會在公司被取締時伸出援手，順利成長至「大到禁不了」。

共享經濟最具革命性的地方，在於推翻社會經濟中的角色與關係。Uber承諾讓低薪勞工和退休族能貼補家用、讓失業者成為自僱者。駕駛喜歡這樣的彈性與透明度，應用程式也提供更多自由，因為他們不必再仰賴車行派案；乘客因為選擇更多而獲益；公司也有潛力深入服務不發達的偏遠地區和內城區。Uber還宣稱自從問世後，酒駕比率降低了，就連頗具影響力的草根組織反酒駕母親（Mothers Against Drunk Driving）都曾與公司合作，在高中畢業舞會或運動比賽日等幾個青少年可能冒險酒駕的重要日子，提供免費接送服務。

Uber抓緊幾個顯著的社會潮流，並透過水平思考整合所有成功要素；同理，數位平台是否可能協助對抗氣候變遷？

◆殘害地球或拯救地球？數位時代的公共財悲劇

二〇一七年，有位讀者投書《金融時報》，認為「Uber已成為公有地悲劇（tragedy of the

commons）的教科書範例」，他想到舊金山的情況，那裡的旅客和生意人需要方便的交通選項，但是城內的交通承載量有限，「結果路上汽車數量超載，悲慘結果可想而知。」包括駕駛薪水低、駕駛經驗不足導致服務水準低落、塞車、空氣汙染等。《衛報》專欄作家阿爾瓦・馬達威（Arwa Mahdawi）在一篇文章中指出，根據Airbnb說法，「短期租借住宅是凝聚社區、促進鄰里活力，以及幫助小老百姓賺錢貼補家用的好辦法，還能促進世界和平。」同時，Airbnb導致房價高不可攀，鄰居抱怨房價上漲、噪音問題，日常生活受到打擾。「所謂的共享經濟，更精準來說，根本就是什麼都想賺經濟。」住宅再也不是中產階級的地位象徵，而是變成「能賺當賺」的工具。

這樣的雙面刃問題四處可見，從巴塞隆納的鄰里到紐約市街道都是如此，我們應該坦誠面對破壞式創新帶來的這些缺點，它們可能會破壞現行體制，更可能造成系統性影響。

多年前，人稱現代經濟學之父的聰穎蘇格蘭人亞當・史密斯（Adam Smith）曾主張，「我們晚餐仰賴的不是屠夫、釀酒師傅或麵包師傅的善心，而是他們維護自身利益的私心。」這句話的意涵是指，自由市場裡那隻「看不見的手」會為消費者和生產者做出最好的安排，前者四處找尋最划算的交易，為自己張羅所需；後者則靠著滿足消費者需求來賺取利益。這樣的基本直覺適用於許多不同情境，唯獨兩個顯著（且知名）的例外。

第一個例外由約翰・納許（John Nash）提出，也就是因為電影《美麗境界》（*A Beautiful Mind*）而為人所知的那位數學家。納許主張，若把許多不同決策者所做的決定拆開，各自單獨解析，就無法預測綜合後果。這個基本觀念能解釋電影裡在酒吧裡發生的一個事件，引發納許採取水平思考的原因，他看到幾位男學生都想討同一位女性歡心，卻全遭拒絕，結果酒吧裡另一名女性見狀，也決定跟進，因為沒有人想讓自己看起來像備胎。本來大家都同意史密斯的主張，也就是自由市場中的競爭對所有人有利，但是上述事例卻讓納許發現其中的瑕疵。

個人利益主導的市場無所不能嗎？打破這個主張的第二個例外，存在於資源共享制度，也就是所謂的公共財，某些人因為自私自利而濫用公共財，導致其他人的資源都被耗盡。率先提出這個問題的是十九世紀的英國經濟學家威廉·佛斯特·洛伊（William Forster Lloyd），他在著作中描寫在公有地上未經管制的放牧行為，最終造成環境傷害。這個觀點不久後就被哲學家、生態學家、人類學家與政治科學家等拿來研究各種問題，包括空氣汙染、集水區汙染、漁獲枯竭及格陵蘭冰層融化等。生態學家加勒特·哈定（Garrett Hardin）在一九六八年投稿《科學》（*Science*）雜誌的著名論文中，正式提出「公有地悲劇」這個說法，該篇論文摘要簡短寫道：「沒有科技方法能解決人口問題，只能從根本上延伸道德良心才能做到。」哈定主要擔心人口成長趨勢及其對地球有限資源的未來影響。還記得在第一章談過，人類曾以為小孩生太多會導致世界末日。對哈定來說，問題在於良善立意與良好制度的不足。

面對Uber與Airbnb，有些人反應激烈，甚至訴諸暴力，因為他們看到的是公有地悲劇再現。這些人擔心不受管制的叫車服務可能導致塞車問題更嚴重、擔心Uber司機比一般計程車司機更容易肇事，或擔心這群不專業的駕駛族群可能危害乘客。他們指出，大眾交通系統本已不受重視，現在加上叫車應用程式與服務，可能只會雪上加霜。舉例來說，在紐約市，曼哈頓五十九街以南的計程車生意被Uber搶攻，不過和Uber上市前相比，城市其他地區的計程車乘車率上升四〇%，導致交通問題更惡化，更降低大眾交通系統的投資誘因。同樣地，Airbnb雖然帶來諸多好處，卻也遭指控為旅客人數過多、鄰里環境惡化、城內租金上漲，終至無法負擔等問題的罪魁禍首。我們該如何思考這些伴隨出現的好處與問題呢？

我想提出三個水平思考論點，為數位共享平台說幾句話。第一個是分享能協助紓解自然資源承受的壓力，如不再需要大量的待用車。美國人平均一週只有六%或七%的時間使用自家車，所以汽車共享其實能更妥善利用現有資源。

第二個是人類似乎願意付錢分享商品與服務，因為能為人生增加價值。《蘋果橘子經濟學》（*Freakonomics*）共同作者史帝文．李維特（Steve Levitt）與同事分析全美前四大城市共四千八百萬趟UberX乘車紀錄，估計消費者因為搭乘Uber獲得的隱形額外經濟好處，是乘車費用的一．六倍。如此換算下來，四大城市預計光是一天就能各獲得一千八百萬美元利益：「如果某天Uber突然意外消失，消費者的損失就有這麼多。」

第三個支持共享的理由，大概也是最重要的一個，假定人類只要無償獲得共享資源，就一定無可避免地導致公有地悲劇，這是錯誤的想法。絕頂聰明的政治科學家伊莉諾．歐斯壯（Elinor

Ostrom）是史上第一位獲得諾貝爾經濟學獎的女性，她和許多美國人一樣，在第二次世界大戰與母親一起照顧「勝利花園」（指在個人私宅後院種植農作物，也算是都市農業的一種）。這個經驗讓歐斯壯想到，在特定條件下，人類確實願意為了公共利益展開合作。她畢生研究各種人類共享資源的情境，包括社區巡邏隊、龍蝦養殖、森林、灌溉系統，當然還有放牧場。她主張只要人類能由下而上地組織，就能避免公有地悲劇，避開資源耗竭與生態系統崩潰的危機，建議是針對資源分享訂定清楚的規則、建立爭端解決機制、針對違反者設計累進式罰則，並且推廣大家參與以互信為基礎的社區自決。

歐斯壯呼籲，使用者組織起來自行管理公共資源，而不是空等政府透過法規來管制。她的主張後來被稱為歐斯壯法則，大意為「實務上可行的資源使用安排，在理論上也肯定可行」，顯示在推廣公眾利益時，草根計畫確實行得通。也許這就是確保共享經濟能對所有人，包含參與者和受影響者在內，都有好處的最佳方式。

◆減少一〇%碳排放的共享行動

「全球生產的食物中有三分之一被丟棄。」馬丁．史密斯（Martin J. Smith）文中提到。應用程式OLIO讓鄰居和地方公司能分享食物，協助避免浪費。OLIO在二〇一五年推出，目前共有來自全球四十九個國家的兩百萬名用戶，該應用程式的精神是「多分享，少浪費」。例如，食物零售商能捐出即將到期的食物，尤其是農產品。食物銀行長期以來收受零售商沒有賣出的存貨，現在數位平台也能加入行列，幫助減少食物浪費與過程中的碳足跡。

同樣地，美國新創公司Rent the Runway試圖讓時尚產業更永續，讓人以租代買挑選衣服。公司表示：「每租一次衣服，就等於省下製作新衣過程中用的水、電及碳排放，一般女性每年平均丟掉八十二磅（約三十七公斤）重的衣服。」

避免食物與服裝造成的不必要浪費，也許能減少高達一〇%的全球碳排放量。對氣候變遷影響最大的產業裡，這兩個產業僅次於第一名的石油業。線上雜誌*Shareable*觀察提出：「在可分享的世界裡，共享汽車、交換衣服、托育合作聯盟、聚餐時每人帶一道菜，以及共居等行為，都能讓生活更有趣、環保而不昂貴。一旦開始分享，不只生活可能過得更好，連世界也能變得更好。」《科學人》雜誌也提出「分享就是關懷」的說法。

共享對環境的好處，目前的研究結果還不一致。一項研究發現，線上平台Craigslist在城市裡上線運作後，廢棄物處理量顯著減少。Zipcar汽車共享服務也有助減少塞車情況與廢氣排放。美國運輸研究委員會（Transportation Research Board）發現，在美國，「每輛共享汽車能替代至少五輛私人汽車」，其他研究結果則多達十三輛。駕駛透過Waze分享路況資訊與堵塞情況，舒緩塞車問題，也減少燃料使用量。Uber、Lyft及其他叫車服務則表示，它們有助於打造更有效率和潔淨的環境。

但是加州大學戴維斯分校（University of California, Davis）的雷吉娜．克萊羅（Regina Clewlow）領導團隊的研究結果指出，叫車服務為美國大城市帶來「更多汽車、更多搭乘次數及更多里程數」，因為如果有更方便的選擇，大家就不會搭乘大眾交通工具：「共享交通可能讓美國大城市居民捨棄乘坐巴士與輕軌（兩者的淨使用率減少量分別是六%和三%）。」不過叫車服務也能搭配其他交通方式，彌補不足，如通勤鐵路使用率增加三%，步行則提高九%。然而，利弊相抵後的淨影響似乎是負面的，「目前這些服務在大城市中，造成民眾傾向捨棄較永續的交通模式，改採使用率較低的交通工具。」

同樣地，Airbnb宣稱比起住旅館，讓旅客住在房東家能大幅減少住宿期間的能源使用。Airbnb委託Cleantech Group這家顧問公司進行研究，發現「在短短一年間，Airbnb在北美的旅客省下的水量相當於兩百七十座奧運規格的游泳池水量，減少的溫室氣體排放量則相當於北美地區公路上三萬三千輛汽車的排放量。」同樣的調查項目，在歐盟的數字甚至更高：省水量等同一千一百座泳池，溫室氣體排放量減少幅度則等同二十萬輛汽車。Airbnb宣稱，北美地區有超過八成的房東家裡至少有一項節能設備。研究也指出，與住旅館的旅客相比，Airbnb房客使用大眾交通工具、走路或騎腳踏車的機率高出一〇%至一五%，不過Airbnb旅客平均來說也比住旅館的族群年輕許多，而這些研究數據也未經獨立驗證。

共享使用不足的資產，對社會究竟是否利大於弊，目前也還不清楚。在許多例子中，汽車有九成以上的時間確實是閒置無用的，但是如果車主透過Uber與Lyft把汽車當作收入來源，隨著里程數上升，則車輛的耐用期間也較短，如果汽車折舊較快，就需要早點更換。一輛車在十年間的使用率只有五%，和使用率超過五〇%但年限較短，何者較佳？這個問題不好回答，因為汽車無論使用程度如何，都會隨著車齡增加而貶值，部分是因為新車款上市，導致舊車遭到淘汰。如果到了二〇三〇年，有顯著比例的私人汽車加入叫車平台，社會能否更好還很難說。例如，若是汽車加速折舊，我們需要想想該如何回收或棄置數量變多的舊車，尤其新車滿街跑的時代更是如此。叫車服務的成長也可能減少大眾交通工具使用率，也可能會對環境帶來負面效應。

住宿共享的例子和叫車服務有相似也有相異之處，許多人經常離開住處，出門度假或出差，有許多人家裡有空屋能出借。從經濟觀點來看，把這些不時閒置的資產拿來賺錢很合理，好在房屋不像汽車折舊得那麼快，與傳統的替代選擇，也就是旅館相比，對環境的影響也較不這麼負面。

整體來說，撇開叫車服務不談，也許共享經濟確實能幫助節省地球資源。荷商安智銀行（ING Bank）的國際調查指出，受訪者表示使用共享平台的原因是相信會有利環境，也能凝聚社區。共享應用程式越受歡迎，就有越多人相信這些服務有益環境。

◆共享與未來

身為卡不離身的千禧世代，霍爾德對於保護環境、降低碳排放量不遺餘力，她之所以會放棄穩定工作，轉為自由接案，一部分是因為這樣就不必通勤，她就是那群有勞動之實的「無業勞工」縮影。協作經濟帶來新現實，讓工作與辦公室、所有權和使用權等概念逐漸模糊。在萬物連網的社會裡，共享意謂著從前的一份工作已被分解成各式各樣的任務，能由不同的人在家或在不同時段容納不同勞工的共享辦公空間內完成。財產也失去部分意義，因為部分取用與使用權帶來彈性，也讓成本更低廉。社會上的潛在文化不再以擁有為核心，而改為注重享受和體驗，這樣的世界觀似乎與公平競爭、強化社區等概念一致。

這些改變趨勢與人口及科技的巨變不謀而合，有可能完全顛覆與革新社會秩序。我們能否再把婚姻、孩子、老化的影響、製造業、房貸、城市及個人電腦等視為理所當然的存在？人類社會最普遍廣泛的制度——錢呢？請翻閱第八章一探究竟。

第八章
貨幣種類比國家多
從區塊鏈到現代銀行的末日

讓我發行與控制一國的錢幣，則我毫不在意該國法律由誰制定。

——銀行家邁爾．阿姆謝爾．羅斯柴爾德（Mayer Amschel Rothschild）

目前在世的多數人生長過程中，世界各國都有自己獨特的主權符號——一面國旗、一位領導人及一種貨幣。但到了二〇三〇年，一些全球最重要貨幣的發行單位將不再是政府，而是公司，甚至是電腦。不過，目前許多人認為這個可能性只是危言聳聽。

馬可．波羅（Marco Polo）於十三世紀末首次在中國觀察到紙幣的使用時，大為震驚地寫道：「這些紙張帶著高度嚴肅與權威發行上市，彷彿是純金或純銀製成似的。」這種奇怪的紙張首次流通，是元朝建立者忽必烈這個蒙古大帝成吉思汗的孫子在一二六〇年推行。幾世紀後，英法百年戰爭期間，現代紙鈔才真正問世。一六九四年，英國與位於英吉利海峽另一端之敵國的戰爭看似永無止盡，威廉三世（William III）手下大臣為了戰爭籌資而突發奇想：授權給英格蘭銀行（Bank of England）這家私人擁有的新公司，允許其向大眾收取金條當作抵押，發行可再次借貸的支票。

某方面來說，貨幣種類比國家數量多並非史無前例：直到十九世紀末期，市面上不時能看到銀行或甚至公司發行的商業支票如貨幣般流通，做為信貸或支付之用。銀行家也不吝於採納新科技。根據傳說，羅斯柴爾德家族便曾透過傳信鴿，比全倫敦更早一步得知拿破崙在一八一五年於滑鐵盧戰役慘敗，並利用這個珍貴的訊息，在債券市場大撈一筆。

政府苦於無法掌控管轄領地內使用的貨幣，銀行危機一再上演，於是在約一百五十年前，決定獨占錢幣的印製與流通事業。到了二〇三〇年，這些國家貨幣獨占地位將遭到侵蝕，一如過去國營航空、電力或通訊傳播事業面臨的狀況。國家貨幣依然是主流，但數位替代選擇也同時存在。

想一窺傳統貨幣、加密貨幣，以及其他貨幣種類百花齊放的未來會是什麼樣子，首先必須了解錢幣如何運作。看看薩爾瓦多．達利（Salvador Dalí）耐人尋味的例子，他是二十世紀最知名的藝術家之一，引領超現實主義潮流，油畫作品現在價值上千萬美元。達利具有敏銳的商業頭腦，有次招待一群朋友到紐約市一家高級餐廳吃飯，這位古怪的藝術家在結帳時突發奇想，出於水平思考決定來一場小實驗。他在支付餐費的已簽名支票背面留下他風格獨特的素描畫作，在畫作上留下證明真

圖九

跡的簽名後，把支票交給服務生，服務生再轉交給餐廳經理。在正常情況下，支票會得到簽名背書，然後存入銀行，但這不是一張普通支票。餐廳經理看到素描，並辨認出執筆藝術家後，決定把支票裱框掛在牆上讓所有人欣賞（圖九）。

達利很高興，後來又故技重施幾次。可想而知，有著達利素描畫的支票出現在好幾家餐廳裡。想想這個情況有多不尋常，被拿來付費的錢一直沒有被存進銀行，因為支票變成藝術品，並因此有了不同的生命。對達利來說，這是神來一筆的伎倆，他能「印製」自己的專屬鈔票（他的畫作有價值），而大家也願意接受把這些作品做為支付方式。當然，就如同真實貨幣一樣，達利因為「印製」過多，導致畫作貶值，價值跌到比餐費還不值，最後餐廳經理終於領悟。

這裡的重點是人人都能印製錢幣，並有潛力使其流通做為支付方式，只要其他人願意相信並認為使用方便即可，其他替代形式的錢幣也能用來當作投資工具，也就是人們可能認為這些錢幣會隨著時間增值。但是一如國家貨幣，任何錢幣都無法背離供需理論法則運作，一旦供應過多就會貶值，降低人們的使用意願。

世界目前仍依賴美元做為國際上最重要的支付工具、計價單位及儲備貨幣。超過半數的國際債務、貸款與外匯存底都是以美元持有，四五%的外匯交易額與國際支付使用美元，貿易方面也有八〇%以上都是用美元開支票。不過美元在國際金融交易市場的優勢地位，到了二〇三〇年可能不保。

新興市場目前在國際市場的占比已過半，更重要的是，中國已是目前全球最大的貿易國家，並磨刀霍霍，準備奪得最大經濟體的寶座。但中國的人民幣（字面意思是「人民的貨幣」）卻不是大家信任的貨幣，連中國人自己都不信。人民幣無法隨意換匯、自由交易，也無法進行自由資本流動。如果中國成為世界領航經濟體，這將是史上首次領航經濟大國無法控制全球法定貨幣。羅馬統治地中海地區時，該國的錢幣**奧里斯**（aureus）成為優勢貨幣。拜占庭時代全盛時期，商人使用**索利都斯**（solidus）錢幣（我認為這是史上最棒的貨幣名稱）。佛羅倫斯成為貿易大城時，**佛羅倫斯幣**（fiorentino）在市面上廣泛流通。後來又出現荷蘭的**荷蘭盾**（guilder）、西班牙的**西班牙銀圓**（real de a ocho；美國建國初期曾廣泛使用該貨幣，稱為「西班牙幣」）、英國的英鎊，當然還有美元。每個經濟霸權或帝國都有人人信任與使用的貨幣。

◆貨幣以及通膨、投機和危機

二十世紀最著名的經濟學家傅利曼提醒我們，凡事都有價格。錢是一種奠基在信任之上、奇妙又聰明的工具。政府發行的貨幣有時背後有黃金等實際資產支持，英國在過去各時期就採行這種策略，避免政治人物揮霍無度與過度舉債。當然，這樣的做法需要真實的黃金支持，因而導致大英帝國兩度與南非波耳人（Boers）開戰，因為當地擁有大量的黃金礦藏。一九四四年，美國也採行金本位制度，以穩定第二次世界大戰後的全球財政體系。後來一九七一年，隨著赤字攀升且聯準會持續印鈔，理查・尼克森（Richard Nixon）總統終結金本位時代。從此以後，貨幣波動、投機行為與危機不斷在全球輪番上演。

我經常告訴學生，除非親身歷經過國家處理惡性通貨膨脹（貨幣價值嚴重減損，同時物價急速上升），否則你永遠無法徹底理解錢的價值。我問他們：這時候你會搭公車還是計程車？多數學生表示，如果物價急速上升，會選擇較便宜的（大眾交通）。但當通貨膨脹以三位數的速度上升時，相對價格的重要性還不如時機；換句話說，搭計程車較好，因為你是搭完才付錢，那時候貨幣價格又更低了，相對之下，公車則是上車就付費。當搭計程車比搭公車相對「便宜」時，你就知道通貨膨脹確實是問題；同樣地，通貨膨脹下，債權人吃虧，債務人占便宜。

傅利曼曾說過：「通貨膨脹無論何時何地都是一種貨幣現象，一旦且唯有在錢幣數量增加得比生產更快時，就會造成通貨膨脹。」換句話說，當過多貨幣追逐過少資產時，就會發生通貨膨脹，美國西部地區淘金熱時期，或北美大平原近期瘋挖掘頁岩油而產生的新興城鎮就是範例。根據這個邏輯，政府如果在乎人民的經濟福祉，自然應該控制貨幣供給，這是一種思考貨幣政策（國家中央銀行採行政策）的想法。有多少經濟學家贊同傅利曼的說法，就有多少經濟學家相信如此貨幣正統學派在處理景氣循環高低時顯得過於僵化。不過傅利曼有一點是對的，「通貨膨脹是未經民意代表協商的強加增稅。」通貨膨脹亂搞市場、擾亂決策者，終至侵蝕全民資產，他支持穩定的貨幣成長率，並認為把貨幣政策交給一台電腦處理，都會表現得比聯準會好。

◆進入加密貨幣時代

逼近二〇三〇年，科技似乎提供新的錢幣思維。除非你就是政府，否則印製貨幣曾經既麻煩又昂貴，而且法律大多不許可。數位加密貨幣在製造上既不麻煩也不昂貴，正在市面上迅速廣為流通（直到被政府禁止前）。目前市面上使用中的加密貨幣總價值已達數千億美元（雖然確切數字確實難以精準估量）。這是數個世代以來，世上首度流通的貨幣種類數量比國家數量還多，隨著每年越來越多的加密貨幣種類問世（無論是否稍縱即逝），這個差距只會越來越大。加密貨幣的革命性，在於不需要靠中央政府授權發行並廣泛流通，只需要有電腦網路即可，這就是**它**真正創新所在，還可能造成破壞。

加密貨幣也滿足傅利曼「用電腦取代聯準會」的夢想，至少理論上如此；也就是加密貨幣不再仰賴聯準會主席決定利率高低與貨幣供給量，而是由電腦演算法控制。

加密世界帶來的刺激新世界究竟意義為何？投機行為將為少數人賺進大筆財富、讓多數人失望，因為加密貨幣的價值目前波動頻繁又幅度甚大。想想當政府無法控制貨幣與資產負債的價值時，人民和政府間的關係會出現什麼變化？我們熟悉的財政與銀行運作手法肯定會有所不同。

加密貨幣是一種電子現金，交易由傳送者以密碼授權進行。支付和帳戶餘額透過所有參與者都能取得的電子登錄方式記錄，這樣的記帳工具被取了一個有趣的名字：區塊鏈（Blockchain）。實際上這是很簡單的概念，想像一英里長的磚牆，往來者可以在每塊磚頭上刻下各式各樣的紀錄，可能是留下自己的名字與造訪日期、愛人的名字，或是最喜歡的書名，唯一的規定是必須接在前一個人刻過的磚頭隔壁，確保每筆刻印間沒有留白。於是大家紛紛留下紀錄，第一排刻滿了，接著下一排，如此接連下去。一旦刻上紀錄就不能抹滅，而且每個人都能看到每筆刻印。這道想像中的牆面刻滿後，就會有第二道一英里長的牆面，在第一道牆面旁平行立起，重複上述過程。牆面能用來記錄各種事，如記錄旅館每個房間內住過哪些人、房客每天用了哪些額外的付費品項，以及退房時總共支付多少錢等，或是市面上流通與支付用的每一枚錢幣與銀行支票由誰擁有，還有這些錢幣何時被拿來付款。

與把各種紀錄記在實體牆面上相比，能改為使用電子登錄系統製作不可變更的紀錄串——也就是區塊鏈。可取得這些紀錄串的電腦負責辨識每筆交易，提供整體系統所需的透明度。每台電腦都有一份一模一樣的完整區塊鏈副本。我們能進一步提升系統安全性，要求在修改每筆交易紀錄時，都需經過全網絡中半數以上的電腦核可。表面上來看，比特幣（Bitcoin）區塊鏈非常安全，想想猜中一個威力球號碼的機率是兩億九千兩百萬分之一，而駭進比特幣私人金鑰（使用兩百五十六位元加密系統），成功率是微乎其微之二的兩百五十六次方分之一，相當於連中九次威力彩的機率。

這個去中心化的透明系統正是中本聰（Satoshi Nakamoto，化名）在著名的白皮書「比特幣：對等網路電子現金系統」（Bitcoin: A Peer-to-Peer Electronic Cash System）裡提出，於二〇〇八年十月三十一日發表在密碼學郵件清單上。這是一個了不起的日期，因為不過幾週前，雷曼兄弟剛宣告破產。該文提出劃時代的想法：「完全對等式的電子現金能讓線上支付無須透過金融機構轉手，直接就從一方送到另一方。」

自從我們發明金錢與銀行後，信任就成為金融活動的核心關鍵。比特幣白皮書中最大膽的一句宣言，提到透過區塊鏈運作的加密貨幣是「無須依賴信任的電子交易系統」。對中本聰來說，「這套網絡的強健之處，就在於簡單無結構。」這套系統裡的節點「透過其中央處理器的運作投下一票、表達它們接受有效的連結……任何必要規範與誘因都能透過這套共識機制執行。」輕輕一個點擊，中本聰很可能就這樣讓擁有數千年歷史的金融發展被迫終結。

據說中本聰的目標是要讓金融服務民主化，這是所有加密貨幣遠見人士、狂熱者及創業家的共同夢想。Coinbase執行長布萊恩・阿姆斯壯（Brian Armstrong）表示：「我們的任務是為世界打造一套開放式的金融系統，相信採用開放協定能讓錢帶來更多創新、經濟自由及平等機會，就像網際網路為資訊公布帶來的改變一樣。」這裡再次可見一項解放科技即將（據支持者的說法）帶來更美好的世界。

然而，每個全心相信加密貨幣的支持者背後，都有更多存疑，甚至強烈排斥的反對者。摩根大通（JPMorgan Chase）執行長傑米・戴蒙（Jamie Dimon）表示：「如果你『蠢』到去買比特幣，總有一天要付出代價。」成功預測二〇〇八年金融海嘯，並因此贏得「末日博士」稱號的努里歐・魯比尼（Nouriel Roubini），指稱加密貨幣領域是「髒臭汙水池」。根據記載，他表示：「相信那種沒用的加密貨幣是什麼屁貨幣有任何一丁點價值，是非常可笑的事。」他相信，「加密貨幣的基礎價值是零，甚至是負的……如果把它帶來的負面外部效應，包括耗費能源、摧毀環境等正確計算在內」，指出區塊鏈（支持比特幣的基礎）運作一年耗費的電力，等於人口近九百萬人的奧地利全國年度用電量。

比特幣做為貨幣，有其優缺點，從價格在二〇一七年底竄升到近兩萬美元，一年後又暴跌到兩千五百美元以下可見一斑，但背後的數位基礎建設倒是一直存在。原因是區塊鏈為「雙重支付」這個經典問題，提供簡單、優雅又有效率的解決方案；亦即該如何避免一個人以同一種支付方式重複付款，就像有人會用假鈔付款一樣？區塊鏈克服這個問題的方法，是讓電子登錄公開、透明，並可供參與者驗證，避免同一個比特幣被使用不只一次。為了提升使用者信心，加密貨幣保證供給穩定且成長率相對緩慢，一律透過可預測與穩定的電腦演算法來推動成長。另一個吸引人的地方，以中本聰的話來說，在於「節點能隨意離開並重新加入網絡，接受最長的工作量證明鏈，證明它們離開時發生了什麼事」。

雖然技術基礎穩固，但比特幣卻無法成功成為讓人信賴與方便的交換工具，做為計價單位或保值工具就更不可能了。失敗原因很複雜，不過大致上是因為無法確定各國政府打算如何管制加密貨幣，以及貪得無厭的投機者總想趁機撈一筆。其他熱門加密貨幣也紛紛退燒，諸如瑞波幣（XRP）、以太幣（Ethereum）、萊特幣（Litecoin）、大零幣（Zcash）及Maker。不過，雖然加密貨幣尚未取代任何實體貨幣，區塊鏈卻早已徹底改變我們熟知的世界。

◆萬物代碼化

全球市場經濟每天發生數十億筆交易，每一次交易至少都有兩方參與，如買方與賣方、保險人與被保險人、借方與貸方。更廣泛來說，人類進行各式各樣有著對造兩方的交易行為，包括婚姻和離婚等法律協議，或人死後分配財產的遺囑等。區塊鏈這樣的科技能讓這些過程變得更簡單、便宜，而且不只如此，加密貨幣專家喬瑟夫．巴頌恩（Joseph Buthorn）主張，區塊鏈能帶領我們邁向「萬物代碼化」的世界，或是為資產、商品、債務、房地產、藝術品、新生兒、民事結合、文憑、投票等各種東西建立數位憑證，甚至數據資料都能被轉為代碼，極有潛力破壞Google與臉書等服務。

直到目前為止，官方紀錄仍是中心化系統，由受使用者信賴，或者往往是政府設立的個別單位或人員負責控制。雖然史上最早的書面紀錄早在五千多年前已出現，但印刷書籍和更近代的電腦卻已改變人類記帳與分享紀錄的模式。區塊鏈獨特的去中心化和不可變更的基本特性，保證將掀起更革命性的改變。

根據歐盟的一份報告，數位登錄科技「為醫療、社會福利支付等各種公共服務帶來機會，拜區塊鏈最新發展所賜，如今已出現可自我執行的契約，提供無人為介入的自動營運型公司使用。」區塊鏈最讓人嘆為觀止的潛力，是能「利用科技將日常交易的部分控制權，從中央菁英分子轉移並分散到一般使用者手上，這麼做能讓系統更加透明，也許會更民主」。這也可能翻轉幾個世紀以來的中心化趨勢，重整人民與政府雙方的關係，打破你我熟知的官僚文化。

區塊鏈的美妙之處，在於允許任何水平延伸應用，一個可能的發展是，可結合數位貨幣與智慧合約（Smart Contract）、數位紀錄管理，以及去中心化自治組織，決策制定不再仰賴常見的科層結構，而這些全都要靠區塊鏈才能運作。「這個概念是區塊鏈能追蹤任何一份契約的權利與義務，並在契約進入流程後自動啟動支付，無須任何人離線時追著錢跑。」邁可・歐克特（Mike Orcutt）在《麻省理工科技評論》（*MIT Technology Review*）中寫道。稅收也可能更簡化，直接在區塊鏈記錄的每筆交易裡，扣除政府的部分。整體來說，透過結合契約執行、記帳、追蹤、收款和補充庫存的機制，將能簡化並加速供應鏈管理。

區塊鏈科技也能用來追蹤特定商品的原產地，在這個企業剝削人民與資源醜聞不斷的時代裡，消費者越來越在意這些資訊的公開透明。例如在成衣業，某些公司開始為每件服飾配上獨特的數位代碼，讓消費者能完整檢視供應鏈，上至原物料採購，下至成品配銷，透過這種做法阻止廠商濫用童工或使用違禁物料。

我從前教過的學生米夏爾・貝內迪欽可斯基（Michal Benedykcinski）成立Dexio這家新創公司，使用區塊鏈科技追蹤鑽石產地資訊，服務想避免買到「血鑽石」的消費者，「血鑽石」是指透過剝削或趁戰亂顛沛流離而掠奪獲得的寶石。另一位學生亞傑・阿南（Ajay Anand）則專注於確保每個人在買下訂婚戒時，都清楚了解自己帶回家的東西。為了寫一份研究報告，阿南和其他同學走訪印度、孟加拉及菲律賓，了解當地童工的情形，拜訪兒童權益鬥士凱拉許・沙提雅提（Kailash Satyarthi，後來他在二〇一四年獲頒諾貝爾和平獎），這趟調查工作促使他考慮創業。

在聯合國實習期間，阿南深受啟發，創立Systmapp這家公司，致力於最佳化非營利組織的管理策略，目前營運遍及五十國，並獲得比爾與梅琳達・蓋茲基金會贊助。阿南在決定訂婚時，靈光一閃。他發現選購鑽石難如登天又非常耗時，他深感這個市場極不透明，人人都難以取得價格與品質等資訊，於是決定使用人工智慧和機器學習技術分析市場趨勢，在二〇一六年十月成立新創公司Rare Carat。阿南表示：「我們能預測鑽石價格，比Zillow預測房價還要精準。」他在IBM全球新創競賽（IBM Global Entrepreneurship）中提出這個想法，成功進入前五十名並贏得獎助金，接著使用區塊鏈科技讓鑽石交易資訊更公開透明。目前阿南的公司共有三十名雇員，營收超過一億美元。

◆加密天堂中的天作之合

在數位革命能讓人輕鬆竊取軟體、影片、音樂及其他形式電子商品以前，如專利、商標與版權等傳統的保護方式仍相對有效，但現況再也不是如此了。科技創新的腳步越來越快，專利、商標與版權應用趨勢也是。二〇一八年《富比士》曾問道：「我們能如何利用區塊鏈，讓智慧財產權變得更『智慧』？」

一大關鍵挑戰是在第七章談過的共享平台種類，無授權限制的原創音樂或影片內容可在網路上分享，權利金的收取與發送則交給區塊鏈技術，由後者追蹤有哪些可取得內容，以及有多少人使用這些內容。公司也在探索是否可能用區塊鏈來移轉所有權給他方，同時順利收費。區塊鏈技術「能將侵權行為降到最低，並為每項智慧財產提供電子監管鏈」，這麼一來，大眾就能評斷「每項產品的實力與價值」，安德魯·羅素（Andrew Rossow）在《富比士》中寫道。戴頓大學（University of Dayton）法律教授崔西·萊利（Tracy Reilly）表示：「透過Grokster、Napster和iTunes等平台將有版權的歌曲數位化這件事，本身沒有什麼新穎之處，真正讓版權所有者感到興奮的創新所在，是區塊鏈技術在不久後極有潛力可打造數位足跡，促進執法當局取締未經授權的數位使用……特別是在社群媒體網站上的侵權行為。」甚至所有藝術家、製片人與製作人在工作上要經歷的授權程序，都能透過區塊鏈技術獲得協助。

國際通商法律事務所（Baker McKenzie）律師碧爾吉特·克拉克（Birgit Clark）主張，區塊鏈與智慧財產權是「加密天堂中的天作之合」，她認為區塊鏈的潛在可應用範圍，包括「創作與來源驗證的證據、註冊與清查智慧財產權；管控與追蹤（未）登記智慧財產權的散布；真實和／或首次的貿易和／或商業使用的證據提供、數位權利管理（如線上音樂網站）；透過智慧合約建立並執行智慧財產權協議、授權或獨家配銷網路；以及即時轉帳給智慧財產擁有人。」某筆財產相關的完整事件史，人人在區塊鏈上都能看到無法變更的紀錄，上述想法就是要利用這點特性。

現行的智慧財產法規制定者和驗證者都是在數位時代之前就任，當時沒有人能預料到科技革新會如此快速。尼克·伊斯梅爾（Nick Ismail）在《資訊時代》（*Information Age*）中寫道，區塊鏈能讓腦力激盪、創立所有權到授權等整個創新循環最佳化，對汽車、電腦等複雜產品更是如此，軟體、音樂及影片等無形資產等也非常適用。

伊斯梅爾認為：「在全球化經濟中，管理智慧財產權是極大的挑戰。公司要決定要保護創意的哪個部分，然後再個別申請在各相關地區的專利保護。」數位化登錄的關鍵優勢在於，「打開新機會，讓新創意先進入區塊鏈，而後再更新。」這項新技術可能會成為創意過程中不可或缺的一部分，他也提到，「區塊鏈最終對智慧財產權產業的影響，可能大於對金融服務業的影響，挑戰在於打造適用此科技的應用途徑。」

◆用區塊鏈打破官僚文化

區塊鏈的其他水平應用，則在於政府機構與人民間、企業與股東間，或是政黨與黨員間，以及政府與選民間的互動。舉例來說，多數選舉用的仍是紙本選票或非常原始的投票機器。使用區塊鏈科技的電子投票系統能減少設立投開票所的需求，讓投票更方便。每位登記選民在區塊鏈上都有紀錄，選民使用私人金鑰授權後，即可投票。丹麥有些政黨曾在內部投票時用過這種系統；愛沙尼亞的公司則用來蒐集股東投票。電子投票的另一項重點優勢是，能避免投票人遭到脅迫。參與率和投票率可能提高，雖然數位近用不均也可能導致區域不均。事實上，有了區塊鏈技術，教育程度較高、較成熟世故族群的投票率可能會更高，而這群人的投票率本來就較高。對全國選舉而言，代價也較高。歐洲議會（European Parliament）的一項研究指出，「技術不夠完善，無法確保結果公正有效，所有選民即便對結果失望，都必須接受投票過程合法而可靠，所以（電子投票）除了確保實際安全與準確外，還必須受人信服和信任。」

如果採取水平思考呢？想想這個可能性：如果我們利用區塊鏈技術，在取得某種程度的事前同意下，迫使政府官員自動兌現政見？例如，選後某些政見可以透過「智慧合約」，或分配到特定預算項目中的款項，讓政策確實執行。智慧合約在經濟中各個層面都能使用，不限於政府政策制定。合約中包含交易雙方同意的一套規則，一旦符合特定條件，就會自動執行。舉一個簡單的例子，借貸合約中可設定，如果市場利率下降，就自動改採較低的房貸保險費率。借用歐洲議會的說法，這種合約將是「自我節制、自動實施，且自動執行」，只不過還要在合約裡限制：「當地法律效力高於程式訂定的「法律」。」

「催生區塊鏈的演算法是強大又具破壞性的創新。」英國政府首席科學顧問在一份二〇一六年的報告中開頭寫道。區塊鏈「可能改造公共與私人服務的遞送模式，並透過各種應用方式提升生產力。」該報告特別提倡使用區塊鏈技術，降低成本、支援法遵並促進究責，以改善政府公共服務。區塊鏈技術還能幫忙收稅、分發福利，並讓政府與人民間的互動更流暢。

◆數位共和國

如果想知道人民與政府到了二〇三〇年將如何互動，不妨到愛沙尼亞走一趟，該國擁有全球最先進的電子政府，甚至向世界自稱為「電子愛沙尼亞」（e-Estonia）。這個人口只有一百三十萬人的小國，國民能在線上申請福利、領取藥單、註冊公司、投票，以及使用其他近三千項的線上政府數位服務。《連線》雜誌稱愛沙尼亞是「全世界最先進的數位社會」。海勒在《紐約客》雜誌中則稱該國為「數位共和國」，並表示：「它的政府虛擬、無疆界、運用區塊鏈科技，而且安全。」他稱愛沙尼亞是「政府協力將國家改造為數位社會」。

愛沙尼亞的模式有很多潛力後進，加泰隆尼亞自治區政府雖然謀求成為獨立國家遲遲未果，卻依然想效法愛沙尼亞經驗，嘗試打造精實又數位化的國家架構，但獨立建國目標其實正好與愛沙尼亞的方向相互衝突，因為後者想做的是突破傳統的「國家」概念。海勒表示，愛沙尼亞有一個「數位『居民』計畫，一如其名，就是讓登入的外國人取用國內部分服務，如銀行等，就好像他們真的住在愛沙尼亞國內」，這確實對部分使用者很方便，也讓愛沙尼亞多了更多稅收來源，卻可能帶來很多意想不到的風險。愛沙尼亞人此舉正在打造史上第一個沒有國界的後現代虛擬國家，目前有近三萬個外國人申請成為該國的數位居民。愛沙尼亞以水平思考開拓新局，將區塊鏈廣泛應用到全體經濟與社會。

如同行動支付和都市農業的例子，一些如迦納與肯亞等非洲國家，也是全球率先嘗試透過科技拉近政府和人民距離的地區。世界銀行指出：「電子迦納（eGhana）計畫透過劃時代的資訊與通信科技（Information and Communication Technology, ICT）設計來減少官僚文化，讓服務更貼近大眾，目前幾個非洲國家正在複製這類行動。」一個獨立研究團隊評估肯亞的成果，認為該國「打造的政治、法規與企業環境適合推動……電子政府」，帶來「減少官僚文化、各項服務二十四小時不打烊、交易快速方便、透明度與究責性增加、員工生產力提升，以及資訊流通更容易」等各種效益。迦納與肯亞持續引領資訊科技應用先鋒，在醫療保健、行動貨幣及公共行政方面做得特別好。然而，數位落差的問題依然存在，該研究指出：「偏遠地區有一群人缺乏使用政府線上服務所需的技能與基礎建設，權利因此遭到剝奪。」

各國政府正在善用區塊鏈的一項核心特色，歐洲議會的研究主張，一如在商業世界裡，「區塊鏈中的資料不可被更改……這項特質帶來透明性與究責性。」只要能保障隱私和資料安全，區塊鏈就能讓人民生活更簡便，政府公僕的日子也更輕鬆，雖然有些人可能因此變成冗員，不久後我們就會知道是否果真如此。投票方面，教育程度較高與最容易連上網路的族群獲益最多，這個問題只能靠更努力推動數位包容來解決。

◆用區塊鏈解決槍枝管制

這是華盛頓州立大學（Washington State University）公衛教授湯瑪斯・赫斯頓（Thomas Heston）於二〇一七年十一月發表的一份報告標題，提出另一個區塊鏈的水平應用可能。「區塊鏈技術能在不更動現行法律下，改善槍枝管制現況。」他這麼寫道，並表示：「這樣的科技進步有助於槍枝追蹤，改進高風險個體的篩選率，且將個案背景調查與追蹤犯案現場使用槍枝做得更好」。他天真地認為，「以區塊鏈技術為基礎的數位槍櫃，有助進一步落實現行槍枝法規、保護隱私，以及改善槍枝管制。」

現實是美國缺乏中央化的槍枝登錄系統，因此嚴重影響執法成效，導致這個擁有全球四・五%人口、國民擁有槍枝率高達四二%的國家中，難以防範與調查犯罪案。持槍權擁護者不信任由聯邦政府建立這樣的資料庫，「記錄中央化的天然解決之道是什麼？就是紀錄去中央化。」加州大學柏克萊分校電腦科學學生路克・史特佳（Luke Strgar）說道：「簡單來說，就是打造由擁槍社群管理紀錄的平台。」他的目標是找到能讓槍枝管制議題兩方陣營都同意的解決方案。

不過目前尚未成功，只是惹惱支持持槍權的遊說方，不少立法者對這個想法高度警戒，甚至決定採取行動。亞利桑那州在二〇一七年四月首開全美先例，通過法案禁止使用任何區塊鏈技術追蹤槍枝；密蘇里州眾議員尼克・施勒爾（Nick Schroer）在同年稍晚也提出類似法案，主張「想到要由第三方或『老大哥』監控你在不同時候分別發射多少顆子彈，議員們還是感到非常不妥」。目前區塊鏈科技在槍枝管制上的應用，和其他試圖管制全美可用槍枝的方案一樣，持續遭遇立法阻撓。

◆以代幣對抗貧窮

歐克特在《麻省理工科技評論》中提到：「中本聰發明比特幣區塊鏈，讓人無須透過銀行或政府進行金融交易」，並說：「多諷刺啊！全球推動區塊鏈的最大功臣……竟然是世界銀行。」世界銀行目前使用區塊鏈讓贊助教育計畫者檢視捐款如何被運用，還發行以區塊鏈技術為基礎的債券，籌措八千萬美元資助永續發展目標。世界銀行每年以債券形式募集六百億美元支應開發計畫所需，而區塊鏈能減少募款過程裡必要的中介者數量，並確保多數募得款項可以確實嘉惠基層人民。這項技術也能幫助財政困難的地方政府，幫助簡化稅收、繳費與付款等流程。

阻礙經濟發展的一大障礙是，世界上多數人民缺乏取用正式財政部門服務的管道。非洲與南亞部分地區，只有不到五％的人口及半數中小企業擁有銀行帳戶。比爾與梅琳達．蓋茲基金會推動基層專案（Level One Project），做為旗下窮人財務服務（Financial Service for the Poor）計畫的一部分，後者的目的在打造以區塊鏈技術為基礎的國家數位支付系統，這與使用手機透過現行系統支付交易不同，區塊鏈能讓人民與小公司不受所屬電信公司限制，自由移動金錢。該計畫主持人寇斯塔．沛里克（Kosta Peric）表示：「我的夢想是整個非洲成為一個龐大、可跨網營運的支付平台。」

索馬利亞則是「失敗國家」的教科書案例，當地有近六成人口處於流浪或半流浪狀態。十六歲以上的索馬利亞人，十人中有九人擁有手機，且十人中有七人每個月至少用手機進行一次行動支付。由於該國銀行體系運作不良，人民除了行動支付外別無選擇，缺點是系統也被用來洗錢與資助恐怖行動，手機的究責性和可追蹤性有限，以區塊鏈為基礎的去中心化登錄系統可改善這個問題。

◆追蹤瀕危生物與節約能源

二〇一八年，一頭六十六英尺的藍鯨擱淺在智利的大西洋海岸邊。里奧賽科國家自然史博物館（Museum of Natural History Río Seco）研究人員嘉比艾拉．嘉里多（Gabriela Garrido）不敢置信地看著人們跳上鯨魚屍體上自拍、在上面塗鴉，這件事後來傳遍國際。波多黎各瀕危動物保護運動人士亞歷山大．羅貝特（Alessandro Roberto）問道：「我們該怎麼保護這些動物免於人類傷害？」烏干達非營利組織Care for the Uncared使用區塊鏈科技，追蹤、標記與保護藍鯨、孟加拉虎、海獺、亞洲象及貓熊等瀕危動物。組織發言人貝爾．卡布姆達（Bale Kabumda）表示：「這份紀錄在區塊鏈中是公開資訊，這樣能改變我們的行為，以及與大自然互動的方式，最終將能協助我們了解導致物種絕種的關鍵因素。」該組織也正在架設接受捐款的比特幣平台。

區塊鏈結合充滿相連晶片與感應器的物聯網後，也可用來促進環保。有個提案頗具潛力，是讓公司與個人能將碳權轉換為可在交易所交易的數位代幣，鼓勵大家從事有環保意識的行為。

區塊鏈還有其他有益環境的用途，多一點水平思考就好了。例如區塊鏈能改善流程，幫助家戶出售多餘的太陽能，省去與當地電力單位交涉時麻煩的文件手續。班・席勒（Ben Schiller）在《快公司》中撰文提及，歐洲新創公司WePower提倡透過對等網絡，「讓這些電力可交易、可供人人取用」。該公司共同創辦人尼克・馬帝紐克（Nick Martyniuk）認為：「隨著能源生產越來越去中心化，電網也將跟著去中心化，而區塊鏈的本質意謂這兩個發展趨勢將同時並行。」

另一家新創公司Energi Mine，則利用區塊鏈以代幣形式給予「金色星星」，只要你搭乘大眾交通工具、把舊家電換成節能家電，或提升自家房屋的隔熱效果，就能因為減少碳足跡而獲得星星獎勵。《富比士》報導：「因為代幣具有市場價值，所以能拿來支付電費、讓電子交通工具充電，或換成（非數位的）『普通』錢幣。」另一家新創公司則利用區塊鏈幫助公司管理碳權，讓碳權交易更簡便。碳權為碳排放減量標上價碼，但Ecosphere+執行長麗莎・沃克（Lisa Walker）表示：「少了通用分類帳，很難追蹤你到底用了多少碳，或如果你減碳來抵消碳排放，你的減碳行動造就多少有形的影響。」公司與政府都能追蹤自家產品或服務留下多少碳足跡；消費者也因此能了解自己的選擇對環境會有多少影響。沃克認為：「上百萬筆小型交易集合起來，能帶來巨大的集體影響。」區塊鏈能大幅幫助你我遏止氣候變遷。

但除了拯救地球外，這種資訊科技的使用也有黑暗面，區塊鏈技術本身就是氣候變遷的一大幫凶。《自然》期刊報導，預測到了二〇三〇年，資訊與通信科技基礎建設將耗費超過二〇%的總用電量。「資料中心約占〇．三%的總碳排放量，整體來說，資訊與通信科技生態系統，廣義包含個人數位裝置、行動電話網絡及電視等，則占全球碳排放量的二%。這麼算來，資訊與通信科技業的碳足跡和航空業使用燃料的碳排放量不相上下。」這甚至尚未計入預計將增加的加密貨幣交易，這也是極度耗費能源的一項。「這個社會對資料極為渴求，我們用的資料越來越多，導致耗費的能源也越來越多。」美國超過三分之一的資料流量都用在Netflix串流服務上，分享高解析度照片耗用的流量也差不多。唯有我們有決心過得更環保，才可能減少碳足跡。美國最大的數位公司大多使用太陽能與風能供應資料中心所需用電，不過到目前為止，中國尚未響應。

◆代幣會扼殺銀行業和其他產業嗎？

「矽谷要來了。」戴蒙在二〇一五年寫給摩根大通股東的信中如此提到，「現在有上百家新創公司，帶來滿滿的人才與資金，努力研發取代傳統銀行業的各種替代方案。」上百萬份銀行業的工作，因為自動化和區塊鏈應用而岌岌可危。Future Today Institute創辦人艾咪．韋伯（Amy Webb）認為：「電腦越來越聰明，已不需要人類中介者。交易專業從業人員將面臨機器帶來的破壞，這點無庸置疑，而且改變會很快到來。」專家提到當代的銀行、銀行業與銀行從業人員三者中，只有一個能撐過區塊鏈革命。銀行後端使用區塊鏈科技已讓銀行本身飽受威脅，而且年輕世代偏好使用應用程式，從業人員的工作也能被機器人取代，「機器人理財顧問」趨勢已證實這一點，未來的銀行業將不需仰賴銀行與從業人員即可運作。

區塊鏈對勞動市場的衝擊，將與第六章討論的機器人技術一樣深遠，原因正是因為改變遊戲規則。歷史上自由資本主義以契約法和紀錄為根據，促進各種行業興起，這些行業扮演經濟與金融交易各環節裡的中介者，如交易、結算、驗證、履約、交割及記帳。這些職業提供全球各地人民上百萬份工作。存在於線上且人人可取用的去中心化、公開、分散區塊鏈，將使許多中介者不復存在。金融服務部門與旗下不少薪酬優渥的職位，很可能從此改頭換面。

以區塊鏈為基礎的智慧合約，如本章前述談過的幾個例子，可能導致大批律師與會計師淪為冗員。二〇一〇年起，美國法學院註冊率大跌二九%，部分因為文件蒐證程序導入人工智慧解決方案，該階段原本都由年輕律師負責，是導致律師供給過剩的原因之一。智慧合約還可能再侵蝕一部分的法律勞動市場，不過有些專家不同意。「擔心將因機器人而失業的律師，你們做的工作其實和智慧合約互補。」加密資產公司 Global Financial Access 共同創辦人尼克．薩博（Nick Szabo）提出警告：「智慧合約大多用在過去尚未做過的新嘗試。」在他看來，「傳統法律仰賴人工，是在地性又充滿不確定性」，而「公共區塊鏈的運作則是自動化、全球性且可預測」。

會計工作也將受到區塊鏈嚴重衝擊。根據Statista估計，全美二〇一八年共有約一百三十萬名受僱會計師與稽核師。有些低階服務如對帳、詢證、處理應收和應付帳款等，可以不靠人力，轉交區塊鏈執行；其他像是稽核、簽證、申報稅務等，使用區塊鏈技術能提升效率，但是依然少不了會計師與稽核師的幫助。「會計圈對於區塊鏈這個話題半是擔憂，半是興奮」，《今日會計》（*Accounting Today*）觀察表示：「但這個議題不需要一直保持神祕。」

區塊鏈將改變二〇三〇年的世界，廢除許多登錄系統，省去巨量文書作業與工作。

◆區塊鏈與加密貨幣的未來？

一切始於將錢幣變為加密代幣，區塊鏈在各領域的應用潛力，將不輸數位貨幣到了二〇三〇年的重要性，舉凡政府服務、智慧財產權、貿易交易、仿冒品管制、槍枝管制、扶貧濟困及環境保護等，應用範圍極廣泛又讓人躍躍欲試，而這些全是水平思考的成果。我認為加密貨幣將能實現許多使用者（也許還有立法者）的想像，只要他們改變對金錢與如何用錢的思維，並且拓展視野、擁抱機會，不將思考局限於經商或管理個人財務，而是思考該如何改善生活，就能達成。如果數位貨幣只取代現金就令人失望了，但是若能解決搬移現金所需的高額成本，又提供誘因鼓勵個人珍惜資源或減少碳足跡，你我就可能有幸見證金融領域的重大轉變，同時拯救地球。關鍵在於在將加密貨幣的應用，與我們希望造成的行為改變相互連接。人類除了嘉惠社會大眾的長遠好處（減少碳排放量）外，也需要獲得某些即時的好處（如使用便利或降低每筆交易成本）。例如，假使我透過數位平台分享食物或衣物，減少個人浪費行為，持有的加密貨幣利息就應該提高。

不過正如我希望透過本書傳達的，無論我們喜歡與否，人口、地緣政治及政治力量都在運作，而且彼此緊密牽動，要如何應付這些變化，就是未來新世界的關鍵試煉。

結語 贏在二〇三〇年後的未來

◇◆◇

如果採取對抗（外在趨勢），抗拒的很可能是未來，張臂擁抱，才能乘風而起。

——亞馬遜創辦人暨執行長貝佐斯

二〇一九年，一群科學家宣布成功拍出首張黑洞照片，震驚全世界，距離阿爾伯特·愛因斯坦（Albert Einstein）在一九一五年首次提出相對論，事隔超過一百年。這張照片其實是由國際間共八架無線電望遠鏡在四天內拍下的無數靜態照片組合而成。領導這一次行動的天文學家謝普·多勒曼（Sheperd Doeleman）表示：「從前以為看不見的，現在看見了。」

看見看不見的事物，是我在二〇三〇年的目標，或者可以比喻為在人口變化、氣候暖化、科技破壞與地緣政治失序所重塑的新興世界中，努力看見黑洞。我們是否注定完蛋？

沒有人能預見未來，但卻能靠著智慧逐漸接近，這有賴你我持續採行水平思考。以下有七項原則，後續會一一解釋：

1. 揮別海岸
2. 為分散風險設定目標
3. 邁向成功，從小事做起
4. 做好碰上死路一條的心理準備
5. 面對不確定性，保持樂觀心態
6. 稀少並不可怕
7. 順勢而為

◆來自非洲的挑戰與威脅

小說家威廉·福克納（William Faulkner）曾寫道：「除非你有勇氣揮別海岸，否則無法游向新大陸。」一對未知的恐懼，讓人類無法把握二〇三〇年及其後降臨巨變所帶來的機會。讓我以西班牙征服墨西哥的故事來說明，這是人類史上最危險與艱難的一次征服行動，殘酷的埃爾南·科爾特斯

（Hernán Cortés）在一五一九年從墨西哥維拉克斯（Veracruz）出發，前往阿茲特克帝國首都特諾奇提特蘭（Tenochtitlán），也就是今日墨西哥城所在位置，他下令擊沉己方的十一艘船艦，根據一名士兵表示，此舉是為了確保兩百多名手下不會有人試著「回到古巴」，他要手下「以良劍與勇氣為依歸」。

上述寫出這段歷史的士兵是貝爾納爾・迪亞斯・德爾・卡斯蒂略（Bernal Díaz del Castillo），他的出生地距離我在西班牙西北方的老家不遠。一五一四年，當時十八歲的卡斯蒂略離開家鄉來到美洲，並寫下這輩子曾經歷的諸多歷險經驗。透過他的記述，我們得知當時科爾特斯儘管對陌生帝國的地理與政治只有淺薄認識，卻能動員部隊賭上一把。科爾特斯違背古巴總督迪亞哥・貝拉斯克斯・德・庫埃里亞爾（Diego Velázquez de Cuéllar）的命令，不願撤軍保命，庫埃里亞爾「緊急派遣兩名侍僕……代為傳令拔除科爾特斯軍銜、扣押部隊、逮捕科爾特斯，並送往聖地牙哥囚禁」，卡斯蒂略的紀錄中如此描述。

但科爾特斯並不是魯莽的笨蛋，他的手上總有著備案，萬一冒險失敗也能掩蓋蹤跡。卡斯蒂略寫道：「我們與科爾特斯討論時，提議擊沉艦隊，當時他早就決定這麼做，卻想讓提議看起來是由我們提出，以便萬一有人向他索賠，他大可說是遵循我們的建議，把我們拖下水，一起還債。」科爾特斯的大膽計畫奏效。一五一九年十一月八日，科爾特斯抵達特諾奇提特蘭時，距離他駛離古巴岸邊已將近一年。經過一連串的小型衝突、欺敵戰術與密謀，命運之神送上天花之亂，阿茲特克帝國終於在一五二一年八月崩潰瓦解。

對多數美國人來說，非洲人口成長、移民、自動化或加密貨幣，是充滿挑戰與威脅的險峻發展。這些擔憂部分雖然有理可循，但以恐懼看待只會阻礙你我適應新環境而毫無幫助。科爾特斯的故事精神是要克服恐懼，直視前方，揮別海岸，與其預設移民將搶走工作，不如來點水平思考，你就能看見他們對經濟的諸多貢獻；與其悲觀看待非洲未來，不如與他們合作，為十年間將在非洲出生的四億五千萬名嬰兒提供適當教育。自動化與加密貨幣的力量看似勢不可當，但也許我們能正視科技破壞，接受現實，擁抱創新，確保沒人被遺落在後。

◆為分散風險設定目標

面對不確定性，恐懼迫使人類分散風險，或說降低自身對眼前威脅的暴露程度。如同俗話說：不要把雞蛋放在同一個籃子裡。投資人、經理人及那些幸運擁有退休基金的人，每天利用這個技巧安然度過市場中的未知亂流，但是該原則也適用許多情境，關鍵就在於為分散風險設定目標。

想想樂高（Lego）的例子，該公司產品虜獲各個世代，大人、小孩都是粉絲。一九九〇年代，這家總部位於丹麥一個古樸村莊裡的家族企業，因為電玩遊戲和其他電子玩具生意太好而被沖昏頭，決定重新自我定位為「生活化」企業，嘗試開發樂高品牌的服飾、珠寶及手錶，還成立自家的電玩遊戲公司與主題樂園，結果全部一敗塗地。二〇〇一年新上任的執行長喬丹・維格・納斯托普

（Jørgen Vig Knudstorp）調整方向，決定「回歸積木」，並重整分散風險策略，這一次多了既定目標，策略奏效，銷售量竄升，樂高超越孩之寶（Hasbro）與美泰兒（Mattel），成為全球最大的玩具公司，還得到「玩具界的蘋果」稱號。他們做了什麼改變？

若是想要成功分散風險，必須考慮客群需求，以及具有的競爭優勢。樂高於一九三二年成立，之後一九四九年創辦人之子哥佛瑞・克里斯坦森（Godtfred Christiansen）改良當時的「卡扣式積木」（self-locking building brick），開始生產經典塑膠積木，公司於一九五八年為旗下玩具申請美國專利。他們的基本概念是相容性，身為數學老師兼作家的樂高粉絲威爾・里德（Will Reed）寫道：「樂高出現以前，沒有任何玩具系統可彼此相容。這套系統的靈活彈性，讓玩家能打造實現幾乎所有夢想：恐龍、汽車、建築物，甚至是明日世界才看得到的玩意兒。」玩具構想容許各種變化。《玩具盒裡的創新：樂高以積木、人偶瘋迷十億人的秘密》（*Brick by Brick: How LEGO Rewrote the Rules of Innovation and Conquered the Global Toy Industry*）一書作者大衛・羅伯森（David Robertson）寫道：「六塊積木總共能拼出九億一千五百萬種可能的組合。」樂高行銷長茱莉亞・戈丁（Julia Goldin）表示：「重點在於問題解決能力，還有合作，我們要幫助使用者學會讓自己在現實世界裡更堅強、更成功，相信我們在孩童的人生發展中扮演重要角色。」

樂高了解，公司要永續發展的祕訣在於建立跨世代橋梁，這也是邁向二〇三〇年的重點之一。公司開發出《樂高玩電影》（*The Lego Movie*）、《樂高星際大戰》（*Lego Star Wars*）、《樂高蝙蝠俠電影》（*The Lego Batman Movie*）和《樂高旋風忍者電影》（*The Lego Ninjago Movie*）等可建構式的模型人偶、桌上型遊戲及適合闔家觀賞的電影。「無論年紀與能力，任何人都能拿起樂高積木、盡情發揮想像力。」約翰．漢隆（John Hanlon）提出觀察，身為電視製作人的他在二〇一一年與兄長約書亞．漢隆（Joshua Hanlon）共同經營YouTube頻道，「樂高以全面性的非電子娛樂體驗，聚集青銀世代。」

不過若想在二〇三〇年後邁向繁榮，在設定風險分散目標時要想得更深入一點。約翰．史坦貝克（John Steinbeck）曾寫過：「點子就像兔子一樣，先找一對來學著照顧，過沒多久後就繁衍成一打了。」套用於此，樂高最大膽的分散策略在於靈感來源，這是所有人面對未來時都會碰上的議題。將近一百萬個成人加入樂高點子（Lego Ideas）網站的討論社群。公司透過這個方法，把數位革命融入企業模式中，不是一味修改產品，而是邀請使用者加入討論。借用詹姆斯．索羅維基（James Surowiecki）的話，樂高仰賴「群體的智慧」（Wisdom of Crowds，索羅維基藉此命名他登上暢銷書排行榜的著作）。樂高社群媒體與影像總監拉爾斯．西爾貝鮑爾（Lars Silberbauer）表示：「身在破壞趨勢一再來襲的世界中，如果想行動，就必須針對目前進行的工作蒐集越多不同觀點越好。」透過變相的群眾外包，樂高將權力交給消費者，為公司勾勒出目標客群的想望與需求輪廓。

面對二〇三〇年，我們要保持心胸開放，接納各種新想法。死守長期以來的信念與做事方法，並以為這能幫助自己度過預期壽命不斷增長、人口老化，以及人工智慧等變化帶來的影響，根本就是大錯特錯。當世界發生諸多變動時，所謂的「歷經時間考驗」不過就是「落伍」而已，因此我們有必要採納全新觀點，好比想想在智慧機械時代，該如何重新定義何謂退休、何謂工作內容。

◆微小而漸進的「微調策略」

面對大規模變化，另一個害你事倍功半的信念是，以為想成功就要有大膽行動，人在陷入恐懼時往往會反應過度。蘋果（史上第一家市值超過一兆美元的公司）已經示範過了，從小點子出發，一再重複步驟，步步採行水平思考，效果遠比企圖達成重大突破好上許多。蘋果從電腦運算與遠距通訊，到音樂和娛樂，各方面都導入破壞，打造出各種你我從此不離身的裝置，但該公司的策略就是針對現有產品與服務，帶來微小而漸進式的改變，並一再尋找新的組合排列和水平連結。麥爾坎・葛拉威爾（Malcolm Gladwell）在《紐約客》一篇名為「微調高手」的文章中，回顧華特・艾薩克森（Walter Isaacson）撰寫的賈伯斯傳記，其中提及數位音樂播放器、智慧型手機及平板都不是賈伯斯的新創發明，他做的是讓它們更好用，「他逼迫開發人員做出新的版本、再一個版本，就這樣總共做了大概二十個，堅持每個新版本都要做出一些調整。」基本上，蘋果就是向消費者保證產品會持續進化，每次改善都不是什麼偉大的計畫使然，而是預期將有新的市場與科技變革，以及根據消費者的回饋做調整，就好比在設計和實用間形成持續不斷的回饋循環。賈伯斯知道面對快速變化的環境，最佳策略不是事先規劃好每一步，而是一邊前進、一邊隨時注意該如何改善現況。

這種漸進式策略要奏效，首先得坦誠面對自己的錯誤，並找出錯誤何在，留意任何與你的現實模型不符的回饋意見，認真對待，做出相應調整，這就叫做「更新你的先驗」，願意在過程中納入新獲得的資訊。

明明證據就在眼前，還指出你正在做的並不管用，你卻依然堅持己見，想想這該有多慘。加州大學柏克萊分校心理學家貝瑞・史塔（Barry Staw）稱這種毫無幫助的策略為「承諾升級」（Escalation of Commitment）。簡單來說，就是面對負面結果，你決定加倍堅持原定決策，也許是為了合理化決策或為自己辯護，即便這麼做只可能導致結果更糟，改變做法取得理想結果從未成為你的選項，直接落入盲點。

這裡有一個義無反顧落入承諾升級陷阱的最佳範例，阿富汗一長串失敗的外來干預行動。英國、蘇聯及美國都各自加強在這個中亞戰亂大國的介入程度，將威靈頓公爵（Duke of Wellington）的諄諄教誨拋諸腦後。威靈頓公爵在滑鐵盧戰役中打敗拿破崙，為這位法國人的傳奇事業畫下句點，他曾觀察到在阿富汗，「小型陸軍部隊全遭殲滅，大型部隊則會餓死。」所有入侵阿富汗的軍隊都不把這句警語當成一回事。看著戰事持續，停戰之日遙遙無期，入侵者一再加碼，派來更多部隊，卻徒勞無功。沒有外來勢力能成功征服這個棘手的國度，因為他們全都固執地死守著必敗戰略。這些上將都犯下賭徒在賭場內的低級錯誤，以為只要堅守到底，就能終結一連串的敗仗。就算你玩輪盤連續十次押紅都輸，也不保證下一次輪盤就會停在紅色格子上。隨著二〇三〇年將至，別假定升級就能奏效。面對巨變，你需要的是逐步調整，而不是冥頑不靈。

◆做好碰上死路一條的心理準備

水平行動與逐步修正方向這兩個策略，在發現自己走上死路、完全碰壁時無法發揮作用，因為在這種時刻往往會讓人陷入恐懼。保有選擇餘地，能確保自己在遊戲規則改變時適應無礙，這項原則與一般提到領導思考和實踐時的說法相悖，也與提供日常情境建議的成堆書籍主張不同。例如在二〇一一年，《快公司》有篇文章標題是「為何保有選擇餘地是非常、非常糟糕的做法」，我倒認為保有選擇餘地是非常、非常好的做法。要是眼前充滿未知呢？要是你不確定大規模人口、經濟與科技改變會造成什麼影響呢？如果無法視任何事為理所當然，關於未來的世界樣貌也沒有任何假設絕對無誤，這時候保有選擇餘地難道不是合理的做法嗎？難道事實證明自己對未來的先驗判斷錯誤時，你不想修正方向嗎？

主張有選擇很不好的這種說法，是借用哈佛大學心理學教授丹．吉伯特（Dan Gilbert）的研究結果，他證實可反悔的決策會讓人的滿意度較低，顯然人類總是在試著了解自己是否做出正確選擇，因而浪費精力、懷疑自己是否走在正確的路上。之所以說保有選擇餘地會讓人表現較差，是因為你對任何選擇都不夠肯定。

真的是這樣嗎？讓我分享自己的兒時經驗，說明日常生活中的「決策制定」如何進行。我家以前夏天都會在祖父母家度過。如果大人出門，留我們在家，我們就會邀請表兄弟姊妹和隔壁鄰居小孩來玩捉迷藏。為了讓遊戲更刺激，我們會關燈摸黑玩。三、四十個小孩，年紀從五到十五歲不等，關上所有的燈，開始玩捉迷藏。感覺很可怕，但還有另一項造成恐懼與不確定感的來源，和燈光無關，而是年紀大的小孩會突然更改遊戲規則，追著年紀小的小孩滿屋子跑，讓他們驚嚇不已。一片漆黑已經夠恐怖了，年紀小的小孩還必須應付這種真實的恐懼。

在幾乎看不到的情況下玩捉迷藏，恰好可用來比喻許多人害怕自己即將在快速變遷的經濟中遭受未知威脅衝擊，陷入無助。想想一個五歲小孩驚慌失措地害怕自己會被哥哥、姐姐抓到，他躲進一間房間，鑽進衣櫃裡躲著，但是最後一定會被找到，接受無情的搔癢處罰，毫無機會逃跑。

為了逃離這樣的命運，小朋友請麥肯錫顧問提供意見，你覺得顧問會說什麼？

有幾個方法能改善小朋友的處境，首先是不要挑小房間，要挑最好不只有一扇門的大房間。下一步是保持房門開啟，站在距離兩扇門差不多近的地方，不要躲在桌子下或衣櫃裡。遵循這樣的決策步驟，小朋友就能讓自己的選擇價值極大化，至於躲在衣櫃裡，只會讓選擇價值通通歸零。

保有選擇餘地就是這麼一回事，絕對不要做出把自己逼入角落、毫無逃生出口的選擇；絕對不要做任何無從採取水平行動的策略；別做無法反悔或反悔代價高昂的決定。如同財務上要投資實質選擇權（Real Options）一樣，不確定性越大，則價值越高的選擇，才是值得你投入時間精力的實質選擇。

來聽聽真正的麥肯錫顧問如何解釋上述邏輯，「實質選擇價值不凡，因為決策者能隨時調整，再次最佳化選擇，無須付出慘痛的沉沒成本。」麥肯錫公司策略實務研究小組準合夥人休．考尼

（Hugh Courtney）這麼說。關鍵在於克服「功虧一簣，此時不做更待何時」的困境，認清在什麼也不做與一頭栽進去這兩個極端之間，還有很多其他選擇。「選擇權讓你保留不確定性帶來的機會，同時減少風險。」在某種程度上，選擇思維的涵蓋範圍頗廣，特殊情況下決意採行某種策略以便保有更多選擇，也算是保有選擇餘地的思維。考尼以此作結：「所以最佳的決策制定，應該系統性處理實質選擇並全力投入，把這些都納入選擇，且決定是否該『保有選擇餘地』時『保有選擇餘地』。」重點是每個人都該專注在保有手邊的選擇，以免在改變來襲時措手不及，無路可逃。

◆面對不確定性，保持樂觀心態

「每天都是嶄新的機會。」職棒傳奇投手鮑伯・費勒（Bob Feller）曾說：「你可以奠基在昨日的成功之上繼續向前，或把昨日的失敗留在身後，重新來過。」不確定性帶來的恐懼是如此強大的壓力來源，就連經驗老到的體育健將也難逃「比賽焦慮」的影響，尤其當賽場上發生意外事件時，更容易表現失穩，比如對手意外得分，或因非受迫性失誤導致自己淪為防守時。音樂家和演員則稱為「怯場」。

正如運動健將與天才音樂家一樣，我們在發現無法掌控周遭環境時，也會對未來無比焦慮。害怕失敗的焦慮感，誘使你我試圖避開損失，而不是掌握勝券在手，這種現象稱為「損失規避偏誤」，第一章已談過。還記得嗎？這種偏誤讓人偏好避免損失，多過於掌握同等收穫。

這裡的重點是，越重新專注在機會而非風險上，就越有機會成功適應二〇三〇年的挑戰。如同溫斯頓．邱吉爾（Winston Churchill）曾說：「悲觀者在所有機會中看見困難，樂觀者則在所有困難中發現機會。」氣候變遷就是一例，雖然看似棘手難題，但所有問題都能帶來行動的機會。

◆稀少並不可怕

到了二〇三〇年，我們必須面對缺乏淡水、乾淨空氣及醫院用地的問題，也許我們能看看過去曾成功克服重大環境危機的舊社會，向他們學習一、兩招水平思考招式。想想復活節島的例子，此地常被稱為地球上最偏遠的有人島。這座六十三平方英尺大小的火山島上，曾孕育偉大的文明社會，留下舉世驚奇的藝術、宗教與政治成就，包含打造一千多座尺寸比真人還大的摩艾石像（Moai），其中最大的雕像重量超過八十噸，將近三十英尺高。

復活節島文明早在歐洲人於一七二二年來到前，就因為資源耗竭而陷入衰退。《大崩壞：人類社會的明天？》（*Collapse: How Societies Choose to Fail or Succeed*）一書作者賈德．戴蒙（Jared Diamond）提到：「復活節島與當代世界之間的相似性高得驚人，玻里尼西亞復活節島在當年大西洋中的孤立程度，就和地球在如今的宇宙中一樣」，毫無機會逃跑或求助外援，「正因為這些原因，讓人將復活節島社會的崩壞視為隱喻，是未來人類的最糟情境。」

傳統故事中，如戴蒙和其他人所示，大眾陷入狂亂，各地部落瘋狂爭奪島上資源。「從石像越建越大，可知敵對部落的酋長間彼此較量，命令手下超越對方……很難不懷疑這些石像根本是他們為了證明自己更高人一等，而啟動的炫耀競賽。」戴蒙以一連串發展佐證他的主張，從復活節島人口成長談起，接著提到摩艾石像比賽，隨後是為了發展密集農業而伐木造地，還有石像運輸、生態多樣性降低、食物產量下降，最後終於發生「飢荒、人口驟降，終致陷入人吃人的慘況。」

人類學家泰瑞・杭特（Terry Hunt）與考古學家卡爾・里波（Carl Lipo）在合著《行走的雕像》（*The Statues That Walked*）中，則提出另一個版本的故事，「復活節島不是因為衝動競相打造摩艾石像，才引發森林資源耗竭、生態環境陷入災難。」造成林地毀滅的不是人類，主要是當初他們乘坐獨木舟前來殖民這座小島時，躲在船上跟著人類一起登陸的老鼠。島民並沒有對戰，科學家事後挖掘出土的武器與曾受暴力攻擊的骨骸不多。面對貧瘠土地上的人口持續成長，復活節島居民也採行水平創新思考，「他們一步步把小島化為無數座花園」，總共兩千五百多座，四周搭建石造圍牆。

無論你認為上述何種推論較有說服力，重點是這個石器時代文明起初並非因為擁有豐饒資源才發展繁盛，資源從不豐富，「復活節島的故事主題並非生態自殺，而是島民以恆心與毅力推行創新做法。」真正的謎團所在，並不是這個玻里尼西亞社會為何崩解，而是他們如何在這樣一座狹小孤立、缺乏天然資源的島嶼上安然度過一百多年。

最能展現復活節島居民創新能力的例子，是他們如何不用輪子或奴役動物，巧妙設計與搬運巨大的摩艾石像。實驗結果顯示，頂多只需二十人團隊合作，就能讓摩艾石像垂直「行走」好幾英里，從島上唯一的採石場出發，沿著謹慎搭建的道路，技巧性地利用繩索左右晃動上百噸重的巨無霸石像，有如倒立單擺，當時他們很可能完全沒用到木頭做輔助橇板、滾筒或滑板。

可想而知，目前受全球暖化威脅最嚴峻的，就是復活節島文化。立於岸邊台地上的摩艾石像很可能因為海平面上升而慘遭滅頂。「無法保護自己祖先的遺骨，讓人備感無力。」負責經營復活節島國家公園的原住民組織領導人卡米洛・拉布（Camilo Rapu）這麼說：「讓人痛徹心扉。」不過，規劃主任賽巴斯蒂安・帕歐亞（Sebastián Paoa）對此倒是謹慎樂觀，「當年他們知道自己的生活環境正在崩解，但並未因此放棄堅守家園。」帕歐亞說道：「就和現在的氣候變遷一樣。」放眼全球，當前的氣候危機意謂我們必須適應越來越稀少的資源，逐步減少廢氣排放量，儘管各國中產階級消費與城市仍持續增長。

或許考古學家保羅・班恩（Paul Bahn）與植物學家約翰・富蘭利（John Flenley）說得最有道理，他們行文提到復活節島的歷史其實含有兩個寓意。「確實地球可從中學得教訓，但除此之外，這段歷史也是人類創新與克服逆境能力極佳的實例……面對新環境，島民適應得挺好的。」班恩與富蘭利的結論認為，復活節島帶來的獨特啟示，不在於文明走向崩壞，而是「和平似乎持續千年之久」。根據人類學家小戴爾・辛普森（Dale Simpson Jr.）的說法，島上各地部落看起來並未陷入相互競爭或衝突，反倒是「持續將最有限資源做最大利用，可見有某種形式的合作」，部落間必要時須分享資源。「我想這並不符合主張部落間只有一味競相打造巨人雕像的崩壞模型。」辛普森斷言。

為求生存，復活節島居民不惜改變文化，我們可能也有必要。他們從「奉祖先為神明的宗教傳統（典型的玻里尼西亞模式），轉變為單神主義，只信奉造物神Make Make，多數儀式典禮都以興盛豐饒為主題，人丁興盛也包括在內」。新的文化習俗中有一項年度競賽，或說「比賽追逐第一顆蛋」來選出「鳥人」，鳥人就是接下來這一年的統治者，這是面對資源持續減少時頗為和平又有效的做法。所以早在歐洲人登陸前，島民早已逐漸摒棄耗費資源打造摩艾石像的龐大工程。「據估計，一五〇〇年後極少有新石像出現，甚至已全面停工。」鳥人競賽就是各地部落面對稀少資源時的治理解決方案，與歐斯壯針對公有地悲劇提出的解決方案並無不同。也許能以地理學家大衛．布萊森（David Bressan）的說法作結：史前復活節島是「許多未來機會都被剝奪社會」的最佳範例，就和現在的社會一樣。

隨著二〇三〇年將至，我們的思維應是利用創新與保存有限資源，以免選擇變少。只要我們能採取更環保的行為、微小調整及水平思考，都能在抵抗氣候變遷和其他全球挑戰上帶來可觀成效。

◆順勢而為

遊戲規則一變再變，雖說唯有改變才能回應改變，但若只顧著把損失減到最低，或是坐等什麼欠缺才思考要如何克服，就無法成功因應任何規模或大或小的轉變。第七項，也是最後一項原則，就是要當「衝浪手」，把自己組織好，在人口、經濟、文化及科技變遷浪潮來襲時，成功掌握機會。威廉・莎士比亞（William Shakespeare）劇作《凱撒大帝》（*Julius Caesar*）中，馬爾庫斯・布魯圖（Marcus Brutus）早已簡短扼要地闡明：「吾人必得掌握趨勢，無論其助長或阻礙一己之步伐。」

順應變化趨勢的重要性，在許多經濟與科技領域中都能看到實例。我們時常思考下一波重大的商業或科技突破會是什麼，但發明史上多的是閃亮登台時機未到的創意，原因是當時尚未出現可供助力的趨勢。事實上，許多創業家的成功來自於重拾早遭人遺忘的創見或裝置，為這些幾年、幾十年，甚至幾百年前就曾問世的創意注入新生命。朗・米勒（Ron Miller）與艾力克斯・威爾翰（Alex Wilhelm）寫道：「只要觀察科技業夠久，你就會看到某些創意被回收再利用，這些創意剛問世之所以沒有蔚為風潮，可能是因為登台過早。」

WebVan在一九九〇年代提出雜貨到府服務，以失敗收場，二十年後新創產業在同一個市場中百花齊放；IBM於一九九二年推出搭載觸控式鍵盤的Simon智慧型手機，比iPhone早了十五年；資訊權管理概念問世後幾年內，人人使用雲端運算技術；微軟（Microsoft）的Tablet PC比iPad早了十年；PointCast也比推特早十年提出字數限制規範訊息長度。「一個點子並不會因為非原創就不成功。」米勒與威爾翰以此作結。「也許比起之前公司首次嘗試時，當今的世界已經更準備好要接納這些概念。」過早出擊的公司往往鎩羽而歸，等待正確時機到來才出手者則能邁向成功。「時機對的時候，這些創意擋也擋不住。」維克多・雨果（Victor Hugo）早就提醒過了。

◆邁向未知，勇於面對

為二〇三〇年準備，為時未晚，最不可或缺的首要步驟，是認清所熟知的世界會在我們這輩子的某個時候，很可能在十年內，便一去不復回地消失。這份認知必定會讓人起身挑戰傳統智慧，而不是繼續遵循前人留下的推論與思維。你該做的是透過多元分散點子，以建立水平連結、一次一小步、保持選擇開放、專注在機會上、視稀少為誘因，並順應趨勢，乘浪而起。

如果想度過二〇三〇年的挑戰，必須改變過於線性又剛直、難以發揮助力的傳統思維。讓自己準備好迎接未來轉變，現在還不算太晚。成功有賴在前述七項原則之間取得微妙的平衡。請記得：沒有回頭路了，你我所知的世界即將發生變化，而且短期內不會再恢復，甚至永遠不會，規則正在改變，將永遠持續變動。

「這是一場好遊戲——追逐快樂這回事。」劇作家尤金・歐尼爾（Eugene O'Neill）曾寫道。

擁抱二〇三〇年，抓緊眼前機會。

資料來源

所有網站的最後瀏覽日期為二〇一九年十一月一日。

1 關於非洲農業，參見非洲開發銀行（African Development Bank）的「非洲農業企業」（Africa Agribusiness），https://www.afdb.org/en/news-and-events/africa-agribusiness-a-us-1-trillion-business-by-2030-18678。

2 關於女性財富的預測資料，源自凱捷諮詢（Capgemini）與加拿大RBC財富管理（RBC Wealth Management）發布的《二〇一四年世界財富報告》（*World Wealth Report 2014*），https://worldwealthreport.com/wp-content/uploads/sites/7/2018/10/2014-World-Wealth-Report-English.pdf。

3 關於飢餓與肥胖的預測源自聯合國，「目標二：零飢餓」（Goal 2: Zero Hunger），https://www.un.org/sustainabledevelopment/hunger；聯合國，「通往零飢餓之路」（Pathways to Zero Hunger），https://www.un.org/zerohunger/content/challenge-hunger-can-be-eliminated-our-lifetimes；T. Kelly et al., "Global Burden of Obesity in 2005 and Projections to 2030," *International Journal of Obesity* 32, no. 9 (2008): 1431-1437；WHO, "Obesity

and Overweight," February 16, 2018, https://www.who.int/news-room/fact-sheets/detail/obesity-and-overweight##targetText=Some%20recent%20WHO%20global%20estimates,%25%20of%20women)%20were%20overweight，亦可參見第五章資料來源。

4 關於城市的資料源自第五章；參見該章的資料來源。

5 關於嬰兒的資料與預測源自第一章；參見該章的資料來源。

6 關於中產階級的資料與預測源自第三章；參見該章的資料來源。

◆前言

所有網站的最後瀏覽日期為二〇一九年九月二十二日。

本章引用數據都出自其他章節。

1 李《梅岡城故事》中泰勒法官的發言出自書中第十七章。

2. 印度火星任務預算出自Ipsita Agarwal, "These Scientists Sent a Rocket to Mars for Less than It Cost to Make 'The Martian'" *Wired*, March 17, 2017，亦可參見Jonathan Amos, "Why India's Mars Mission Is So Cheap—and Thrilling," BBC, September 24, 2014, https://www.bbc.com/news/science-environment-29341850。

3 關於印度在月球上尋找水源且經美國太空總署證實，參見Helen Pidd, "India's First Lunar Mission Finds

Water on Moon," *Guardian*, September 24, 2009；Jesse Shanahan, "NASA Confirms the Existence of Water on the Moon," *Forbes*, August 22, 2018。

4 狄波諾的引述，出自Shane Snow, "How to Apply Lateral Thinking to Your Creative Work," 2014, https://99u.adobe.com/articles/31987/how-to-apply-lateral-thinking-to-your-creative-work。

5 戴伊與蘇梅克著，邱約文譯，《看得太少或看得太多的危險：隱藏在微弱訊息中的機會 誰看到了，誰沒看到》（*Peripheral Vision: Detecting the Weak Signals That Will Make or Break Your Company*），大塊文化，二〇一〇年三月。

6 普魯斯特的引述，出自一九二三年著作《追憶似水年華》（*Remembrance of Things Past*）卷五《女囚》（*The Captive*），全文參見http://gutenberg.net.au/ebooks03/0300501h.html。

◆第一章

所有網站的最後瀏覽日期為二〇一九年五月十二日。

1 坎南的引述，源自V. C. Sinha and Easo Zacharia, *Elements of Demography* (New Delhi: Allied Publishers, 1984), 233。

2 埃利希與妻子合著的《人口炸彈》為一九六八年Sierra Club/Ballantine Books出版，由於某些因素，妻子未被列為作者。關於不同人口理論的簡介，可參見http://www.economicsdiscussion.net/theory-of-population/top-

3-theories-of-population-with-diagram/18461。人口理論與趨勢的簡介，出現在第四章中*Global Turning Points*, by Mauro F. Guillén and Emilio Ontiveros, 2nd ed. (Cambridge: Cambridge University Press, 2016)。有關人口、生育率、壽命的資料與預測，源自聯合國人口司，http://www.un.org/en/development/desa/populatio。本章圖一的資料使用人口中位數預測進行估算。

3 馬爾薩斯的引述，源自其著作《人口論》（*An Essay on the Principle of Population*），最早於一七九八年出版，http://www.esp.org/books/malthus/population/malthus.pdf，第四十四頁。有關美國性慾降低的情形，參見Jean M. Twenge, Ryne A. Sherman, and Brooke E. Wells, "Declines in Sexual Frequency Among American Adults, 1989-2014," *Archives of Sexual Behavior* 46, no. 8 (2017): 2389-2401。

4 大停電對生育率造成的相關影響，參見A. Burlando, "Power Outages, Power Externalities, and Baby Booms," *Demography* 51, no. 4 (2014): 1477-1500；以及Amar Shanghavi, "Blackout Babies: The Impact of Power Cuts on Fertility," *CesntrePiece* (London School of Economics), Autumn 2013。

5 美國人生育的子女數量較過去少的相關調查報告與個案範例，參見Cain Miller, "Americans Are Having Fewer Babies. They Told Us Why," *New York Times*, July 5, 2018。在美國養育子女預估的相關花費，參見Abha Bhattarai, "It's More Expensive than Ever to Raise a Child in the U.S.," *Washington Post*, January 10, 2017。

6 貝克的人口理論摘要，參見Matthias Doepke, "Gary Becker on the Quantity and Quality of Children," *Journal of Demographic Economics* 81 (2015): 59-66。引述源自貝克著，王文娟譯，《家庭論》（*A Treatise on the Family*），立緒，一九九七年二月。

7 中國鄉村與都會地區在實施一胎化政策前後的生育率資料，源自Junsen Zhang, "The Evolution of China's One-Child Policy and Its Effects on Family Outcomes," *Journal of Economic Perspectives* 31, no. 1 (2017): 141-160。有關一胎化政策迷思的討論，參見Martin King Whyte, Wang Feng, and Yong Cai, "Challenging Myths About China's One-Child Policy," *China Journal* 74 (2015): 144-159，以及Amartya Sen, "Women's Progress Outdid China's One-Child Policy," *New York Times*, November 2, 2015。

8 中國因為一胎化政策造成存款增加的評估，參見Shang-Jin Wei and Xiaobo Zhang, "The Competitive Savings Motive: Evidence from Rising Sex Ratios and Savings Rates in China," NBER Working Paper no. 15093, 2009；Taha Choukhmane, Nicolas Coeurdacier, and Keyu Jin, "The One-Child Policy and Household Savings," September 18, 2014, https://economics.yale.edu/sites/default/files/tahamaclunch100214_2.pdf。

9 數位約會服務的相關資料，源自Statista, *eServices Report 2017* (Hamburg: Statista, 2017)。有關中國約會平台實驗的進行，參見David Ong and Jue Wang, "Income Attraction: An Online Dating Field Experiment," *Journal of Economic Behavior and Organization* 111 (2015): 13-22。

10 西伯利亞男丁短缺與漢弗萊的研究，參見Mira Katbamna, "Half a Good Man Is Better than None at All," *Guardian*, October 26, 2009；亦可參見Kate Bolick, "All the Single Ladies," *Atlantic*, November 2011。

11 有關阿維諾、孟巴、阿弗拉比及其他非洲農夫的報導，參見非洲農業技術基金會網站，https://www.aatf-africa.org/fieldstories。

12 關於非洲五十四個主權國家，參見Center for Systemic Peace, Global Report 2017, www.systemicpeace.

org/vlibrary/GlobalReport2017.pdf。

13 關於非洲樹薯的種植，參見Emiko Terazono, "African Farming: Cassava Now the Centre of Attention," *Financial Times*, January 21, 2014。關於恩根佳的故事，參見Harry McGee, "How the Mobile Phone Changed Kenya," *Irish Times*, May 14, 2016。肯亞電子健康倡議，參見Martin Njoroge, Dejan Zurovac, Esther A. A. Ogara, Jane Chuma, and Doris Kirigia, "Assessing the Feasibility of eHealth and mHealth: A Systematic Review and Analysis of Initiatives Implemented in Kenya," *BMC Research Notes* 10 (2017): 90-101。

14 關於移民特質的資料、分析、引述，源自*UN Migration Report 2015* (New York: United Nations, 2015)；OECD, *Is Migration Good for the Economy?* (Paris: OECD, 2014)；Giovanni Peri, "Immigrants, Productivity, and Labor Markets," *Journal of Economic Perspectives* 30, no. 4 (2016): 3-30；David H. Autor, "Why Are There Still So Many Jobs?," *Journal of Economic Perspectives* 29, no. 3: 3-30；以及National Academies of Sciences, Engineering and Medicine, *The Economic and Fiscal Consequences of Immigration* (Washington, DC: National Academies Press, 2017)。

15 關於在外國出生的美國勞工統計數字，參見Nicole Prchal Svajlenka, "Immigrant Workers Are Important to Filling Growing Occupations," Center for American Progress, May 11, 2017, https://www.americanprogress.org/issues/immigration/news/2017/05/11/431974/immigrant-workers-important-filling-growing-occupations。格列農的研究報告，參見Stuart Anderson, "Restrictions on H-1B Visas Found to Push Jobs Out of the U.S.," *Forbes*, October 2, 2019。

16 移民創立的企業與公司資料及分析，源自Stuart Anderson, *American Made 2.0: How Immigrant Entrepreneurs Continue to Contribute to the U.S. Economy* (Washington, DC: National Venture Capital Association, 2015)；Stuart Anderson, *Immigrant Founders and Key Personnel in America's 50 Top Venture-Funded Companies* (Arlington, VA: National Foundation for American Policy, 2011)；以及Stuart Anderson, *Immigrants and Billion Dollar Startups* (Arlington, VA: National Foundation for American Policy, 2016)。

17 關於美國醫療照護產業中外國出生工作者的資料，源自George Mason University Institute for Immigration Research, "Immigrants in Healthcare," June 2016；Anupam B. Jena, "U.S. Immigration Policy and American Medical Research: The Scientific Contributions of Foreign Medical Graduates," *Annals of Internal Medicine* 167, no. 8 (2017): 584–586。

18 關於損失規避偏誤，參見Daniel Kahneman and Amos Tversky, "Choices, Values, and Frames," *American Psychologist* 39, no. 4 (1984): 341–350；Daniel Kahneman and Amos Tversky, "Advances in Prospect Theory: Cumulative Representation of Uncertainty," *Journal of Risk and Uncertainty* 5, no. 4 (1992): 297–323；Thea Wiig, "Can Framing Change Individual Attitudes Towards Migration?," master's thesis, University of Bergen, 2017, https://pdfs.semanticscholar.org/f48f/2aac7860277f9fb97e234f0d28963b5d618d.pdf；Mehtap Akgüç et al., "Risk Attitudes and Migration," *China Economic Review* 37, no. C (2016): 166–176；William A. V. Clark and William Lisowski, "Prospect Theory and the Decision to Move or Stay," *Proceedings of the National Academy of Sciences* 114, no. 36 (2017): E7432–E7440；

Mathias Czaika, "Migration and Economic Prospects," *Journal of Ethnic and Migration Studies* 41, no. 1 (2015): 58-82；James Surowiecki, "Losers!," *New Yorker,* May 30, 2016。

19 關於移民對社會安全的影響，參見*The 2018 Report of the Board of Trustees of the Federal Old-Age and Survivors Insurance and Federal Disability Insurance Trust Funds* (Washington, DC: Social Security Administration, 2018), https://www.ssa.gov/OACT/TR/2018/tr2018.pdf；Andrew Cline, "Social Security and Medicare Are Slowly Dying, but No One in Washington Will Lift a Finger," *USA Today,* June 13, 2018；Alexia Fernández Campbell, "Why Baby Boomers Need Immigrants to Fund Their Retirement," *Vox*, October 23, 2018, https://www.vox.com/2018/8/1/17561014/immigration-social-security；Nina Roberts, "Undocumented Immigrants Quietly Pay Billions into Social Security and Receive No Benefits," Marketplace, January 28, 2019, https://www.marketplace.org/2019/01/28/undocumented-immigrants-quietly-pay-billions-social-security-and-receive-no。

20 「人才循環」的概念，源自AnnaLee Saxenian, "From Brain Drain to Brain Circulation: Transnational Communities and Regional Upgrading in India and China," *Studies in Comparative International Development* 40 (2005): 35-61。世界銀行針對跨國企業家的研究，發表在*Diaspora Networks and the International Migration of Skills* (Washington, DC: World Bank, 2006)。有關吳敏求的故事，參見AnnaLee Saxenian, "Brain Circulation: How High-Skill Immigration Makes Everyone Better Off," Brookings Institution, 2002, https://www.brookings.edu/articles/brain-circulation-how-high-skill-immigration-makes-everyone-better-off。有關金柱津的故事，參見Tim Hyland, "Kim: 'There Is Much to Be Done,'"

Wharton Magazine, Summer 2010, http://whartonmagazine.com/issues/summer-2010/kim-there-is-much-to-be-done/#sthash.bepdPPNK.dpbs。

21 加拿大諮議局的研究，參見https://www.conferenceboard.ca/press/newsrelease/2018/05/15/imagining-canada-s-economy-without-immigration?AspxAutoDetectCookieSupport=1。

◆ 第二章

所有的網站的最後瀏覽日期為二〇一九年七月九日。

本章中關於不同年齡層的人口數字都源自《世界人口展望》，二〇一九年修訂，https://population.un.org/wpp。

1 有關摩根士丹利的引述，源自John Gapper, "How Millennials Became the World's Most Powerful Consumers," *Financial Times*, June 6, 2018。媒體關於千禧世代的頭條，彙編於Carly Stern, "'I Wanted to Make a Memorial of All Our Destruction,'" *Daily Mail*, August 17, 2017。

2 美國不同年齡層醫療照護支出的分析，參見Tate Ryan-Mosley, "U.S. Health-Care Costs Are Soaring, but Don't Blame Old People," *MIT Technology Review*, September-October 2019, 57。

3 關於老年人口的財富，參見AARP and Oxford Economics, *The Longevity Economy: How People over 50 Are Driving Economic and Social Value in the US*, September 2016, https://www.aarp.org/content/dam/

aarp/home-and-family/personal-technology/2016/09/2016-Longevity-Economy-AARP.pdf。

4 郝威的引述與聯準會的財富資料，參見Neil Howe, "The Graying of Wealth." *Forbes*, March 16, 2018。帕索斯的引述，參見https://www.brainyquote.com/quotes/john_dos_passos_402864。伯恩斯坦的文章What to Say When They Blame It on the Boomers，刊登於二〇一六年十一月十五日的《富比士》。

5 正文中關於世代的理論引述，來自Karl Mannheim, "The Problem of Generations," in *Essays on the Sociology of Knowledge*, edited by Paul Kecskemeti (London: Routledge & Kegan Paul, 1952), 276- 322；Pierre Bourdieu, *Outline of a Theory of Practice* (Cambridge, UK: Cambridge University Press, 1977)。

6 努南的引述，源自https://www.brainyquote.com/quotes/peggy_noonan_159262。

7 哈菲德的文章Why Is Advertising Not Aimed at the Over-50s?，刊登於二〇一四年十二月三日的《衛報》。美國樂齡會的文章Selling Older Consumers Short，參見https://www.aarp.org/money/budgeting-saving/info-2014/advertising-to-baby-boomers.html。

8 關於老年人這個消費者族群，參見Paul Irving, "Aging Populations: A Blessing for Business," *Forbes*, February 23, 2018；"The Grey Market," *Economist*, April 7, 2016；Elizabeth Wilson, "Find Hidden Opportunities in the Senior Market," *Entrepreneur*, April 16, 2019。威爾森的文章引述，源自Maria Henke, while Chanel's comes from Ben Cooper, "Analysis: Why Retailers Should be Engaging the Aging," *Retail Week*, July 28, 2017。

9 比爾、拉比亞、圖瑪的引述，源自Jeff Beer, "Why Marketing to Seniors Is So Terrible," *Fast Company*, June 6, 2019。

10 關於洗衣機的引述，源自Nellie Day, "Elder Friendly Guide to Top-Loading Washing Machines," Elder Gadget, December 1, 2019, http://eldergadget.com/eldergadget-guide-to-top-loading-washing-machines/。

11 關於老年人生活品質的資料，源自"The United States of Aging Survey," https://www.aarp.org/content/dam/aarp/livable-communities/old-learn/research/the-united-states-of-aging-survey-2012-aarp.pdf。

12 國際活躍老化協會的線上樂齡友善健身中心搜尋引擎，https://www.icaa.cc/facilitylocator/facilitylocator.php。

13 關於源自eMarketer的老年人線上購物資料，源自https://www-statista-com.proxy.library.upenn.edu/statistics/868862/online-shopping-buying-related-activities-internet-users。有關可支配開支的資料源自Fung Global Retail and Technology, *The Silver Wave: Understanding the Aging Consumer*, 2016, https://www.fbicgroup.com/sites/default/files/Silver%20Wave%20The%20Aging%20Consumer%20Report%20by%20Fung%20Global%20Retail%20Tech%20May%2023%202016_0.pdf。

14 關於飛利浦的資料，源自飛利浦博物館（https://www.philips.nl/en/a-w/philips-museum.html），以及其他線上來源。

15 裘莉的引述，源自"Best New Tech to Help Aging Parents," *USA Today*, May 11, 2014。

16 關於網路使用與憂鬱，參見Shelia R. Cotton, George Ford, Sherry Ford, and Timothy M. Hale, "Internet Use and Depression Among Retired Older Adults in the United States," *Journals of Gerontology, Series B*, 69, no. 5 (September 2014): 763–771。麥可克雷斯奇的引述，源自Robin Erb, "Teaching Seniors to

Use Internet Cuts Depression Risk," *USA Today*, April 22, 2014。

17 關於Rendever的資料，源自Gökay Abacı, "Reconnecting the Elderly with the Joys of Everyday Life Through Virtual Technology," *Medium*, August 8, 2018, https://medium.com/@MassChallengeHT/reconnecting-the-elderly-with-the-joy-of-everyday-life-through-virtual-reality-277bf957483e。關於外骨骼，參見Jonas Pulver, "An Ageing Japan Looks to Mechanical Exoskeletons for the Elderly," *World Weekly*, February 4, 2016。

18 關於美國證券市場本益比的研究，源自Zheng Liu and Mark M. Spiegel, "Boomer Retirement: Headwinds for U.S. Equity Markets?," FRBSF Economic Letter 2011-26, Federal Reserve Bank of San Francisco, August 22, 2011, http://www.frbsf.org/publications/economics/letter/2011/el2011-26.html。

19 關於劉曦曼、科坦斯基、傅雷克斯、提斯奇樂的引述，源自Penny Crosman, "6 Fintechs Targeting Seniors and Their Families," *American Banker*, June 20, 2018。

20 關於老年企業家，參見Lauren Smiley, "Late-Stage Startup," *MIT Technology Review*, September-October 2019；Roger St. Pierre, "Oder Entrepreneurs Can Age to Their Advantage," *Entrepreneur*, May 26, 2017。

21 關於老年人的金錢濫用，參見Sara Zeff Geber, "Hot Tech Solutions to Keep Older Adults Safe from Financial Abuse," *Forbes*, April 23, 2019；Victoria Sackett, "New Law Targets Elder Financial Abuse," AARP, May 24, 2018, https://www.aarp.org/politics-society/government-elections/info-2018/congress-passes-safe-act.html。關於EverSafe，參見Financial Solutions Lab, "EverSafe," http://finlab.finhealthnetwork.com/challenges/2017/eversafe。

22 關於柯林森與溫史達克的引述，源自Kenneth Terrell, "Why Working After Retirement Works," AARP, August 13, 2018, https://www.aarp.org/work/working-at-50-plus/info-2018/why-work-after-retirement.html。

23 關於BMW汽車的跨世代團隊，參見Helen Dennis, "The HR Challenges of an Ageing Workforce," *HR Magazine*, February 16, 2016；Robert M. McCann, "Aging and Organizational Communication," *Oxford Research Encyclopedias: Communication*, August 2017, doi: 10.1093/acrefore/9780190228613.013.472。

24 關於千禧世代不同的觀點，參見Jean Twenge, *Generation Me: Why Today's Young Americans Are More Confident, Assertive, Entitled–and More Miserable than Ever Before* (New York: Free Press, 2006)；PR Newswire, October 20, 2016；William Strauss and Neil Howe, *Millennials Rising: The Next Great Generation* (New York: Vintage Original, 2000)；David Burstein, *Fast Future: How the Millennial Generation Is Shaping Our World* (Boston: Beacon Press, 2013) (Boston: Beacon Press, 2013)；Eric Hoover, "The Millennial Muddle," *Chronicle of Higher Education*, October 11, 2009；Jia Tolentino, "Where Millennials Come From," *New Yorker*, November 27, 2017；Council of Economic Advisers, *15 Economic Facts About Millennials*, October 2014, https://obamawhitehouse.archives.gov/sites/default/files/docs/millennials_report.pdf；World Values Survey, http://www.worldvaluessurvey.org/WVSContents.jsp?CMSID=Findings；Kathleen Shaputis, *The Crowded Nest Syndrome* (New York: Clutter Fairy, 2004)。

25 關於千禧世代與存款：Josh Zumbrun, "Younger Generation Faces a Savings Deficit," *Wall Street Journal*, November 9, 2014；Bank of America, *2018 Better Money Habits Millennial Report*, https://bettermoneyhabits.

bankofamerica.com/content/dam/bmh/pdf/ar6vnln9-boa-bmh-millennial-report-winter-2018-final2.pdf。

26 關於Z世代：Varkey Foundation, "Generation Z," January 2017, https://www.varkeyfoundation.org/what-we-do/policy-research/generation-z-global-citizenship-survey。

27 關於中國老年人：Chong Koh Ping, "China's Elderly: Old and Left Behind," *Straits Times*, October 28, 2017；Jieyu Liu, "Ageing, Migration, and Familial Support in Rural China," *Geoforum* 51 (January 2014): 305-312。

28 關於安養院宿舍，參見Tiffany R. Jansen, "The Nursing Home That's Also a Dorm," Citylab, October 2, 2015, https://www.citylab.com/equity/2015/10/the-nursing-home-thats-also-a-dorm/408424。

29 列文的引述，源自Bridey Heing, *Critical Perspectives on Millennials* (New York: Enslow, 2018), 23。

30 《連線》雜誌與輝瑞針對老化的研究，參見"The Future of Getting Old: Rethinking Old Age," *Wired*, April 2018, https://www.wired.com/brandlab/2018/04/the-future-of-getting-old。

31 蘿拉．卡斯騰森（Laura Carstensen）的觀點，源自她的文章"What Millennials Already Know About Growing Old," *Time*, June 16, 2016。

◆第三章

所有網站的最後瀏覽日期為二〇一九年八月二十九日。

1 海爾賽對於中產階級的觀點，源自她的著作*The Folks at Home* (New York: Simon & Schuster, 1952)。

2 關於Tata Nano的故事，參見"Ratan Tata Hands Over First Three Nano Cars to Customers," *Economic Times*, July 17, 2009；Saurabh Sharma, "How a Scooter on a Rainy Day Turned into Ratan Tata's Dream Project Nano," *Business Today*, April 14, 2017；Kamalika Ghosh, "It's Time to Say Ta-Ta to the World's Cheapest Car," *Quartz*, July 13, 2018。關於韋伯－斯蒂芬公司戶外燒烤爐在印度的成功，參見Dave Sutton, "8 Common Mistakes When Expanding into Emerging Markets," TopRight, April 20, 2017, https://www.toprightpartners.com/insights/8-common-mistakes-expanding-emerging-markets；Natasha Geiling, "The Evolution of American Barbecue," *Smithsonian.com*, July 18, 2013；Shrabonti Bagchi and Anshul Dhamija, "Licence to Grill: India Takes to the Barbecue," *Times of India*, November 18, 2011。

3 關於世界各地中產階級購買力的資料，參見Homi Kharas, "The Unprecedented Expansion of the Global Middle Class," Brookings Institution, February 2017, https://www.brookings.edu/wp-content/uploads/2017/02/global_20170228_global-middle-class.pdf。光棍節、黑色星期五、網路星期一的營業額比較，參見Niall McCarthy, "Singles' Day Sets Another Sales Record," Statista, November 12, 2018, https://www.statista.com/chart/16063/gmv-for-alibaba-on-singles-day。

4 關於狄更斯的引述，源自他在一八五五年十月寫給威廉．麥奎迪（William C. Macready）的信，http://www.victorianweb.org/authors/dickens/ld/bezrucka1.html。歐威爾的引述，源自《通往威根碼頭之路》的最後一段，http://gutenberg.net.au/ebooks02/0200391.txt。貝爾的引述，源自Clive Crook, "The Middle Class," *Bloomberg*, March 2, 2017, https://www.bloomberg.com/quicktake/middle-class。J．K．羅琳的引述，源自https://www.stylist.co.uk/people/life-according-to-jk-rowling-harry-potter-books/18793。

關於辛普森的經濟狀況，參見「Homer Simpson: An Economic Analysis」，Vox於二〇一八年九月十六日上傳至YouTube，https://youtu.be/9D420SOmL6U。

5 海爾賽的引述，源自*The Folks at Home* (New York: Simon & Schuster, 1952)，以及史坦的引述，源自*Three Lives* (New York: Pocket Books, 2003), 250。

6 關於順從的觀念，源自Damon J. Phillips and Ezra W. Zukerman in "Middle Status Conformity: Theoretical Restatement and Empirical Demonstration in Two Markets," *American Journal of Sociology* 107, no. 2 (September 2001)。

7 關於違反法律的研究為P. Piff et al., "Higher Social Class Predicts Increased Unethical Behavior," *Proceedings of the National Academy of Sciences of the United States of America*, 109, no. 11 (2012): 4086–4091。

8 關於周源源的故事，參見David Pilling, "Asia: The Rise of the Middle Class," *Financial Times* (January 4, 2011)，以及關於約翰．曼戴的故事參見Norimitsu Onishi, "Nigeria Goes to the Mall," *New York Times*, January 5, 2016。

9 勤業眾信的研究，參見"Africa: A 21st Century View," https://www2.deloitte.com/content/dam/Deloitte/ng/Documents/consumer-business/the-deloitte-consumer-review-africa-a-21st-century-view.pdf；以及非洲品牌排名，參見http://www.brandafrica.net/Rankings.aspx。

10 蓋茲工作交換，參見Walter Isaacson, *Great Innovators* (New York: Simon & Schuster, 2011)，第十六章。
關於專利的資料，源自World Intellectual Property Organization, "World Intellectual Property Indicators 2017," 12, https://www.wipo.int/edocs/pubdocs/en/wipo_pub_941_2017.pdf。

11 關於虎克家具公司的資料，源自Jason Margolis, "North Carolina's Fight to Keep Its Foothold on Furniture," *The World*, May 2, 2018, https://www.pri.org/stories/2018-05-02/north-carolina-s-fight-keep-its-foothold-furniture。其他關於虎克家具公司的資料，源自Hooker Furniture, "Creating Opportunities: 2018 Annual Report," http://investors.hookerfurniture.com/static-files/3551b785-4637-4d55-a5b7-8221c1b1516。

12 皮尤研究中心，「The American Middle Class Is Losing Ground」，http://www.pewsocialtrends.org/2015/12/09/the-american-middle-class-is-losing-ground。

13 Spotify的營業額資料，參見該公司的首次公開發行資料：https://www.sec.gov/Archives/edgar/data/1639920/000119312518063434/d494294df1.htm。關於Netflix的資料，源自Louis Brennan, "How Netflix Expanded to 190 Countries in 7 Years," *Harvard Business Review*, October 12, 2018；Manish Singh, "Netflix Will Roll Out a Lower-Priced Subscription Plan in India," TechCrunch, July 17, 2019, https://techcrunch.com/2019/07/17/netflix-lower-price-india-plan；以及P. R. Sanjai, Lucas Shaw, and Sheryl Tian Tong Lee, "Netflix's Next Big Market Is Already Crowded with Cheaper Rivals," *Economic Times*, July 20, 2019, https://economictimes.indiatimes.com/industry/media/entertainment/media/netflixs-next-big-market-is-already-crowded-with-cheaper-rivals/articleshow/70287704.cm。

14 美國公司在世界各地突然改變的範例，源自"10 Successful American Businesses That Have Failed Overseas," International Business Degree Guide, September 12, 2013, https://internationalbusinessguide.org/10-successful-american-businesses-that-have-failed-overseas/。

15 中國年輕人上癮行為的故事和引述，源自Yiling Pan, "Why Chinese Millennials Are Willing to Max Out Their Cards for Luxury Goods,"原載於二〇一九年一月二日發表在《精奢商業日報》，英文版可參見https://www.scmp.com/magazines/style/people-events/article/2178689/can-chinas-debt-ridden-millennial-and-gen-z-shoppers；以及Stella Yifan Xie, Shan Li, and Julie Wernau, "Young Chinese Spend Like Americans—and Take on Worrisome Debt," *Wall Street Journal*, August 29, 2019。

16 中國／美國回收的災難，參見Cassandra Profita, "Recycling Chaos in U.S. As China Bans 'Foreign Waste,'" *Morning Edition*, NPR, December 9, 2017, https://www.npr.org/2017/12/09/568797388/recycling-chaos-in-u-s-aschina-bans-foreign-waste；Sara Kiley Watson, "China Has Refused to Recycle the West's Plastics. What Now?," NPR, June 28, 2018, https://www.npr.org/sections/goatsandsoda/2018/06/28/623972937/china-has-refused-to-recycle-the-wests-plastics-what-now；以及Amy L. Brooks, Shunli Wang, and Jenna R. Jambeck, "The Chinese Import Ban and Its Impact on Global Plastic Waste Trade," *ScienceAdvances* 4, no. 6 (2018), http://advances.sciencemag.org/content/4/6/eaat0131。

17 Reddit貼文，參見https://www.reddit.com/r/jobs/comments/6e6p3n/is_it_really_that_hard_to_find_a_job_as_a。經濟合作暨發展組織的研究為*Under Pressure: The Squeezed Middle Class* (Paris: OECD Publishing, 2019)，引述源自頁二四、五七、六九。

18 柯爾曼的故事，參見"America's Middle-Class Parents Are Working Harder for Less," Fatherly, May 15, 2019, https://www.fatherly.com/love-money/american-middle-class-parents-cant-afford-kids。

19 水牛城的復甦，參見David Russell Schilling, "Buffalo: The Best Designed & Planned City in the United States," Industry Tap, January 25, 2015, https://www.industrytap.com/buffalo-best-designed-planned-city-united-states/26019；Courtney Kenefick, "Buffalo, New York, Is Stating a Comeback," *Surface*, June 26, 2017, https://www.surfacemag.com/articles/architecture-buffalo-newyork-urban-renewal；David A. Stebbins, "Buffalo's Comeback," *Urbanland* (blog), Urban Land Institute, October 17, 2014, https://urbanland.uli.org/development-business/buffalos-comeback/；以及Jesse McKinley, "Cuomo's 'Buffalo Billion: Is New York Getting Its Money's Worth?,'" *New York Times*, July 2, 2018。布魯金斯研究院研究由Alan Berube and Cecile Murray, "Renewing America's Economic Promise Through Older Industrial Cities," April 2018，參見https://www.brookings.edu/wp-content/uploads/2018/04/2018-04_brookings-metro_older-industrial-cities_full-report-berube_murray_-final-version_af4-18.pdf#page=16。

20 拉夫的文章，參見"Wage Determination Theory and the Five-Dollar Day at Ford," *Journal of Economic History* 48, no. 2 (June 1988): 387-399。John Dos Passos, *The Big Money* (New York: New American Library, 1979)，原發表於一九三六年；引述頁七三。關於福特的資料，參見https://www.thehenryford.org/explore/blog/fords-five-dollar-day。關於亞馬遜的十五美元薪資，參見Louise Matsakis, "Why Amazon Really Raised Its Minimum Wage to $15," *Wired*, October 2, 2018。Nathan Heller's "Who Really Stands to Win from Universal Basic Income?" *New Yorker*, July 9-16, 2018。

21 強生政府關於負所得稅的實驗摘要，參見Jodie T. Allen, "Negative Income Tax." *Encyclopedia of Economics*, https://www.econlib.org/library/Enc1/NegativeIncomeTax.html。

22 關於全民基本收入計畫的引述與研究，參見Catherine Clifford, "Why Everyone Is Talking About Free Cash Handouts—an Explainer on Universal Basic Income," CNBC, June 27, 2019, https://www.cnbc.com/2019/06/27/free-cash-handouts-what-is-universal-basic-income-or-ubi.html。國家經濟研究院關於阿拉斯加的研究，參見Damon Jones and Ioana Elena Marinescu, "The Labor Market Impacts of Universal and Permanent Cash Transfers: Evidence from the Alaska Permanent Fund," NBER Working Paper No. w24312, February 2018。較為悲觀的研究，參見Hilary W. Hoynes and Jesse Rothstein, "Universal Basic Income in the U.S. and Advanced Countries," NBER Working Paper No. 25538, February 2019。關於阿拉斯加分潤對社會造成何種影響的研究，參見Mouhcine Chettabi, "What Do We Know about the Effects of the Alaska Permanent Fund Dividend?," Institute of Social and Economic Research, University of Alaska Anchorage, May 20, 2019, https://pubs.iseralaska.org/media/a25fa4fc-7264-4643-ba46-1280f329f33a/2019_05_20-EffectsOfAKPFD.pdf。

◆ 第四章

所有網站的最後瀏覽日期為二〇一九年九月六日。

1 愛特伍在*Variety*的Power of Women演講，參見https://variety.com/2018/tv/features/margaret-atwood-power-of-women-handmaids-tale-1202751729。

2 本章中女性社經地位的資料，參見Sarah Jane Glynn, "Breadwinning Mothers Are Increasingly the U.S. Norm," Center for American Progress, 2016, https://www.americanprogress.org/issues/women/reports/2016/12/19/295203/breadwinning-mothers-are-increasingly-the-u-s-norm；凱捷諮詢與RBC財富管理發布的《二〇一四年世界財富報告》，https://worldwealthreport.com/wp-content/uploads/sites/7/2018/10/2014-World-Wealth-Report-English.pdf；Equal Measures 2030, "Harnessing the Power of Data for Gender Equality: Introducing the EM2030 SDG Gender Index," 2019, https://data.em2030.org/2019-global-report；Alexandre Tanzi, "U.S. Women Outpacing Men In Higher Education." Bloomberg, August 6, 2018, https://www.bloomberg.com/news/articles/2018-08-06/u-s-women-outpacing-men-in-higher-education-demographic-trends。

3 哈佛—耶魯研究，參見Neil G. Bennett, David E. Bloom, and Patricia H. Craig appeared as "The Divergence of Black and White Marriage Patterns" *American Journal of Sociology* 95, no. 3 (November 1989): 692–722。引發風暴的文章為Lisa Marie Petersen, "They're Falling in Love Again, Say Marriage Counselors," *Advocate* (Stamford, CT), February 14, 1986, A1 and A12。《新聞週刊》封面報導「The Marriage Crunch」刊載在一九八六年六月二日版。關於這個爭議的評論，參見Andrew Cherlin, "A Review: The Strange Career of the 'Harvard-Yale' Study," *Public Opinion Quarterly* 54, no. 1 (1990): 117–124。

4 關於不同性別消費、存款、投資的統計數字，源自"Sales Share of the Luxury Goods Market," https://www.statista.com/statistics/246146/sales-of-the-luxury-goods-market-worldwide-by-gender；S. A. Grossbard and A. Marvao Pereira, "Will Women Save More than Men? A Theoretical Model of

Savings and Marriage," Working Paper No. 3146, Ifo Institute for Economic Research, Munich, 2010；Gary Charness and Uri Gneezy, "Strong Evidence for Gender Differences in Risk Taking," *Journal of Economic Behavior and Organization* 83, no. 1 (2012): 50–58。

5 葛洛芙與史坎倫等女性的不同經驗，源自Quoctrung Bui and Claire Cain Miller, "The Age That Women Have Babies," *New York Times*, August 4, 2018。匿名的單親媽媽報導，源自Mike Dang, "A Conversation with a Single Mom Living on $40,000 a Year," Billfold, April 22, 2013, https://www.thebillfold.com/2013/04/a-conversation-with-a-single-mom-living-on-40000-a-year。關於離婚的資訊，源自Pamela J. Smock, Wendy D. Manning, and Sanjiv Gupta, "The Effect of Marriage and Divorce on Women's Economic Well-Being," *American Sociological* 64, no. 6 (December 1999): 794–812；Jay L. Zagorsky, "Marriage and Divorce's Impact on Wealth." *Journal of Sociology* 41, no. 4 (2005): 406–424。

6 關於未成年媽媽的故事與資料，源自美國疾病管制與預防中心（CDC），"About Teen Pregnancy," https://www.cdc.gov/teenpregnancy/about/index.htm；Jamie Rush as told to Debra Immergut, "My Life as a Teen Mom," *Parents,* https://www.parents.com/parenting/dynamics/single-parenting/my-life-as-a-teenage-mom；Kevin Ryan and Tina Kelley, "Out of the Shelter: How One Homeless Teenage Mother Built a Life of Her Own," *Atlantic*, November 16, 2012；Paul Heroux, "Two Stories of Homeless, Teenage Mothers," *Huffington Post*, July 9, 2016, https://www.huffingtonpost.com/paul-heroux/homeless-teenage-mothers_b_7758958.html；Poverty USA, "Facts: The Population of Poverty USA," https://povertyusa.org/facts。

7 關於不生孩子的男女，參見U.S. Census Bureau, "Childlessness Rises for Women in Their Early 30s," May 3, 2017, https://www.census.gov/newsroom/blogs/random-samplings/2017/05/childlessness_rises.html；Lindsay M. Monte and Brian Knop, "Men's Fertility and Fatherhood: 2014," Current Population Reports, P70-162, June 2019, https://www.census.gov/content/dam/Census/library/publications/2019/demo/P70-162.pdf；Claire Cain Miller, "They Didn't Have Children, and Most Said They Don't Have Regrets," *New York Times*, July 23, 2018；Sian Cain, "Women Are Happier Without Children or a Spouse, Says Happiness Expert," *Guardian*, May 25, 2019；Jennifer Glass, Robin W. Simon, and Matthew A. Anderson, "Parenthood and Happiness," *American Journal of Sociology* 122, no. 3 (November 2016: 886-929。

8 關於未成年妻子與媽媽，參見Girls Not Brides, "Child Marriage Around the World," https://www.girlsnotbrides.org/where-does-it-happen；Office of the High Commissioner on Human Rights, "Ending Forced Marriage Worldwide," November 21, 2013, https://www.ohchr.org/EN/NewsEvents/Pages/EnforcedMarriages.aspx；United Nations Population Fund, "Female Genital Mutilation," https://www.unfpa.org/female-genital-mutilation。

9 關於女性與企業家精神，參見Ester Boserup, *Woman's Role in Economic Development* (London: Earthscan, 1970)；UNIFEM, *Annual Report 2009-2010* (New York: United Nations Development Fund for Women, 2010)，克拉克的引述出現在頁三；全球創業觀察，https://www.gemconsortium.org。齊思詠蓓、桑博、法赫米、吳環姝、蒂翁妮、蘿亞、卡素里、克胡芭娜及薩摩拉的故事，收錄在Mauro F. Guillén, ed.,

Women Entrepreneurs: Inspiring Stories from Emerging Economies and Developing Countries (New York: Routledge, 2013)。世界銀行針對女性的法律地位研究，參見*Women, Business, and the Law* (Washington, DC: World Bank, 2010)。

10 關於工作與家庭平衡的討論和引述，源自"5 Women, 5 Work-Life Balance Tales," *Forbes*, May 29, 2013；"If I Think about My Money Problems Too Much, I'll Miss My Babies Growing Up," *HuffPost*, December 6, 2017, https://www.huffpost.com/entry/helen-bechtol-working-poor_n_4748631?utm_hp_ref=%40working_poor；Katie Johnston, "The Working Poor Who Fight to Live on $10 an Hour," *Boston Globe*, August 17, 2014；Adrienne Green, "The Job of Staying Home," Atlantic, September 30, 2016；M. Bertrand, C. Goldin, and L. F. Katz, "Dynamics of the Gender Gap for Young Professionals in the Financial and Corporate Sectors," *American Economic Journal*, July 2010, 228–255；Emma Johnson, "You Cannot Afford to Be a SAHM," June 20, 2019, https://www.wealthysinglemommy.com/you-cannot-afford-to-be-a-sahm-mom；Motoko Rich, "Japan's Working Mothers," *New York Times*, February 2, 2019；Wendy J. Casper et al., "The Jingle-Jangle of Work-Nonwork Balance," *Journal of Applied Psychology* 103, no. 2 (2018): 182–214；Nancy Rothbard, Katherine W. Phillips, and Tracy L. Dumas, "Managing Multiple Roles: Family Policies and Individuals' Desires for Segmentation," *Organization Science* 16, no. 3 (2005): 243–248；Gøsta Esping-Andersen, *Social Foundations of Postindustrial Economies* (Oxford: Oxford University Press, 1999)。關於安卡亞的故事出自於Mauro F. Guillén, ed., *Women Entrepreneurs: Inspiring Stories from Emerging Economies and Developing Countries*

(New York: Routledge, 2013)。

11 關於工作造成不同性別死亡率改變的部分，源自聯合國，《世界人口展望》，二〇一九年修訂，https://population.un.org/wpp；Bertrand Desjardins, "Why Is Life Expectancy Longer for Women than It Is for Men?," *Scientific American*, August 30, 2004；Rochelle Sharpe, "Women's Longevity Falling in Some Parts of the U.S., Stress May Be Factor," Connecticut Health I-Team, November 12, 2012, http://c-hit.org/2012/11/12/womens-longevity-falling-in-some-parts-of-u-s-stress-may-be-factor；Irma T. Elo et al., "Trends in Non-Hispanic White Mortality in the United States by Metropolitan-Nonmetropolitan Status and Region, 1990–2016," *Population and Development Review*, 2019, 1–35；Arun S. Hendi, "Trends in Education Specific Life Expectancy, Data Quality, and Shifting Education Distributions: A Note on Recent Research," *Demography* 54, no. 3 (2017): 1203–1213；Monica Potts, "What's Killing Poor White Women?," *American Prospect*, September 3, 2013。

12 關於玻璃天花板，參見Justin Wolfers, "Fewer Women Run Big Companies than Men Named John," *New York Times*, March 2, 2015。關於女性從商從政的比例，源自經濟合作暨發展組織，"Gender Equality," https://www.oecd.org/gender；ILO, *Women in Business and Management: Gaining Momentum* (Geneva: ILO, 2015), https://www.ilo.org/wcmsp5/groups/public/—dgreports/—dcomm/—publ/documents/publication/wcms_316450.pdf。關於李斯伍德的引述，參見https://www.goodreads.com/quotes/159719-there-s-no-such-thing-as-a-glass-ceiling-for-women。

13 關於柴契爾與梅克爾，參見Judith Baxter, "How to Beat the Female Leadership Stereotypes," *Guardian*,

December 9, 2013；Daniel Fromson, "The Margaret Thatcher Soft-Serve Myth," *New Yorker*, April 9, 2013；"Nicknames of Margaret Thatcher," *Searching in History* (blog), April 9, 2013，https://searchinginhistory.blogspot.com/2014/04/nicknames-of-margaret-thatcher.html；Helen Walters, "Ban the Word Bossy. Sheryl Sandberg Lights Up TEDWomen 2013," *TED Blog*, December 5, 2013, https://blog.ted.com/sheryl_sandberg_tedwomen2013；"Americans No Longer Prefer Male Boss to Female Boss," Gallup News, November 16, 2017, https://news.gallup.com/poll/222425/americans-no-longer-prefer-male-boss-female-boss.aspx。

14 肯特的理論首見於她的文章"Some Effects of Proportions on Group Life: Skewed Sex Ratios and Responses to Token Women," *American Journal of Sociology* 82, no. 5 (March 1977): 965–990。

15 雜誌裡給中國女性的建議摘要，源自Roseann Lake, "China: A Wife Less Ordinary," *The Economist* 1843, April–May 2018, https://www.1843magazine.com/features/a-wife-less-ordinary。沙烏地阿拉伯女性的購車偏好討論，參見Margherita Stancati, "What Saudi Women Drivers Want: Muscle Cars," *Wall Street Journal*, July 18, 2018。

16 最近關於更多女性掌權對貪汙與暴力的影響，參見Chandan Kumar Jha and Sudipta Sarangi, "Women and Corruption: What Positions Must They Hold to Make a Difference?," *Journal of Economic Behavior and Organization* 151 (July 2018): 219–233；C. E. DiRienzo, "The Effect of Women in Government on Country-Level Peace," *Global Change, Peace and Security* 31, no. 1 (2019): 1–18；Naomi Hossein, Celestine Nyamu Musembi, and Jessica Hughes, "Corruption, Accountability and Gender," United

Nations Development Programme, 2010, https://www.undp.org/content/dam/aplaws/publication/en/publications/womens-empowerment/corruption-accountability-and-gender-understanding-the-connection/Corruption-accountability-and-gender.pdf。關於氣候變遷對女性與兒童的影響，參見WHO, *Gender, Climate Change, and Health* (Geneva: WHO, 2014), https://www.who.int/globalchange/GenderClimateChangeHealthfinal.pdf。

◆第五章

所有網站的最後瀏覽日期為二〇一九年九月十二日。

1 城市、都會地區與氣候變遷的相關數據，取自聯合國，「二〇一八年世界都市化展望」（World Urbanization Prospects 2018），https://population.un.org/wup；Rohinton Emmanuel, "How to Make a Big Difference to Global Warming—Make Cities Cooler," The Conversation, February 9, 2015, http://theconversation.com/how-to-make-a-big-difference-to-global-warming-make-cities-cooler-37250；Laura Parker, "Sea Level Rise Will Flood Hundreds of Cities in the Near Future," *National Geographic*, July 12, 2017, https://news.nationalgeographic.com/2017/07/sea-level-rise-flood-global-warming-science；Jonathan Watts, "The Three-Degree World: The Cities That Will be Drowned by Global Warming," *Guardian*, November 3, 2017；John Englander, "Top 10 Sinking Cities in the World,"

January 7, 2018, http://www.johnenglander.net/sea-level-rise-blog/top-10-sinking-cities-in-the-world。

2 瓦特斯的引述，源自Larry O'Hanlon, "Heat Stress Escalates in Cities Under Global Warming," American Geophysical Union, September 8, 2017, https://phys.org/news/2017-09-stress-escalates-cities-global.html。

3 聯合國關於氣候變遷的文件，參見https://www.un.org/en/sections/issues-depth/climate-change；氣候變遷對考古的影響，參見Nick Paumgarten, "An Archeological Space Oddity," *New Yorker*, July 8–15, 2019。

4 邱吉爾的引述曾在多處被提起，如「Africa as a Frontier Market」，https://www.cfr.org/event/africa-frontier-market-0；狄更斯的引述，源自一八五五年十月寫給麥奎迪的信件內容，http://www.victorianweb.org/authors/dickens/ld/bezrucka1.html。

5 城市貧富族群相關資料，來自WealthX網站《二〇一八年全球巨富報告》（*World Ultra Wealth Report 2018*），https://www.wealthx.com/report/world-ultra-wealth-report-2018；Michael Savage, "Richest 1% on Target to Own Two-Thirds of All Wealth by 2030," *Guardian*, April 7, 2018；Economic Analysis Division, Census and Statistics Department, Hong Kong Poverty Situation Report 2016 (Hong Kong: Government of the Hong Kong Special Administrative Region, 2017), https://www.povertyrelief.gov.hk/eng/pdf/Hong_Kong_Poverty_Situation_Report_2016(2017.11.17).pdf。

6 關於美國的貧窮問題現況，參見Allan Mallach, *The Divided City: Poverty and Prosperity in Urban America*

(Washington, D.C.: Island Press, 2018)；Barbara Raab, "Poverty in America: Telling the Story," Talk Poverty, May 21, 2014, https://talkpoverty.org/2014/05/21/raab；Poverty USA, "Facts: The Population of Poverty USA," https://povertyusa.org/facts；Leon Dash, "Rosa Lee's Story," *Washington Post*, September 8–25, 1994, https://www.washingtonpost.com/wp-srv/local/longterm/library/rosalee/backgrnd.htm。

7 關於蓋茲比的引述，源自費茲傑羅著作《大亨小傳》（*The Great Gatsby*）線上版第九章，https://ebooks.adelaide.edu.au/f/fitzgerald/f_scott/gatsby/contents.html。范伯倫的引述，來自著作《有閒階級論》（*Theory of the Leisure Class*）線上版第四章，http://www.gutenberg.org/files/833/833-h/833-h.htm#link2HCH0004。

8 關於肥胖，參見Sarah Catherine Walpole et al., "The Weight of Nations: An Estimation of Adult Human Biomass," *BMC Public Health* 12, article no. 439 (2012)；WHO, "Obesity," https://www.who.int/topics/obesity/en；OECD, *Obesity Update 2017*, https://www.oecd.org/els/health-systems/Obesity-Update-2017.pdf；National Institute of Diabetes and Digestive and Kidney Diseases, "Overweight and Obesity Statistics," August 2017, https://www.niddk.nih.gov/health-information/health-statistics/overweight-obesity；"Why the Pacific Islands are the Most Obese Nations in the World," Healthcare Global, April 21, 2015, https://www.healthcareglobal.com/hospitals/why-pacific-islands-are-most-obese-nations-world。

9 社群媒體網站使用相關資料，源自"Digital in 2019," We Are Social, https://wearesocial.com/global-digital-report-2019。

10 關於微小改變帶來巨大影響，參見Daniel F. Chambliss, "The Mundanity of Excellence: An Ethnographic Report on Stratification and Olympic Swimmers," *Sociological Theory* 7, no. 1 (1989): 70–86；塞勒與桑思坦著，張惠美譯，《推出你的影響力：每個人都可以影響別人、改善決策，做人生的選擇設計師》，時報出版，二〇一四年六月；Olivier Poirier-Leroy, "Mary T. Meagher: Success Is Ordinary," Your Swim Book, https://www.yourswimlog.com/mary-t-meagher-success-is-ordinary。

11 關於水資源的段落內容，源自"Water: Scarcity, Excess, and the Geopolitics of Allocation," Lauder Institute, Wharton School, University of Pennsylvania, 2016, https://lauder.wharton.upenn.edu/life-at-lauder/santander-globalization-trendlab-2016；Willa Paterson, et al., "Water Footprint of Cities," *Sustainability* 7 (2015): 8461–8490；UN-Water Decade Programme on Advocacy and Communication, "Water and Cities: Facts and Figures," 2010, https://www.un.org/waterforlifedecade/swm_cities_zaragoza_2010/pdf/facts_and_figures_long_final_eng.pdf；*Water Security and the Global Water Agenda: A UN-Water Analytical Brief* (Hamilton, Ontario: United Nations University Institute for Water, Environment and Health, 2013)；*Towards Green Growth* (Paris: OECD, 2011)；*Report on Women and Water* (New Delhi: National Commission for Women, 2018), http://ncw.nic.in/pdfReports/WomenandWater.pdf；Bethany Caruso, "Women Carry More than Their Fair Share of the World's Water," Grist, July 22, 2017, https://grist.org/article/women-carry-more-than-their-fairshare-of-the-worlds-water；Kassia Binkowski, "Clean Water for a Thirsty World: Cynthia Koenig, Founder of Wello," The Good Trade, 2019, https://www.thegoodtrade.com/features/interview-series-cynthia-koenig-wello；Mary Howard, "An Idea That Holds Water," *Trinity*

Reporter, Spring 2017, https://commons.trincoll.edu/reporter-spring2017/features/anidea-that-holds-water；"Cynthia Koenig, Wello Water," Asia Society, April 23, 2014, https://asiasociety.org/texas/events/cynthia-koenig-wello-water.

12 關於城市農業，參見Christopher D. Gore, "How African Cities Lead: Urban Policy Innovation and Agriculture in Kampala and Nairobi," *World Development* 108 (2018): 169–180；Ravindra Krishnamurthy, "Vertical Farming: Feeding the Cities of the Future?," Permaculture News, October 29, 2015, https://permaculturenews.org/2015/10/29/verticalfarming-feeding-the-cities-of-the-future；Breana Noble, "Indoor Farms Give Vacant Detroit Buildings New Life," *Detroit News*, August 15, 2016；"Nigerian Entrepreneur: 'We're Farming in a Shipping Container,'" BBC, February 2, 2018, https://www.bbc.com/news/av/business42919553/nigerian-entrepreneur-we-re-farming-in-a-shipping-container。

13 畢爾包復興的故事，參見Herbert Muschamp, "The Miracle in Bilbao," *New York Times Magazine*, September 7, 1997；Ibon Areso, "Bilbao's Strategic Evolution," *Mas Context* 30 (2017), http://www.mascontext.com/issues/30-31-bilbao/bilbaos-strategicevolutionthe-metamorphosis-of-the-industrial-city；"The Internationalization of Spanish Companies: Ferrovial, the Rise of a Multinational," MIT, February 28, 2008, https://techtv.mit.edu/videos/16339-the-internationalization-of-spanishcompanies-ferrovial-the-rise-of-a-multinational（Rafael del Pino 評論出現於影片五分九秒處）。

14 匹茲堡及其他美國城市的復興故事，參見Eillie Anzilotti, "American Cities Are Reviving—But Leaving the Poor Behind," *Fast Company*, July 5, 2018；David Rotman, "From Rust Belt to Robot Belt," *MIT*

Technology Review, June 18, 2018；Allan Mallach, *The Divided City: Poverty and Prosperity in Urban America* (Washington, DC: Island Press, 2018)，引述自Richard Florida, *The New Urban Crisis* (New York: Basic Books, 2017)，頁四。

15 查塔努加相關資料，參見David Eichenthal and Tracy Windeknecht, "Chattanooga, Tennessee," Metropolitan Policy Program, Brookings Institution, 2008, https://www.brookings.edu/wpcontent/uploads/2016/06/200809_Chattanooga.pdf；Jason Koebler, "The City That Was Saved by the Internet," *Vice*, October 27, 2016, https://www.vice.com/en_us/article/ezpk77/chattanooga-gigabit-fiber-network；Bento J. Lobo, "The Realized Value of Fiber Infrastructure in Hamilton Country, Tennessee," Department of Finance, University of Tennessee, Chattanooga, June 18, 2015, http://ftpcontent2.worldnow.com/wrcb/pdf/091515EPBFiberStudy.pdf；Daniel T. Lewis, "A History of the Chattanooga Choo-Choo Terminal," http://lewisdt.net/index.php?option=com_content&view=article&id=77%3Aa-history-of-the-chattanooga-choo-choo-terminal-station-a-trolley&catid=39%3Ahistory-&Itemid=1。

16 活力城市的文化與市民技能，參見Saskia Sassen, *The Global City* (Princeton, NJ: Princeton University Press, 2001)；Richard Florida, "Bohemia and Economic Geography," *Journal of Economic Geography* 2 (2002): 55-71；Richard Florida, "America's Leading Creative Class Cities in 2015," Citylab, April 20, 2015, https://www.citylab.com/life/2015/04/americas-leading-creative-classcities-in-2015/390852；Richard Florida, "A New Typology of Global Cities," Citylab, October 4, 2016, https://www.citylab.com/life/2016/10/the-seven-types-of-global-citiesbrookings/502994；David J. Deming, "The

Growing Importance of Social Skills in the Labor Market." NBER Working Paper No. 21473, June 2017, https://www.nber.org/papers/w21473；World Values Survey, http://www.worldvaluessurvey.org/WVSContents.jsp?CMSID=Findings。

◆ 第六章

所有網站的最後瀏覽日期為二〇一九年九月二十一日。

1 馬桶相關資料，參見"A Brief History of the Flush Toilet," British Association of Urological Surgeons, https://www.baus.org.uk/museum/164/the_flush_toilet；Nate Barksdale, "Who Invented the Flush Toilet?," History Channel, last updated August 22, 2018, https://www.history.com/news/who-invented-the-flush-toilet；Lina Zeldovich, "Reinventing the Toilet," Mosaic, June 19, 2017, https://mosaicscience.com/story/poo-toilet-waste-energy-madagascar-loowatt-future；Phoebe Parke, "More Africans Have Access to Cell Phone Service Than Piped Water," CNN, January 19, 2016, https://www.cnn.com/2016/01/19/africa/africa-afrobarometer-infrastructure-report/index.html；United Nations University, "Greater Access to Cell Phones than Toilets in India: UN," press release, April 14, 2010, https://unu.edu/media-relations/releases/greater-access-to-cell-phones-than-toilets-in-india.html；Pramit Bhattacharya, "88% of Households in India Have a Mobile Phone," LiveMint, December 5, 2016,

https://www.livemint.com/Politics/kZ7j1NQf5614UvO6WURXfO/88-of-households-in-India-have-a-mobile-phone.html。

2 手錶歷史，參見Alexis *McCrossen, Marking Modern Times: A History of Clocks, Watches, and Other Timekeepers in American Life* (Chicago: University of Chicago Press, 2013)；Michael L. Tushman and Daniel Radov, "Rebirth of the Swiss Watch Industry, 1980–1992 (A)," Harvard Business School Case 400-087, June 2000。

3 熊彼得針對創業與破壞的引述，取自*Capitalism, Socialism, and Democracy* (New York: Harper & Brothers, 1942), 83。

4 關於人工智慧，參見Laura Geggel, "Elon Musk Says 'Humans Are Underrated,'" LiveScience, April 17, 2018, https://www.livescience.com/62331-elon-musk-humans-underrated.html；William Fifield, "Pablo Picasso: A Composite Interview," *Paris Review* 32 (Summer-Fall 1964)。

5 關於科技、機器人與工作相關資料，參見Association for Advancing Automation, "Record Number of Robots Shipped in North America in 2018," February 28, 2019, https://www.a3automate.org/record-number-of-robots-shipped-in-north-america-in-2018；Executive Office of the President, "Artificial Intelligence, Automation, and the Economy," December 2016, https://obamawhitehouse.archives.gov/sites/whitehouse.gov/files/documents/Artificial-Intelligence-Automation-Economy.PDF；Maximiliano Dvorkin, "Jobs Involving Routine Tasks Aren't Growing," Federal Reserve Bank of St. Louis, January 4, 2016, https://www.stlouisfed.org/on-theeconomy/2016/january/jobs-involving-routine-tasks-arent-

growing；Michael J. Hicks and Srikant Devaraj, "Myth and Reality of Manufacturing in America," Center for Business and Economic Research, Ball State University, 2017；Mark Muro, "Manufacturing Jobs Aren't Coming Back." *MIT Technology Review*, November 18, 2016；"Automation and Anxiety," *Economist*, June 23, 2016, https://www.economist.com/news/special-report/21700758-will-smarter-machines-cause-mass-unemployment-automation-and-anxiety；Eliza Strickland, "Autonomous Robot Surgeon Bests Humans in World First," IEEE Spectrum, May 4, 2016, https://spectrum.ieee.org/the-human-os/robotics/medical-robots/autonomous-robot-surgeon-bests-human-surgeons-in-world-first；Laura Sydell, "Sometimes We Feel More Comfortable Talking to a Robot," NPR, February 24, 2018, https://www.npr.org/sections/alltechconsidered/2018/02/24/583682556/sometimes-we-feel-more-comfortable-talking-to-a-robot；Eyal Press, "The Wounds of a Drone Warrior," *New York Times*, June 13, 2018；E. Awad et al., "The Moral Machine Experiment," *Nature* 563 (November 2018): 59-64；Mauro F. Guillén and Srikar Reddy, "We Know Ethics Should Inform AI. But Which Ethics?," World Economic Forum, July 26, 2018, https://www.weforum.org/agenda/2018/07/we-know-ethics-should-inform-ai-but-which-ethics-robotic。

6 關於三D列印，參見Tim Moore, "This Startup Is Building Houses with the World's Biggest Freeform 3D Printer," Hypepotamous, April 9, 2019, https://hypepotamus.com/companies/branch-technology；Dave Flessner, "3D Printer to Move into Branch Technology's Riverside Drive Warehouse," *Times Free Press*, July 8, 2018, https://www.timesfreepress.com/news/business/aroundregion/story/2018/jul/08/

branch-technology-expands-beyond-incubator3d/474370；Davide Sher, "Branch Technologies' C-FAB 3D Process Can Build Better Walls . . . on Mars," 3D Printing Media Network, February 26, 2018, https://www.3dprintingmedia.network/branch-technologies-c-fab-3d-process-can-take-us-mars。

7 關於物聯網的預測，參見Michelle Manafy, "Exploring the Internet of Things in 5 Charts," Digital Content Next, October 13, 2015, https://digitalcontentnext.org/blog/2015/10/13/exploring-the-internet-of-things-in-5-charts。

8 虛擬實境相關資料，參見Daniel Freeman and Jason Freeman, "How Virtual Reality Could Transform Mental Health Treatment," *Psychology Today*, May 13, 2016, https://www.psychologytoday.com/us/blog/know-your-mind/201605/how-virtual-reality-could-transform-mental-health-treatment；S. M. Jung and W. H. Choi, "Effects of Virtual Reality Intervention on Upper Limb Motor Function and Activity of Daily Living in Patients with Lesions in Different Regions of the Brain," *Journal of Physical Therapy Science* 29, no. 12 (December 2017): 2103–2106；Juanita Leatham, "How VR Is Helping Children with Autism Navigate the World Around Them," VR Fitness Insider, June 22, 2018, https://www.vrfitnessinsider.com/how-vr-is-helping-children-with-autism-navigate-the-world-around-them。

9 奈米科技相關資料，參見"The Price of Fast Fashion" (editorial), *Nature Climate Change* 8, no. 1 (2018)；Jelena Bozic, "Nano Insulation Materials for Energy Efficient Buildings," *Contemporary Materials* 6, no. 2 (2015): 149–159；Amy Yates, "Potential Breakthrough in Cancer-Fighting Nanomedicine," National Foundation for Cancer Research, June 19, 2018, https://www.nfcr.org/blog/potential-

breakthrough-cancer-fighting-nanomedicine；"MIT Programmable Material Adapts to Temperature Just Like Human Skin," Design Boom, February 13, 2017, https://www.designboom.com/technology/mit-programmable-material-adapts-to-tempterature-02-13-2017；Michael Alba, "The Promise and Peril of Programmable Matter," Engineering.com, May 24, 2017, https://www.engineering.com/DesignerEdge/DesignerEdgeArticles/Article ID/14967/The-Promise-and-Peril-of-Programmable-Matter.aspx。

10 關於紙本書與電子書的資料，參見Edward Tenner, "Why People Stick with Outdated Technology," *Scientific American*, November 24, 2015；Craig Mod, "Digital Books Stagnate in Closed, Dull Systems, While Printed Books Are Shareable, Lovely and Enduring. What Comes Next?," *Aeon*, October 1, 2015, https://aeon.co/essays/stagnant-and-dull-can-digital-books-ever-replace-print；Gregory Bufithis, "Books vs. E-Books," July 4, 2016, http://www.gregorybufithis.com/2016/07/04/books-vs-e-books-lets-not-lose-sight-of-the-main-goal-diverse-reading-and-increased-literacy；Ferris Jabr, "The Reading Brain in the Digital Age: The Science of Paper Versus Screens," *Scientific American*, April 11, 2013；Pew Research Center, "Book Reading 2016," https://www.pewinternet.org/2016/09/01/book-reading-2016。一歲女童看雜誌影片標題「A Magazine Is an iPad That Does Not Work.m4v」，上傳者UserExperienceWOrks，二〇一一年十月六日，https://www.youtube.com/watch?v=aXV-yaFmQNk。相關統計資料，源自Amy Watson, "Book Formats in the U.S." Statista, January 11, 2019, https://www.statista.com/topics/3938/book-formats-in-the-us。

11 關於電子書平台與兒童教育之資料，參見“Revolutionising eBook Access in South African Schools,” Montegray Capital, February 2015, https://www.montegray.com/our-e-learning-solution-revolutionises-ebook-access-in-south-african-schools；“Worldreader,” Center for Education Innovations, https://educationinnovations.org/program/worldreader。

12 關於結構惰性與跳蛙模式，參見Michael Hannan, “Structural Inertia and Organizational Change,” *American Sociological Review* 49, no. 2 (1984): 149–164；United Nations Conference on Trade and Development, *Technology and Innovation Report 2018* (Geneva: UN, 2018), https://unctad.org/en/PublicationsLibrary/tir2018_en.pdf。

13 線上葡萄酒銷售相關資料，源自Euromonitor。英國相關資料，參見Julia Bower, “The Evolution of the UK Wine Market: From Niche to Mass-Market Appeal,” *Beverages*, November 2018, https://www.mdpi.com/23065710/4/4/87/pdf。

14 關於飛輪資料，參見Ben Harder, “Reinventing the (Fly)Wheel,” *Washington Post*, April 18, 2011。

◆第七章

所有網站的最後瀏覽日期為二〇一九年九月二十一日。

1 關於零工經濟，參見Eileen Appelbaum, Arne Kalleberg, and Hye Jin Rho, “Nonstandard Work

Arrangements and Older Americans, 2005-2017," Economic Policy Institute, February 28, 2019, https://www.epi.org/publication/nonstandard-work-arrangements-and-older-americans-2005-2017；"Run, TaskRabbit, Run: July 2030," *Economist*, July 7, 2018；Niam Yaraghi and Shamika Ravi, "The Current and Future State of the Sharing Economy," Brookings Institution, Impact Series No. 032017, March 2017；PwC, "The Sharing Economy," 2015, https://www.pwc.fr/fr/assets/files/pdf/2015/05/pwc_etude_sharing_economy.pdf；史東著，李芳齡譯，《Uber與Airbnb憑什麼翻轉世界：史上最具顛覆性的科技匯流如何改變我們的生活、工作與商業》（*The Upstarts: How Uber, Airbnb, and the Killer Companies of the New Silicon Valley Are Changing the World*），天下文化，二〇一八年六月。Shirin Ghaffary, "The Experience Economy Will be a 'Massive Business,' According to Airbnb CEO Brian Chesky," *Vox*, May 30, 2018, https://www.recode.net/2018/5/30/17385910/airbnb-ceo-brian-chesky-code-conference-interview；Kari Paul, "Millennials Are Trying to Redefine What It Means to Be an American Tourist Abroad," MarketWatch, October 5, 2017, https://www.marketwatch.com/story/what-we-can-all-learn-from-millennials-about-travel-2017-10-04。

2 哈拉瑞的引述取自"Were We Happier in the Stone Age?," *Guardian*, September 5, 2014。

3 財產的政治與社會層面相關資料，參見Andrew G. Walder, "Transitions from State Socialism: A Property Rights Perspective," in *The Sociology of Economic Life*, ed. Mark Granovetter and Richard Swedberg (Boulder, CO: Westview, 2011), 510；Nathan Heller, "Is the Gig Economy Working?," *New Yorker*, May 15, 2017。

4 WhatsApp相關資訊，參見Jillian D'Onfro, "Facebook Bought WhatsApp One Year Ago Today. Here Are 11 Quotes from Its Billionaire Cofounders," *Business Insider*, February 19, 2015, https://www.businessinsider.com/brian-acton-jan-koum-quotes-whatsapp-2015-2#koum-on-their-no-nonsense-style-neither-of-us-has-an-ability-tobull—10。祖克柏的引述，源自Jillian D'Onfro, "11 Mark Zuckerberg Quotes That Show How He Buitl the Company That Took Over the World," *Business Insider*, January 1, 2014, https://www.businessinsider.com/best-mark-zuckerberg-quotes-2013-12。

5 獨角獸企業排名與所在地相關資料，參見CB Insights, "The Global Unicorn Club," https://www.cbinsights.com/research-unicorn-companies。

6 分享文化相關資訊，參見Rachel Botsman, *What's Mine Is Yours: The Rise of Collaborative Consumption* (New York: HarperCollins, 2010)；Caren Maio, "Forget the American Dream: For Millennials, Renting is the American Choice," Inman, August 30, 2016, https://www.inman.com/2016/08/30/forget-the-american-dream-for-millennials-renting-is-the-american-choice/#；Enel, "Millennials: Generation (Car) Sharing," August 29, 2018, https://www.enel.com/stories/a/2018/08/millennials-sharing-economy；Blake Morgan, "NOwnership, No Problem," *Forbes,* January 2, 2019；Anjli Raval, "What Millennial Homes Will Look Like in the Future," *Financial Times*, July 30, 2018；Bernard Marr, "The Sharing Economy—What It Is, Examples, And How Big Data, Platforms and Algorithms Fuel It," *Forbes*, October 21, 2016；"Uberize," Colllins Dictionary, https://www.collinsdictionary.com/us/dictionary/english/uberize；Executive Office of the President, "Artificial Intelligence, Automation, and the Economy,"

December 2016, https://obamawhitehouse.archives.gov/sites/whitehouse.gov/files/documents/Artificial-Intelligence-Automation-Economy.PDF；Nielsen, "Global Survey of Share Communities," 2014, https://www.nielsen.com/apac/en/press-releases/2014/global-consumers-embrace-the-share-economy/。

7 關於公有地悲劇與分享經濟，參見Tad Borek, "Uber Exemplifies the Tragedy of the Commons," *Financial Times*, December 6, 2017；Arwa Mahdawi, "How to Monetise Your Home," *Guardian*, October 28, 2018；Garrett Hardin, "The Tragedy of the Commons," *Science* 162, no. 3859 (December 13, 1968): 1243-1248；Peter Cohen et al., "Using Big Data to Estimate Consumer Surplus: The Case of Uber," NBER Working Paper No. 22627, 2016, https://www.nber.org/papers/w22627；David Sloan Wilson, "The Tragedy of the Commons: How Elinor Ostrom Solved One of Life's Greatest Dilemmas," Evonomics, October 29, 2016, https://evonomics.com/tragedy-of-the-commons-elinor-ostrom。

8 史密斯的引述，取自《國富論》（*Wealth of Nations*），第二章，一七七六年，https://www.gutenberg.org/files/3300/3300-h/3300-h.htm。

9 關於Uber資料，參見Andy Kessler, "Travis Kalanick: The Transportation Trustbuster," *Wall Street Journal*, January 25, 2013；Marcus Wohlsen, "Uber's Brilliant Strategy to Make Itself Too Big to Ban," Wired, July 8, 2014；Sheelah Kolhatkar, "At Uber, a New CEO Shifts Gears," *New Yorker*, March 30, 2018；Sam Knight, "How Uber Conquered London," *Guardian*, April 27, 2016；Christopher N. Morrison et al., "Ridesharing and Motor Vehicle Crashes in 4 US Cities: An Interrupted Time-Series Analysis,"

American Journal of Epidemiology 187, no. 2 (2018): 224-232。

10 關於零工經濟工作，參見Matt Williams, "The Evolution of American Labor: A Defense of the Gig Economy," Department of Anthropology, University of Notre Dame, April 2005, https://anthropology.nd.edu/assets/200504/williamsmatthew.pdf；Robert Reich, "The Share-the-Scraps Economy," February 2, 2015, http://robertreich.org/post/109894095095；Lawrence F. Katz and Alan B. Krueger, "The Rise and Nature of Alternative Work Arrangements in the United States, 1995-2015," https://krueger.princeton.edu/sites/default/files/akrueger/files/katz_krueger_cws_-_march_29_20165.pdf；史坦丁著，劉維人譯，《不穩定無產階級：一個因全球化而生的當代新危險階級，他們為何產生，造成什麼問題，社會又該如何因應？》（*The Precariat: The New Dangerous Class*），臉譜出版，二〇一九年六月；Steven Hill, "Good Riddance, Gig Economy," *Salon*, March 27, 2016；Samuel P. Fraiberger and Arun Sundararajan, "Peer-to-Peer Rental Markets in the Sharing Economy," Heartland Institute, October 6, 2015, https://www.heartland.org/publications-resources/publications/peer-to-peer-rental-markets-in-the-sharing-economy；Juliet B. Schor, "Does the Sharing Economy Increase Inequality Within the Eighty Percent?," *Cambridge Journal of Regions, Economy, and Society* 10, no. 2 (July 2017): 263-297；Emma Plumb, "Author Insights: Diane Mulcahy on the Gig Economy," 1 Million for Work Flexibility, February 2, 2017, https://www.workflexibility.org/diane-mulcahy-gig-economy。零工經濟工作者相關引述，參見修爾的文章。

11 關於共享與階級制度，參見Julian Brave NoiseCat, "The Western Idea of Private Property Is Flawed.

Indigenous People Have It Right," *Guardian*, March 27, 2017，Jacob S. Hacker, *The Great Risk Shift* (New York: Oxford University Press, 2019)。費許巴克相關引述，源自Hill, "Good Riddance, Gig Economy."

12 關於政治宣傳活動使用社群媒體的資料，參見Lynda Lee Kaid, "Changing and Staying the Same: Communication in Campaign 2008," *Journalism Studies* 10 (2009): 417–423，Derrick L. Cogburn, "From Networked Nominee to Networked Nation: Examining the Impact of Web 2.0 and Social Media on Political Participation and Civic Engagement in the 2008 Obama Campaign," *Journal of Political Marketing* 10 (2011): 189–213。

13 關於分享對環境的好處，參見"Sharing Is Caring," *Scientific American* (October 10, 2013)，"How Green is the Sharing Economy?," Knowledge@Wharton, December 11, 2015, http://knowledge.wharton.upenn.edu/article/how-green-is-the-sharing-economy，Laura Bliss, "The Ride-Hailing Effect: More Cars, More Trips, More Miles," Citylab, October 12, 2017, https://www.citylab.com/transportation/2017/10/the-ride-hailing-effect-more-cars-more-trips-more-miles/542592，Benjamin Snyder, "Exclusive: Airbnb Says It's Saving our World with Each Rented Room," *Fortune*, July 31, 2014，Andrew Simon, "Using Airbnb Is Greener than Staying in Hotels," Grist, July 31, 2014, https://grist.org/business-technology/using-airbnb-is-greener-than-staying-in-hotels，Martin J. Smith, "Don't Toss That Lettuce—Share It," Stanford Graduate School of Business, October 23, 2017, https://www.gsb.stanford.edu/insights/dont-toss-lettuce-share-it，"The Real Sustainable Fashion Movement," Rent the Runway, https://www.renttherunway.com/sustainable-fashion?action_type=footer_link。

◆第八章

所有網站的最後瀏覽日期為二〇一九年九月二十二日。

1 關於錢與貨幣的資料，參見Walter Bagehot, *Lombard Street: A description of the money market* (London: Henry S. King, 1873)；"The Invention of Money," *New Yorker*, August 5–12, 2019；Dante Bayona, "The Fed and the 'Salvador Dalí Effect,'" Mises Institute, August 19, 2014, https://mises.org/library/fed-and-%E2%80%9Csalvador-dali-effect%E2%80%9D；Barry Eichengreen, "Number One Country, Number one Currency?," *World Economy* 36, no. 4 (2013): 363–374；Milton Friedman, *Inflation: Causes and Consequences* (New York: Asia Publishing House, 1963), 39；Milton Friedman, *There is No Such Thing as a Free Lunch* (Chicago: Open Court, 1975)；Deroy Murdock, "The Friedmans, Up Close: An Interview with Rose and Milton Friedman," *National Review*, May 11, 2001。

2 關於美元於全球貿易中的主導地位，參見Emine Boz, Gina Gopinath, and Mikkel Plagborg-Moller, "Global Trade and the Dollar," March 31, 2018, https://scholar.harvard.edu/files/gopinath/files/global_trade_dollar_20180331.pdf；Gita Gopinath, "Dollar Dominance in Trade," Exim Bank of India, December 21, 2017, https://www.eximbankindia.in/blog/blog-content.aspx?BlogID=9&BlogTitle=Dollar%20Dominance%20in%20Trade:%20Facts%20and%20Implications。

3 羅斯柴爾德家族資料，參見Michael A. Hirchubel, *Vile Acts of Evil: Banking in America* (CreateSpace

Independent Publishing, 2009), 1:28。

4 關於比特幣資料，參見Satoshi Nakamoto, "Bitcoin: A Peer-to-Peer Electronic Cash System" (2008), https://bitcoin.org/bitcoin.pdf；Brian Armstrong, "What Is Coinbase's Strategy?," *Medium*, June 6, 2017, https://medium.com/@barmstrong/what-is-coinbases-strategy-1c5413f6e09d；Evelyn Chang and Kayla Tausche, "Jamie Dimon Says If You're 'Stupid' Enough to Buy Bitcoin, You'll Pay the Price One Day," CNBC, October 13, 2017, https://www.cnbc.com/2017/10/13/jamie-dimon-says-people-who-buy-bitcoin-are-stupid.html；Ryan Browne, "Roubini Doubles Down on Criticisms of Crypto," CNBC, October 12, 2018, https://www.cnbc.com/2018/10/12/dr-doom-economist-nouriel-roubini-calls-crypto-stinking-cesspool.html。

5 區塊鏈相關資料，參見European Parliament, *How Blockchain Technology Could Change Our Lives* (Strasbourg: European Parliament, 2017)；Mike Orcutt, "Hate Lawyers? Can't Afford One? Blockchain Smart Contracts Are Here to Help," *MIT Technology Review*, January 11, 2019；Michael Del Castillo, "Relax Lawyers, Nick Szabo Says Smart Contracts Won't Kill Jobs," CoinDesk，最後更新時間：二〇一七年八月十一日，https://www.coindesk.com/nick-szabo-lawyers-jobs-safe-in-smart-contract-era；Jacob Pramuk, "Trump to Slap 25% Tariffs on Up to $50 Billion of Chinese Goods；China Retaliates," CNBC, June 15, 2018, https://www.cnbc.com/2018/06/15/trump-administration-to-slap-a-25-percent-tariff-on-50-billion-of-chinese-goods-threatens-more.html；Andrew Rossow, "How Can We Make Intellectual Property Rights 'Smarter' with the Blockchain?," *Forbes*, July 24, 2018；Birgit Clark,

"Blockchain and IP Law: A Match Made in Crypto Heaven," *WIPO Magazine*, February 2018, https://www.wipo.int/wipo_magazine/en/2018/01/article_0005.html ‧‧ Nick Ismail, "What Is Blockchain's Role in the Future of Intellectual Property?," *Information Age*, July 12, 2018 ‧‧ UK Government Chief Scientific Adviser, *Distributed Ledger Technology: Beyond Block Chain* (London: Government Office for Science, 2016) ‧‧ Nathan Heller, "Estonia, the Digital Republic," *New Yorker*, December 18–25, 2017 ‧‧ Matt Reynolds, "Welcome to E-stonia," *Wired*, October 26, 2016 ‧‧ World Bank, "eGhana Additional Financing," http://projects.worldbank.org/P093610/eghana?lang=en ‧‧ Esther Nderitu Imbamba and Nancy Kimile, "A Review of Status of e-Government Implementation in Kenya," *Regional Journal of Information and Knowledge* 2, no. 2 (2017): 14–28 ‧‧ Sissi Cao, "Blockchain Could Improve Gun Control—But Lawmakers Hate the Idea," *Observer*, February 22, 2018 ‧‧ "Blockchain Could Be Key to Cracking Gun Debate," ScienceBlog, May 12, 2018, https://scienceblog.com/500871/blockchain-could-be-key-to-cracking-gun-debate ‧‧ Thomas F. Heston, "A Blockchain Solution to Gun Control," PeerJ.com, November 13, 2017, https://peerj.com/preprints/3407.pdf ‧‧ Matt Egan, "30% of Bank Jobs Are Under Threat," CNN Money, April 4, 2016, https://money.cnn.com/2016/04/04/investing/bank-jobs-dying-automation-citigroup/index.html ‧‧ Mike Orcutt, "The World Bank Is a Verified Blockchain Booster," *MIT Technology Review*, September 13, 2018 ‧‧ Mike Orcutt, "The World Bank Is Betting Big on Blockchain-Based Bonds," *MIT Technology Review*, August 10, 2018 ‧‧ Elizabeth Woyke, "How Blockchain Can Bring Financial Services to the Poor," *MIT Technology Review*, April 18, 2017, https://www.technologyreview.com/s/604144/how-blockchain-canlift-upthe-worlds-poor/；World Bank, "Somalia Economic Update: Rapid Growth in Mobile Money," press release, September 13, 2018, https://www.worldbank.org/en/news/press-release/2018/09/13/somalia-economic-update-rapid-growth-in-mobile-money；"Endangered Species Protection Finds Blockchain and Bitcoin Love," Bitcoin Warrior, February 22, 2018, https://bitcoinwarrior.net/2018/02/endangered-species-protection-finds-blockchain-and-bitcoin-love；Moe Levin, "Top Five Blockchain Projects That Will Save the Environment," *Medium*, March 26, 2018, https://medium.com/@kingsland/top-five-blockchain-projects-that-will-save-the-environment-28a2d4366ec0；Kate Harrison, "Blockchain May Be the Key to a Sustainable Energy Future," *Forbes*, February 14, 2018；Lisa Walker, "This New Carbon Currency Could Make US More Climate Friendly," World Economic Forum, September 19, 2017, https://www.weforum.org/agenda/2017/09/carbon-currency-blockchain-poseidon-ecosphere；Nicola Jones, "How to Stop Data Centres from Gobbling Up the World's Electricity," *Nature*, September 12, 2018；Sean Stein Smith, "Tackling Blockchain in the Accounting Profession," *Accounting Today*, March 13, 2018。

6 戴蒙與韋伯的引述，源自Egan, "30% of Bank Jobs Are Under Threat."

◆ 結語

所有網站的最後瀏覽日期為二〇一九年九月二十二日。

1 貝佐斯「承風而起」一說出現於其一九九七年給股東的信，https://www.sec.gov/Archives/edgar/data/1018724

/0001193125171201198/d373368dex991.htm。

2 第一張黑洞照片出現於諸多文章中，其中之一參見Dennis Overbye, "Darkness Visible, Finally: Astronomers Capture First Ever Image of a Black Hole," *New York Times*, April 10, 2019。

3 文中福克納的引述有時亦被歸為克里斯多福・哥倫布（Christopher Columbus）的名言，詳見https://www.quotery.com/quotes/one-doesnt-discover-new-lands。

4 墨西哥攻克戰役紀事，源自Bernal Díaz del Castillo, *The True History of the Conquest of New Spain* (New York: Penguin, 1963)，一六三二年初版，https://archive.org/stream/tesisnoquepresse00garcgoog/tesisnoquepresse00ga rcgoog_djvu.txt，引述源自第五十八章與第二十二章。

5 樂高相關段落資料，參見羅伯森、比爾・布林（Bill Breen）著，林麗冠譯，《玩具盒裡的創新：樂高以積木、人偶瘋迷十億人的秘密》，天下雜誌，二〇一四年一月；Mary Blackiston, "How Lego Went from Nearly Bankrupt to the Most Powerful Brand in the World," Success Agency, February 27, 2018, https://www.successagency.com/growth/2018/02/27/lego-bankrupt-powerful-brand；Lucy Handley, "How Marketing Built Lego into the World's Favorite Toy Brand," CNBC, April 27, 2018, https://www.cnbc.com/2018/04/27/lego-marketing-strategy-made-it-world-favorite-toy-brand.html；Johnny Davis, "How Lego Clicked: The Super Brand That Reinvented Itself," *Guardian*, June 4, 2017；Jeff Beer, "The Secret to Lego's Social Media Success Is in the Creative Power of Crowds," *Fast Company*, June 20, 2017；Jonathan Ringen, "How Lego Became the Apple of Toys," *Fast Company*, August 1, 2015；David Kindy, "How Lego Patents Helped Build a Toy Empire, Brick by Brick," *Smithsonian Magazine*,

February 7, 2019。
6 史坦貝克針對點子與兔子的比喻，源自一九四七年的專訪發言，https://smallbusiness.com/monday-morning-motivation/john-steinbeck-quote-ideas-are-like-rabbits。
7 賈伯斯相關資料，參見Malcolm Gladwell, "The Tweaker," *New Yorker*, November 14, 2011。
8 關於承諾升級相關資料，參見Barry M. Staw, "The Escalation of Commitment: An Update and Appraisal," in *Organizational Decision Making*, ed. Zur Shapira (New York: Cambridge University Press, 1997), 191-215。威靈頓公爵的引述，參見*The Nineteenth Century: A Monthly Review*, volume XVII (London: Kegan Paul, Trench, 1885), 905。
9 關於選擇權思維，參見Heidi Grant Halvorson, "Why Keeping Your Options Open Is a Really, Really Bad Idea," *Fast Company*, May 27, 2011；Hugh Courtney, "Keeping Your Options Open," *World Economic Affairs*, Winter 1999, https://www.mcgill.ca/economics/files/economics/keeping_your_options_open.pdf。
10 關於「比賽焦慮」，參見Nathan Davidson, "The 20 Greatest Sports Psychology Quotes of All Time," Thriveworks, August 8, 2017, https://thriveworks.com/blog/greatest-sports-psychology-quotes-of-all-time；Simon M. Rice et al., "Determinants of Anxiety in Elite Athletes: A Systematic Review and Meta-Analysis." *British Journal of Sports Medicine* 53, no. 11 (2019): 722-730。
11 復活節島相關資料，參見戴蒙著，廖月娟譯，《大崩壞：人類社會的明天？》，時報出版，二〇一九年十月。Terry Hunt and Carl Lipo, *The Statues That Walked: Unraveling the Mystery of Easter Island* (Berkeley, CA:

Counterpoint, 2012)，引述出現在頁五三、九二、一五五、一八〇：Paul Bahn and John Flenley, *Isla de Pascua, Isla de Tierra*, 4th ed. (Viña del Mar, Chile: Rapanui Press, 2018)，引述出現在頁一五、一〇四、一三五、一五七：Nicholas Casey and Josh Haner, "Easter Island Is Eroding," *New York Times*, March 15, 2018：Megan Gannon, "People of Easter Island Weren't Driven to Warfare and Cannibalism. They Actually Got Along," LiveScience, August 13, 2018, https://www.livescience.com/amp/63321-easter-island-collapse-myth.html：David Bressan, "Climate, Overpopulation and Environment—The Rapa Nui Debate," *Scientific American*, October 31, 2011。

12 關於舊科技新應用，參見Ron Miller and Alex Wilhelm, "With Tech, What's Old Is New Again," TechCrunch, April 6, 2015, https://techcrunch.com/2015/04/06/with-tech-whats-old-is-new-again。

13 關於歐尼爾的引述，參見他的著作*Recklessness: It's a Great Game–The Pursuit of Happiness* (Amazon Digital Services, 2014)。

新商業周刊叢書744

華頓商學院趨勢剖析：2030世界變局

國家圖書館出版品預行編目(CIP)數據

華頓商學院趨勢剖析：2030世界變局 / 馬洛.吉蘭(Mauro F. Guillén)著；游懿萱, 簡萱靚譯. -- 初版. -- 臺北市：商周出版：家庭傳媒城邦分公司發行, 民109.06
面；　公分. --(新商業周刊叢書；744)
譯自：2030 : how today's biggest trends will collide and reshape the future of everything.
ISBN 978-986-477-837-9(平裝)

1.未來社會 2.全球化 3.趨勢研究

541.49　　109005671

作　　者／馬洛・吉蘭（Mauro F. Guillén）
譯　　者／游懿萱、簡萱靚
企劃選書／黃鈺雯
責任編輯／黃鈺雯
編輯協力／蘇淑君
版　　權／吳亭儀、顏慧儀、林易萱、江欣瑜
行銷業務／周佑潔、林秀津、賴正祐、吳藝佳

總 編 輯／陳美靜
總 經 理／彭之琬
事業群總經理／黃淑貞
發 行 人／何飛鵬
法律顧問／台英國際商務法律事務所
出　　版／商周出版　臺北市中山區民生東路二段141號9樓
電話：(02)2500-7008　傳真：(02)2500-7759
E-mail：bwp.service@cite.com.tw
發　　行／英屬蓋曼群島商家庭傳媒股份有限公司　城邦分公司
台北市104民生東路二段141號2樓
電話：(02)2500-0888　傳真：(02)2500-1938
讀者服務專線：0800-020-299　24小時傳真服務：(02)2517-0999
讀者服務信箱：service@readingclub.com.tw
劃撥帳號：19833503
戶名：英屬蓋曼群島商家庭傳媒股份有限公司城邦分公司
香港發行所／城邦(香港)出版集團有限公司
香港灣仔駱克道193號東超商業中心1樓
電話：(825)2508-6231　傳真：(852)2578-9337
E-mail：hkcite@biznetvigator.com
馬新發行所／城邦(馬新)出版集團
Cite (M) Sdn Bhd
41, Jalan Radin Anum, Bandar Baru Sri Petaling,
57000 Kuala Lumpur, Malaysia.
電話：(603)9057-8822　傳真：(603)9057-6622　email: cite@cite.com.my

封面設計／廖勁智　內文排版／無私設計・洪偉傑　印　刷／鴻霖印刷傳媒股份有限公司
經 銷 商／聯合發行股份有限公司　電話：(02)2917-8022　傳真：(02) 2911-0053
地址：新北市231新店區寶橋路235巷6弄6號2樓

ISBN／978-986-477-837-9　
定價／430元

城邦讀書花園
www.cite.com.tw

2020年(民109年)9月初版
2023年(民112年)9月初版4.5刷

商周出版

廣　告　回　函
北區郵政管理登記證
北臺字第10158號
郵資已付，免貼郵票

10480　台北市民生東路二段141號9樓

英屬蓋曼群島商家庭傳媒股份有限公司城邦分公司　收

請沿虛線對摺，謝謝！

商周出版

書號：BW0744　　書名：華頓商學院趨勢剖析：2030世界變局

請於此處用膠水黏貼

商周出版

讀者回函卡

感謝您購買我們出版的書籍！請費心填寫此回函卡，我們將不定期寄上城邦集團最新的出版訊息。

姓名：______________________ 性別：☐男 ☐女

生日：西元__________年__________月__________日

地址：______________________

聯絡電話：______________ 傳真：______________

E-mail ：

學歷：☐ 1. 小學 ☐ 2. 國中 ☐ 3. 高中 ☐ 4. 大學 ☐ 5. 研究所以上

職業：☐ 1. 學生 ☐ 2. 軍公教 ☐ 3. 服務 ☐ 4. 金融 ☐ 5. 製造 ☐ 6. 資訊
☐ 7. 傳播 ☐ 8. 自由業 ☐ 9. 農漁牧 ☐ 10. 家管 ☐ 11. 退休
☐ 12. 其他______________

您從何種方式得知本書消息？

☐ 1. 書店 ☐ 2. 網路 ☐ 3. 報紙 ☐ 4. 雜誌 ☐ 5. 廣播 ☐ 6. 電視
☐ 7. 親友推薦 ☐ 8. 其他______________

您通常以何種方式購書？

☐ 1. 書店 ☐ 2. 網路 ☐ 3. 傳真訂購 ☐ 4. 郵局劃撥 ☐ 5. 其他______

您喜歡閱讀那些類別的書籍？

☐ 1. 財經商業 ☐ 2. 自然科學 ☐ 3. 歷史 ☐ 4. 法律 ☐ 5. 文學
☐ 6. 休閒旅遊 ☐ 7. 小說 ☐ 8. 人物傳記 ☐ 9. 生活、勵志 ☐ 10. 其他

對我們的建議：______________________

____

____

請於此處用膠水黏貼